C000019197

# Marianna...

Jules Sandeau

**Nabu Public Domain Reprints:**

You are holding a reproduction of an original work published before 1923 that is in the public domain in the United States of America, and possibly other countries. You may freely copy and distribute this work as no entity (individual or corporate) has a copyright on the body of the work. This book may contain prior copyright references, and library stamps (as most of these works were scanned from library copies). These have been scanned and retained as part of the historical artifact.

This book may have occasional imperfections such as missing or blurred pages, poor pictures, errant marks, etc. that were either part of the original artifact, or were introduced by the scanning process. We believe this work is culturally important, and despite the imperfections, have elected to bring it back into print as part of our continuing commitment to the preservation of printed works worldwide. We appreciate your understanding of the imperfections in the preservation process, and hope you enjoy this valuable book.

# MARIANNA

# OUVRAGES DU MÊME AUTEUR

### PUBLIÉS DANS LA BIBLIOTHÈQUE CHARPENTIER

### à 3 fr, 50 chaque volume.

Paris. — Imp. VIÉVILLE et CAPIOMONT, rue des Poitevins, 6.

# MARIANNA

PAR

*(Léonard Sylvain)*

## JULES SANDEAU

L'UN DES QUARANTE DE L'ACADÉMIE FRANÇAISE

---

### NEUVIÈME ÉDITION

ENTIÈREMENT REVUE ET CORRIGÉE

---

PARIS

CHARPENTIER ET Cᵉ, LIBRAIRES-ÉDITEURS

28, QUAI DU LOUVRE

---

1871

Réserve de tous droits.

41.57.23

1873, Jan. 4.
Minot Fund.

# MARIANNA.

## CHAPITRE PREMIER.

La nuit était mauvaise. Le brouillard, qui tout le jour avait enveloppé Paris, venait de s'abattre en une pluie fine et pénétrante. Les quais étaient déserts, la ville silencieuse ; les pavés, lavés par l'eau du ciel, brillaient sous les réverbères tristement balancés par le vent. On n'entendait que le bruit de la Seine qui battait de ses flots houleux les remparts de pierre qui l'enferment, et, à longs intervalles, le pas mesuré des patrouilles errantes qui s'appelaient et se répondaient dans l'ombre. Il faisait une de ces nuits fatales à la douleur qui veille, durant lesquelles les âmes souffrantes et craintives pressentent leur destinée dans le deuil qui les entoure, la lisent dans la nuée qui passe, l'écoutent dans le vent qui gémit.

Cette nuit, si sombre à l'extérieur, était plus lugubre encore dans la chambre de George Bussy. Nonchalamment étendu dans un fauteuil à dos mobile et à siége élastique, George contemplait avec un calme apparent les cendres du foyer presque éteint. Debout dans l'embrasure d'une fenêtre, une femme, à demi cachée par les rideaux de soie, semblait interroger de son regard mélancolique quelques lumières attardées, pâles étoiles qui luisaient encore à travers les combles de la ville endormie. Assis devant le piano, un troisième personnage laissait ses doigts courir sur le clavier : c'était un jeune homme qui comptait vingt années à peine, mais dont le front, déjà rêveur, révélait une âme prête pour la souffrance. Tous trois étaient silencieux; le silence qui pesait sur eux, comme une atmosphère orageuse, disait assez que la tempête grondait sourdement dans ces trois cœurs.

— Henry, dit enfin George Bussy, tu fais depuis une heure un bruit insupportable; lors même que nous aurions des nerfs d'acier ou de platine, ce ne serait point une raison pour en abuser de la sorte.

A ces mots, prononcés d'un ton à la fois affectueux et boudeur, le jeune homme étouffa brusquement la dernière vibration du piano sous ses doigts, devenus immobiles. Il se leva sans répondre, s'approcha de la fenêtre, en souleva le double rideau, et prit, avec une pitié muette, la main de la femme qui s'y tenait cachée.

— Chère et pauvre créature ! dit-il en la pressant doucement sur son cœur.

— Bien misérable, répondit-elle avec un morne désespoir; Henry, dites bien misérable ! Voyez comme la nuit est sombre : il n'y a pas une étoile au ciel.

— Espérez, lui dit le jeune homme ; le soleil chassera les nuages ; le bonheur essuiera vos larmes.

— Ah ! poëte ! dit-elle en secouant tristement la tête.

Et elle éclata en sanglots.

George se leva avec un brusque mouvement d'impatience. Marianna l'entendit. Elle passa précipitamment son mouchoir sur ses yeux, rajusta sur son front ses cheveux épars ; et, se dégageant des plis de lampas qui l'enveloppaient, marcha vers Bussy, la mort dans le cœur, mais le sourire sur les lèvres. Elle était noble et belle, belle surtout de la beauté que lui avait enlevée la douleur.

— Pardonnez, lui dit-elle, George, pardonnez-moi. J'avais promis de vous cacher mes larmes. Je suis lâche ; parfois mon cœur se brise, et toute force m'abandonne. Mais voyez, je souris ; voyez, je suis heureuse. Je ne pleurerai plus. Voulez-vous que je chante ? Je n'ai point oublié les airs qui vous charmaient. Dites un mot, je retrouverai, pour vous plaire, ma gaieté des anciens jours. O beaux jours ! Tu me les rendras ; car tu es bon, George ; je sais que tu es bon, et tu ne veux pas que je meure. Ami, regardez-moi : c'est votre esclave qui vous prie ; ne voyez-vous pas ma bouche qui vous sourit et vous appelle ?

Et, se levant sur la pointe de ses petits pieds, elle se dressa vers Bussy, comme une gazelle grimpant aux flancs noirs d'un rocher aride.

Bussy déposa un baiser glacé sur le front de la belle suppliante, et, dénouant froidement les bras qu'elle lui avait jetés autour du cou :

— Eh ! non, sans doute, je ne veux pas que vous mouriez ! D'ailleurs, sachez donc bien, ma chère, qu'on ne meurt pas de ces choses-là.

La malheureuse cacha son visage dans ses mains ; puis, tombant aux genoux de Bussy, les cheveux en désordre, les yeux en pleurs, la poitrine haletante :

— Monsieur, monsieur, vous ne m'aimez plus ! cria-t-elle.

— George, dit Henry, froid de colère, en lui serrant le bras, vous êtes un méchant homme.

— Mes amis, dit George impassible, tâchons de ne point faire de mélodrame : le meilleur n'en vaut rien. Marianna, relevez-vous. Rassurez-vous, mon enfant, je vous aime. Quant à toi, Henry, tu n'es bon tout au plus qu'à faire de mauvais vers. Attends, pour juger les hommes et les choses, que tu aies secoué tes langes. Ta main se fatigue inutilement à me serrer le bras. Prends un siége, et sois calme. Spectateur d'une des scènes les plus difficiles de la vie, observe et médite ; cela ne t'empêchera pas de faire des sottises quand l'heure aura sonné pour toi.

— Marianna, poursuivit-il avec un impitoyable sang-froid, je vous aime tendrement. Quel que soit l'avenir que le sort nous réserve, ma pensée vous suivra partout, et ni l'oubli ni l'ingratitude ne flétriront les souvenirs dont vous avez embelli les derniers jours de ma jeunesse.

— Vous m'aimez ? dit Marianna avec amertume. Ah ! monsieur, si tel est votre amour, je préférerais votre haine.

— Veuillez ne point m'interrompre, car voilà déjà que nous ne nous entendons plus. Je vous aime, mais je n'ai point d'amour. C'est là, mon enfant, ce qu'il vous faudrait bien comprendre. Lorsque mon bon et votre mauvais ange nous offrirent l'un à l'autre pour la première fois, je cédai, en sollicitant votre tendresse, à un horrible sentiment d'égoïsme. Je sortais brisé de l'âge des passions; vous y entriez à pleines voiles. Rien n'arrive à temps. Nous ne naissons point assortis. Il n'est pas de cœurs jumeaux. Les jeunes et belles âmes n'ont que des sœurs vieilles et laides. On a comparé l'âme solitaire à la moitié d'un fruit qui cherche son autre moitié; ces deux moitiés ne se rencontrent que lorsque l'une d'elles est gâtée. Que voulez-vous? La vie est ainsi faite : nous passons tous par les mêmes épreuves, et toujours nous nous vengeons sur ceux qui nous aiment de ceux que nous avons aimés. Puissiez-vous ne jamais comprendre le sens de ces tristes paroles ! Mais vous subirez la commune loi; vous vieillirez, vous sentirez alors combien les turbulentes ardeurs d'un cœur jeune et rempli d'orages sont importunes au cœur fatigué qui n'aspire plus qu'au repos. Et peut-être alors me pardonnerez-vous; peut-être essayerez-vous un retour moins sévère sur ces jours abreuvés de vos larmes. Comme vous, j'ai souffert; comme vous, j'ai maudit : c'est qu'alors, comme vous à cette heure, je ne comprenais

rien ; j'ignorais que la victime pût faire envie à son
bourreau : vous m'avez enseigné l'indulgence. Le
ciel m'est témoin que je ne cherche point à m'absoudre ! En vous attirant vers moi, je fus criminel,
je le crois. Je vous trompai : disons mieux, je me
trompai moi-même. L'orgueil, la tristesse, l'ennui,
mais aussi vos grâces, votre beauté, puis l'enivrant
espoir de ressaisir les années envolées m'entraînèrent à votre perte, et je sentis un instant sous mes
cendres remuer le feu divin de la jeunesse. M'étais-
je donc entièrement abusé ? Vous-même ne sauriez
l'affirmer sans être ingrate envers le passé. Oui,
Marianna, je vous ai bien aimée. Vous avez ravivé
dans mon sein des ardeurs près de s'éteindre ; vous
avez rendu à mon précoce automne les verts rameaux de mon printemps, et peut-être avez-vous
gardé souvenir de quelques beaux jours, éclos sous
mon pâle soleil, réchauffés aux rayons du vôtre ?
Eh bien ! vous l'avouerai-je ? vous m'avez lassé.
Vous commenciez la vie, et moi, je l'achevais. Il
fallait à la vôtre les secousses de la passion ; à la
mienne, les molles allures d'un sentiment heureux
et calme. Je cherchais la paix ; vous appeliez la tourmente. Aussi, que de sombres journées pour quelques heures sereines ! Les soupçons, les transports
jaloux, les pleurs et les sanglots, les reproches amers,
vous ne m'avez rien épargné, et vos orageuses tendresses eurent bientôt épuisé les forces d'une âme
à peine convalescente. Ai-je assez lutté ? ai-je assez
combattu ? Me suis-je consumé en assez longs efforts
pour vous cacher le découragement et l'indigence

de mon cœur? Vous, mon enfant, vous n'avez rien compris; vous n'avez demandé que les trésors qui n'étaient plus en moi; et, vous indignant de ne pas les trouver, sans pitié pour moi, sans pitié pour vous-même, vous avez rejeté les modestes félicités que je pouvais encore vous offrir. Vous voyez que depuis longtemps nous faisons tous deux un métier de dupes. Vous ne pouvez rien pour mon bonheur; je ne puis rien pour le vôtre : la tempête ne dort jamais sous notre toit. Marianna, il faut en finir! Je suis cruel, je le sais ; mais il est des plaies qu'on ne guérit qu'en y portant le fer et la flamme. Votre passion me brise et me tue ; ma vie a d'autres exigences. Je vous suis sincèrement attaché ; je vous estime et je vous aime ; mais la froide raison qui vous parle dit assez que l'amour ne vit plus en moi.

Pâle et le front baissé, Marianna écoutait ces rudes paroles; George, appuyé contre le marbre de la cheminée, les bras croisés, grave et inflexible, ressemblait à Minos jugeant une ombre échappée à la terre.

— George, répondit avec douceur la créature désolée, ce n'est pas moi qui cherchai votre amour; mais Dieu sait que je ne vous accuse point. Le passé fût-il réparable, je l'accepterais encore, et ne voudrais en effacer que vos mauvais jours. Si pourtant, comme vous le dites, je fus parfois injuste et méchante, si je tourmentai votre repos, s'il est vrai que mes exigences aient troublé votre vie, soyez généreux, oubliez. Je ne serai

plus désormais qu'une esclave soumise et résignée. Aimez-moi comme vous pourrez, je ramas-
serai avec reconnaissance les miettes de votre cœur ;
mais ne me repoussez pas. Ce n'est plus une
amante irritée qui se plaint : c'est une femme re-
pentante qui vous implore, baise vos mains, s'attache à vos genoux, et qui, pour prix de tout
son dévouement, n'attend rien que le droit de se
dévouer encore.

En parlant ainsi, elle s'était emparée des mains
de George, et elle les couvrait de baisers. George
ne put réprimer un mouvement d'humeur et de
colère. Il avait compté sur l'orgueil blessé de sa
maîtresse ; l'amour n'a point d'orgueil, il embrasse
les pieds qui le foulent.

— Voilà bien comme vous êtes toutes ! s'écria-
t-il en marchant à grands pas dans la chambre,
comme un lion dans sa cage. Vous êtes toutes ainsi !
répéta-t-il en s'arrêtant devant Marianna, qui baissa
humblement la tête. Vous avez fait du dévouement
une véritable maladie. Vous ne doutez de rien, vous
ne calculez rien ; vous allez follement au-devant de
tous les sacrifices, et, si nous sommes assez stupi-
dement égoïstes pour les accepter, vous vous vengez
vous-mêmes un beau jour par la haine et par le
mépris. Pensez-vous que j'ignore comment ces
choses-là se passent ? D'ailleurs, vous n'avez point
consulté vos forces : songez que depuis six mois
chaque jour éclaire sous notre toit une lutte semblable, et que vous oubliez chaque jour vos larmes,
vos remords et vos promesses de la veille. — Ma-

rianna, **croyez-moi**, poursuivit-il d'un ton plus affectueux ; croyez ma triste expérience. Notre amour a donné toutes ses fleurs, tranchons-le dans le vif, avant qu'il rapporte des fruits trop amers. Réservons, pour nos vieux ans, un banc de mousse où nous pourrons nous retrouver amis et échanger de tendres paroles ; préparons un champ sans ivraie à la fleur de nos souvenirs. Il en est temps encore ; demain, peut-être, il sera trop tard. Déjà je suis dur et cruel. Prenez garde ! bientôt vous haïrez : de l'amour à la haine la distance est facile à franchir.

— Ainsi, monsieur, dit Marianna, vous me proposez une séparation ?

— Je vous propose de dénouer nos liens : aimez-vous mieux attendre qu'ils se brisent ?

— Mais, George, vous n'y songez pas, répondit Marianna avec une ineffable expression de douleur et de tendresse ; ou peut-être, sans le vouloir, vous aurai-je fait du mal, et c'est pour me punir que vous me parlez de la sorte. Vous avez vos mauvais jours, ami ; vous êtes irritable et bien cruel parfois pour cette femme qui vous aime ! Comment se peut-il faire que vous traitiez si durement une femme qui vous aime tant ? Comment se fait-il aussi que moi, qui donnerais ma vie avec joie pour épargner un chagrin à la vôtre, je vous offense, vous blesse et vous irrite ? Dites, tout cela n'est-il pas étrange et misérable ? Mais il faut me pardonner ainsi que je vous pardonne ; car vous me connaissez comme je vous connais. Oh ! je vous connais bien ! Quoi que vous puissiez dire, vous êtes un noble cœur, et vous ne voudriez pas abandonner une pauvre créature qui a tout quitté pour vous suivre.

— Qui parle de vous abandonner ? répliqua Bussy en haussant les épaules. Voilà déjà que vous tombez dans des exagérations qui n'ont pas le sens commun. Que diable, ma chère ! on peut cesser d'être amoureux sans devenir une bête fauve : cela se voit tous les jours. Que vous proposé-je ? De nous affranchir mutuellement d'un joug qui nous écrase, de dénouer d'un commun accord des liens qui nous blessent, de nous délivrer l'un l'autre d'une chaîne qui nous meurtrit. Je ne sache pas qu'il y ait là dedans rien qui ressemble à un abandon prémédité. Nous ne sommes point dans l'île de Naxos, les lamentations d'Ariane seraient ici fort déplacées. Libres une fois, serons-nous moins amis ? Non, sans doute. Serons-nous plus heureux ? je le crois. Vous comprendrez, Marianna, combien les joies paisibles de la sainte amitié sont préférables aux bonheurs tourmentés de l'amour ; vous verrez qu'il nous sera doux, après tant d'orages, de nous reposer enfin dans un sentiment calme et durable. Qu'y aura-t-il de changé dans notre affection ? la forme, et rien de plus ; toujours le fond restera le même. Enfant, qui a pu croire que je voulais la délaisser ! A votre tour, vous êtes cruelle. Ne suis-je pas votre frère ? Vous serez ma sœur bien-aimée. Dites, ne le voulez-vous pas ?

— Ah ! Marianna ! ah ! pauvre Marianna ! dit-elle en croisant ses mains avec désespoir.

— Tu vois, Henry, dit George avec un profond découragement ; c'est tous les jours la même chose !

— Et c'est lui qui se plaint ! s'écria Marianna en se tordant les bras ; et c'est lui qui m'accuse, lorsque moi je pleure et je supplie ! Ah ! sans doute, c'est moi qui soufflai dans votre cœur des ardeurs criminelles ? C'est moi qui vous enseignai l'oubli des devoirs ; qui vous attirai par de trompeuses espérances ; qui, après avoir égaré votre esprit confiant et crédule, vous arrachai au foyer domestique, à la famille, à la patrie ; moi, n'est-ce pas, qui promis de vous rendre en amour tous les biens que vous abdiquiez follement pour me suivre ? Enfin, monsieur, c'est moi qui, après avoir appelé sur votre tête la haine et le mépris du monde, vous délaisse lâchement dans le désert où je vous ai jeté !

— Vous maniez l'ironie avec une grâce parfaite, répondit George ; mais vous me calomniez ou vous me vantez, à coup sûr ; vous oubliez que parfois la docilité de la victime simplifie singulièrement le rôle du sacrificateur.

Marianna se leva, le regard en feu, les lèvres pâles et tremblantes.

— Il faut bien se dire, poursuivit-il nonchalamment, qu'en pareille occurrence les hommes sont beaucoup moins scélérats qu'on ne se l'imagine généralement. Si nos complices étaient plus rares, nos victimes seraient moins nombreuses.

— George, dit Henry d'un air sombre, vous outragez la plus noble et la plus infortunée de toutes les créatures.

— Mais tu es donc infâme ! s'écria Marianna en appuyant une main sur l'épaule de Bussy. Cœur ingrat, âme vile ! tu me fais horreur, et je te hais, et je te haïrais plus, si je te méprisais moins !

— Madame, répondit Bussy en s'asseyant tranquillement, je crois qu'il serait convenable de nous en tenir là. Il est fâcheux qu'entre gens de quelque savoir-vivre ces sortes de choses ne se passent point d'une façon plus digne et plus décente. C'est moins la manière de se prendre que celle de se quitter qui distingue les amours du salon de ceux de l'anti-chambre. Au reste, madame, je sais tout le bien que vous avez voulu me faire, tout le mal que je vous ai fait. Je sais...

— Tu ne sais rien, interrompit impérieusement Marianna. Pour toi, j'ai tout renié, honneur, vertu, considération, toutes les gloires de la femme : voilà ce que tu sais. Mais sais-tu, malheureux, dans com-bien de remords et de larmes s'est roulé ce cœur navré, après sa chute ? Sais-tu les ombres venge-resses qui ont assailli ma solitude, les voix accusa-trices que m'a fait entendre le vent de la nuit ? T'ai-je offert de partager avec moi la colère du ciel ? Les cris de ma conscience ont-ils troublé ton repos ? T'ai-je laissé descendre dans les abîmes tourmentés de mon âme ? Dis si mon regard n'a pas toujours souri à ton réveil, si ta présence n'a pas toujours égayé ma demeure, s'il t'est jamais arrivé de ne pas lire ta bienvenue sur mon visage ? Puisque voilà

que tu m'outrages, que pensais-tu donc, misérable?
Que j'étais une de ces femmes qui portent légèrement la honte, et que tu pourrais, à ton caprice,
dénouer cet amour suivant la loi des amours vulgaires? Tu t'abusais. J'ai trempé mon chevet de mes
pleurs; quand la joie te souriait sur mes lèvres, un
serpent me rongeait le sein. Ah! que tu les as bien
vengés, ceux que j'ai follement délaissés pour toi!
Ah! que Dieu t'avait bien choisi pour me perdre et
pour me punir, instrument fatal de ma destinée!
Oui, mon Dieu, je fus criminelle, mais vous savez
aussi que j'ai bien expié mes fautes. Mon Dieu, j'ai
bien souffert, vous le savez, Seigneur! Les anges de la
douleur ont dû porter jusqu'à vous les sanglots de
mon repentir. Vous savez tout ce que cette âme désolée a nourri de regrets dévorants, et de sombres
tristesses, et de pensées amères! Mais toi, qu'en sa-
vais-tu? Dans cet enfer où tu m'avais plongée, as-
tu surpris parfois un retour de mon cœur vers les
biens que tu m'avais ravis? Je ne t'en ai jamais
redemandé qu'un seul : c'était ton amour, que
tu m'avais juré, toujours jeune, brûlant, éternel! Parle, ne l'avais-je pas acheté par d'assez
rudes sacrifices? N'avais-je pas à ta tendresse des
droits sacrés et légitimes? Toi, réponds, qu'as-tu
fait pour moi? Parjure, tu ne m'as point aimée; lâche, tu me repousses; infâme, après m'avoir brisée,
tu me jettes l'injure et l'outrage! George, c'est bien,
poursuis ton œuvre! Le jour de la justice arrivera,
nos comptes seront réglés devant Dieu et devant les
hommes.

— Je crois, répondit Bussy, que Dieu se mêle
rarement de ces sortes d'affaires; quant aux hommes, il est à souhaiter qu'ils s'en mêlent plus rarement encore. Au reste, madame, je me soumets
d'avance et sans murmurer à l'arrêt de mes juges;
quelle qu'en soit la rigueur, j'en apprécierai l'indulgence. Insensé que j'étais, d'avoir pu croire un
instant que votre bonheur habitait en moi, et que
la fatalité s'était lassée de me poursuivre! Allez,
chargez un misérable de tout le poids de votre colère : oubliez que je souffre, oubliez mes douleurs
pour ne vous rappeler que mes crimes; accablez-
moi de votre exécration; foulez-moi aux pieds de
votre mépris. Peut-être cependant mérité-je quelque pitié; peut-être aussi pouviez-vous me laisser
le soin de votre propre haine, car je ne saurais
vous être plus odieux que je ne le suis à moi-
même.

— O mon unique amour! ô ma vie! ô mon Dieu!
s'écria la pauvre égarée; c'est moi qui suis une misérable femme, c'est moi qu'il faut haïr, c'est toi qu'il
faut aimer! Tiens, je suis à tes genoux que j'embrasse,
c'est là que je veux mourir si tu ne m'appelles sur ton
cœur. Tu souffres, mon George? qu'as-tu? Aurais-
tu des chagrins que je ne puisse guérir? Tu souffres,
et moi qui t'accusais! Va, sois dur, sois impitoyable : n'es-tu pas bien le maître et ne suis-je pas ta
servante? Henry, je ne veux pas que vous le con-
trariiez; je veux que vous le laissiez faire; mais toi,
laisse-moi t'aimer, et tu me verras heureuse entre
les plus hueureuses, et tant d'amour te touchera

peut-être. Voyons, ne boude pas, souris un peu à
ton esclave : ne retire pas ta main de la mienne. Per-
mets-moi de pleurer, tu vois bien que c'est de bonheur. Tu ne me dis rien, George? tu me repousses?
Vous m'en voulez, ami? Que vous ai-je reproché?
j'étais folle. Que m'importe le monde? Vous savez
bien que pour vous j'aurais quitté le ciel avec joie.

—Mon enfant, soyez donc raisonnable, dit George
en la relevant d'assez mauvaise grâce. Quand même
vous eussiez quitté le ciel, les choses d'ici-bas n'en
auraient pas moins eu leur cours. Le temps nous
entraîne avec lui et nous modifie à notre insu : chaque âge a ses passions, ses besoins, ses devoirs;
c'est là depuis six mois ce que vous ne voulez pas
comprendre. Il en est de la nature morale comme
de la nature extérieure : toutes deux ont leurs sai-
sons dont aucune puissance ne saurait intervertir
l'ordre immuable et nécessaire. Vous aurez beau
vous révolter contre la main qui gouverne le
monde, vous ne ferez pas que l'hiver se couronne
de fleurs ni que le ciel gris de l'automne s'embrase
des feux de l'été. Je vous avais juré une flamme
éternelle, et nous devions nous aimer toujours?
Oui, sans doute, toujours! Mais, croyez-moi, de
tous les amants qui ont commencé par pro-
mettre l'éternité à leurs transports, bien heureux
ceux-là qui, après avoir vu deux fois les coteaux
jaunir et les bois s'effeuiller, ont pu se retrouver
assis au coin du même foyer. Toujours! demandez
aux vieillards, vous les verrez sourire. Dites que
cette vie est triste : triste, en effet, vous répondrai-

je. Mais c'est la vie, qu'y pouvons-nous? A quoi bon s'irriter contre le flot qui nous emporte? Il est plus fort que nous, et nous allons. Comme vous, j'ai rêvé des amours sans fin et d'inépuisables tendresses. Comme moi, vous arriverez un jour à sentir que les sources de la passion tarissent, et que l'amour n'est pas l'histoire de l'existence tout entière. Quoi que vous fassiez, vous n'échapperez point aux mortelles influences que nous subissons tous; et peut-être alors, faisant la part des funestes circonstances qui nous ont perdus tous les deux, réduirez-vous mes crimes à de pardonnables erreurs. Oui, Marianna, écrions-nous ensemble que l'amour seul est grand, que l'amour seul est beau. C'est le rêve des nobles âmes. Pourquoi passe-t-il, hélas! quand nous restons? pourquoi nous survivons-nous à nous-mêmes? pourquoi nous étendons-nous tout vivants dans le cercueil de nos illusions? Ma pauvre enfant, que voulez-vous? Le soleil pâlit, les arbres se dépouillent, la mer quitte ses bords; tout fuit, tout meurt, rien n'est durable. Les poëtes ont écrit là-dessus une foule de belles choses.

La tempête gronda longtemps encore, tantôt sourde, tantôt furieuse. Longtemps encore, Marianna lutta de tout son amour, tantôt humble et résignée, tantôt éclatant en reproches; passant tour à tour de la prière à l'invective, tour à tour suppliante et terrible. Tout fut inutile. Vainement la vague caressa le roc ou le battit avec fureur, le roc ne bougea pas. Il se faisait à longs intervalles d'affreux

silences, durant lesquels on n'entendait que les sifflements de la bise, la pluie qui fouettait les vitres
les heures qui sonnaient tristement dans l'ombre
puis tout à coup un sanglot étouffé, un cri de désespoir qui partait du sein de Marianna et donnait
le signal d'une lutte nouvelle. Et à chaque nouvelle
crise, c'étaient des paroles plus aigres, des récriminations plus amères, d'incroyables oublis de dignité d'une part, de l'autre un oubli plus incroyable
encore des égards dus à la faiblesse; des retours
sanglants sur le passé; de déplorables imprécations,
telles que la haine n'en inspira jamais de semblables, si bien que le jeune homme qui assistait à cette
scène de désolation sentait une froide horreur qui
courait dans ses os. Plus d'une fois il avait essayé
de mettre un frein à l'emportement de George;
sa faible voix s'était perdue dans les gronde-
ments de la tourmente. Debout, dans l'embrasure d'une fenêtre, les traits pâles et défaits, une
main enfoncée dans sa poitrine qu'elle semblait
serrer avec rage, il contemplait les deux acteurs de
ce drame avec une indéfinissable expression de douleur et de volupté. Parfois, un funeste éclair de joie
passait sur son front, et alors on aurait pu croire
qu'il se repaissait avec délices des tortures de Marianna. Parfois aussi un horrible sentiment de souffrance lui contractait le visage; et alors, à voir son
œil ardent attaché sur Bussy, on eût dit une jeune
hyène prête à s'élancer sur sa proie. Ces divers
mouvements n'échappaient point à Bussy, qui,
après les avoir remarqués à peine, avait fini par les

2.

observer avec une attention inquiète, et par attacher sur Henry un regard perçant et scrutateur.

Pour cet enfant qui n'avait encore entrevu la vie
qu'à travers les songes d'une imagination enchantée,
pour cette âme virginale qui avait peuplé le monde
de ses rêves et répandu sur toutes choses le mystérieux parfum de sa jeunesse, pour ce cœur pieux
et croyant, qui ne s'était promis sans doute que des
affections éternelles, qui s'était dit que les amours
commencés sur la terre allaient se continuer au
ciel, ce dut être en effet un lamentable spectacle que
ce dernier combat d'une passion agonisante. Spectacle, toujours et pour tous, digne d'une pitié profonde ! Il semble qu'entre gens d'esprit, d'honneur
et de belles manières, qui ont échangé les trésors
de leur estime et de leur tendresse, de pareilles rup-
tures doivent s'effectuer avec une exquise élégance.
Rarement il en arrive ainsi. Pour que ces liens se
dénouent au lieu de rompre, pour les dénouer,
comme avait dit Bussy, d'une façon digne et décente, il faut nécessairement une mutuelle indifférence. Mais par cette loi fatale qui veut que nous
nous cramponnions à tous les biens qui nous échap-
pent, tout cœur, en se détachant de son compagnon
de chaîne, ne fait que se le river plus étroitement à
lui-même. D'abord, la lutte est sourde et silencieuse,
la souffrance se cache et se tait ; les pensées
amères, comme la lie, gardent le fond du vase.
Bientôt l'orage gronde : d'une part la patience se
lasse, de l'autre la passion s'aigrit ; la lie monte
et bouillonne à la surface. Et c'est alors qu'on perd

toute réserve et toute retenue ; c'est alors qu'abdiquant toute pudeur et toute dignité, on flétrit le passé, on insulte au présent, on ruine l'avenir. Les paroles acérées se croisent, les mots qui tuent volent dans l'air. Est-ce deux ennemis prêts à se déchirer l'un l'autre? Non : ces lèvres se sont unies dans un même baiser, ces yeux dans un même regard, ces âmes dans une même ivresse; c'est deux amants qui s'étaient promis de vieillir dans un même amour. Oui, toujours et pour tous, spectacle bien digne d'une pitié profonde !

Tout était redevenu silencieux. Assis au coin du foyer, Bussy remuait les cendres moins froides que son cœur. Henry tenait dans ses mains la tête de Marianna. L'infortunée ne pleurait plus : elle était dans cet état où la douleur affaissée n'a plus conscience d'elle-même. Le jour se leva, sale et terne, et, glissant à travers les rideaux, fit pâlir la lampe qui avait éclairé cette nuit lamentable. La ville reprenait ses mouvements accoutumés : les magasins s'ouvraient, les voitures roulaient, les mille cris de Paris criblaient déjà l'air du matin. Tout ce réveil de la cité rappela péniblement Marianna à la vie, et la frappa d'une morne stupeur. Notre âme, en se brisant, croit entraîner la ruine du monde, et s'indigne, dans son orgueil, de voir qu'elle n'a même pas troublé une mesure de l'harmonie universelle.

— Monsieur, dit Marianna d'une voix altérée, mais calme, je crois qu'au point où nous en sommes il serait convenable de nous restituer l'un à

l'autre les lettres échangées en des temps moins
mauvais ; je compte sur votre délicatesse.

George ouvrit une boîte de cèdre, y prit un pa-
quet sous enveloppe, scellé d'un triple cachet, et le
remit silencieusement à Marianna.

— Il vous eût été bien facile de les garder ! dit-
elle avec un sourire plein de mélancolie.

— Ma foi ! répondit George un peu confus, je
n'y ai pas songé : mais si vous voulez me les rendre,
je les conserverai avec toute la religion du souvenir.

Marianna sourit plus tristement encore ; puis elle
rompit le triple cachet. L'enveloppe, en s'ouvrant,
laissa s'exhaler le parfum des jours heureux, cet
enivrant parfum que les amants connaissent seuls.
Marianna prit une des lettres, l'offrit à la lampe qui
brûlait encore, et presque aussitôt la flamme, fran-
chissant sa prison de verre, embrasa la lettre qui
l'avait appelée. La pauvre délaissée la jeta tout en
feu dans le foyer, puis toutes les autres, lentement,
une à une, cherchant ainsi à reculer l'instant de la
séparation éternelle, pleine de doute encore et d'espoir, et croyant que chaque minute allait lui apporter sa grâce. Elle contempla longtemps les lignes
étincelantes qui couraient sur le papier noirci ;
voyant enfin que George était inexorable, comprenant que tout était fini, elle s'enveloppa de son
châle, elle parcourut de son regard cette chambre
où elle était résolue à ne plus rentrer jamais, elle
envoya à chaque objet un bien long, un bien triste
adieu, puis se tournant vers Henry :

— Mon enfant, accompagnez-moi, lui dit-elle.

Sa démarche était chancelante. Près de franchir
le seuil, elle abandonna brusquement le bras qui la
soutenait, et, revenant encore une fois à Bussy :

— George, lui dit-elle avec dignité, nous ne pou-
vons nous quitter ainsi ; séparons-nous, mais noblement. Que cette heure soit l'heure suprême ; mais
laissez tomber sur moi un mot de consolation, et
ce cœur que vous avez brisé tressaillira encore d'allégresse. S'il est vrai que vous m'ayez aimée, s'il
est vrai que j'aie mis dans votre vie quelques joies
dont le souvenir vous soit cher, George, au nom de
cet amour que je n'ai pas su garder, au nom de ces
joies qui sont ma gloire et ma richesse, regardez-
moi sans colère, et, si je vous ai fait du mal, dites
que vous me pardonnez.

George était une nature brusque, emportée, mais
ni méchante ni cruelle. Il ne s'était résigné au rôle
odieux qu'il venait de jouer qu'après avoir épuisé
tous les remèdes indulgents. La nécessité seule
l'avait poussé aux moyens extrêmes. Las de souffrir,
souffrant surtout des tortures de sa victime, dominé
d'ailleurs par des exigences qui n'étaient plus celles
de l'amour, il s'était dit que mieux valait en finir
d'un seul coup que de traîner sur les cailloux, à
travers les ronces, deux existences misérables : il
s'arma d'un féroce courage, et la pitié, autant que
l'égoïsme, le fit impitoyable. Et puis, il faut convenir que parfois la victime abuse tellement de la patience du bourreau, qu'il est impossible à l'indifférence la plus philosophique d'échapper, en luttant

contre les obsessions de l'amour, à une certaine
irritabilité nerveuse qui prend toutes les allures d'un
tempérament brutal. Les femmes elles-mêmes n'en
sont point exemptes; seulement, d'une organisation
plus faible et plus tendre que la nôtre, elles osent
rarement nous exécuter de leurs blanches mains;
suppléant la rudesse par la perfidie, elles nous ver-
sent à petites doses le poison qui nous tue, et laissent presque toujours à notre successeur le soin de
nous signifier l'arrêt qui nous condamne en dernier
ressort. Quoi qu'il en soit, George n'entendit pas
sans émotion les dernières paroles de Marianna; tant
de douleur et d'humilité le touchèrent. Il pressa de
ses mains attendries la tête de l'infortunée sur sa
poitrine; son cœur de glace se fondit et sa paupière
aride s'humecta.

Ils restèrent longtemps ainsi. Témoin de leurs
muets adieux, debout sur le seuil de la porte, Henry
les contemplait d'un air sombre, mêlé d'une anxiété
jalouse et d'une avide curiosité.

## CHAPITRE II.

George, aussitôt qu'il se trouva seul, fut inondé
par le sentiment de sa liberté reconquise. Il se leva,
ouvrit la fenêtre de sa chambre et respira l'air à
pleins poumons. Libre! il était libre! Il sentit avec

délices la brume fine et glacée que le vent lui soufflait au visage ; il s'enivra des brouillards de la
Seine. Jamais le ciel embaumé des prairies ne lui
avait semblé plus joyeux ni plus pur qu'en cet
instant l'atmosphère humide et sombre qui pesait
sur Paris et l'enveloppait comme un linceul. Libre !
libre enfin ! Sa liberté coûtait bien des pleurs, mais
sa joie de prisonnier qui voit tomber ses chaînes ne
fut altérée par aucun remords, et l'image de Marianna ne vint point en troubler l'ivresse. George
était une de ces natures de fer que parfois la jeunesse dore d'un éclat passager, mais auxquelles le
frottement du monde ne laisse que le rude métal
avec lequel Dieu les a façonnées. L'expérience de la
vie avait développé chez lui une logique froide et
tranchante, inaccessible à la passion. Fataliste en
amour, il supposait dans l'ordre moral une série de
faits nécessaires, tout aussi inévitables que les phé-
nomènes de la nature extérieure, et sa conscience
n'admettait pas qu'en brisant la vie d'une femme,
ainsi qu'il venait de le faire, un homme pût être
plus coupable que l'orage qui brise une fleur.
Système merveilleux pour absoudre l'égoïsme et
l'ingratitude ! S'il est de nobles âmes chez lesquelles
la douleur, au lieu de les tarir, ravive toutes les
nobles sources, il en est d'autres aussi, moins pures
et moins divines, que la souffrance dessèche, et qui
se pétrifient dans leurs larmes. Pareilles à la menthe
et à la verveine, plus on foule aux pieds les premières, plus elles exhalent leurs suaves odeurs. Les
autres ressemblent à ces plantes moins généreuses

qui parfument la main qui les caresse, mais qui,
écrasées une fois, ne donnent plus que des senteurs
amères.

L'enivrement de Bussy fut court; le souvenir
d'Henry se glissa bientôt, comme un ver rongeur
dans sa joie. Tous deux étaient nés sous le même
ciel, dans la même ville, presque sous le même toit.
Leurs familles avaient été unies entre elles par une
de ces affections qui naissent porte à porte et se
transmettent de génération en génération : affections
héréditaires qu'on ne rencontre guère qu'en province, où toutefois elles sont plus rares que les
haines, les inimitiés et les divisions de tout genre qui
peuplent les quatre-vingt-six départements de
Guelfes et de Gibelins, de Capulets et de Montaigus.
Leurs mères avaient joué dans le même berceau.
Toutes deux s'étaient mariées à la même époque,
avec l'espoir d'unir un jour le fils et la fille qui devaient naître infailliblement et tout exprès pour ce
double hymen. Les mariages projetés de si loin ont
naturellement peu de chances d'aller à l'église.
L'une d'elles mourut en donnant la vie à un fils;
l'autre adopta ce fils dans sa tendresse, et George
put croire qu'il n'avait pas perdu sa mère. Madame
Felquères semblait destinée à ne jamais connaître
autrement les joies de la maternité, lorsqu'elle
sentit remuer dans ses flancs le fruit tardif d'une
union qui n'en espérait plus. Henry vit le jour :
deux lustres et plus avaient passé déjà sur le front
du jeune Bussy. Par une étrange fatalité, les deux
mères devaient mourir de la même mort. Madame

Felquères ne se releva point des angoisses de l'enfantement. Après avoir traîné durant quelques mois une douloureuse existence, elle reconnut que sa fin était proche; et comme George était à son chevet, qu'il baignait de ses pleurs, elle lui dit de douces paroles d'adieu, entremêlées de sages avertissements. Tout son désespoir, en mourant, était d'abandonner son fils sans autre appui que son père. C'est que la malheureuse le connaissait trop bien, cet appui ; c'est que durant douze années elle avait ployé sans murmurer sous ce joug de fer, et qu'elle s'en allait, l'âme toute meurtrie.

— Mon enfant, disait-elle à George, tu as précédé mon fils dans la vie, tu le précéderas dans le monde. Tu guideras son inexpérience, tu aideras ses jeunes pas. N'oublie jamais que je te l'ai confié à mon lit de mort; veille sur lui comme j'ai veillé sur toi ; parle-lui de sa mère, dis-lui que je l'aurais bien aimé, et que je n'ai regretté que vous deux sur la terre. Tu protégeras son enfance, tu conseilleras sa jeunesse. Apprends donc la vertu pour la lui enseigner : choisis les bonnes voies pour les lui indiquer; conserve-toi pur et honnête, afin que tes exemples lui ouvrent de nobles sentiers. Songe qu'un jour tu m'en rendras compte devant Dieu. Pauvre ami ! la douleur m'égare, et tu ne peux comprendre mes paroles ; mais qu'elles demeurent gravées dans ta mémoire, et tu les comprendras plus tard. Tu comprends bien déjà que tu dois aimer mon fils, n'est-ce pas ? Soyez frères ainsi que vos mères étaient sœurs. Je vais revoir la tienne, je lui parlerai de toi : va, ne la pleure pas, elle est morte en croyant au bonheur.

Elle s'éteignit. Courbée douze ans sous la volonté d'un maître sévère, elle avait vu toutes les heures de sa jeunesse tomber silencieusement dans le passé, sans laisser derrière elles aucune trace lumineuse. Elle avait vécu dans le travail, dans l'ombre et le silence. Le soleil n'avait pas lui sur sa journée. Et cependant jamais ses yeux n'avaient pleuré, jamais ses lèvres n'avaient murmuré ; elle avait toujours offert un visage serein et calme. Elle mourut, et le monde la plaignit, car le monde la croyait heureuse. Que de douleurs passent ainsi parmi les hommes sans jeter un cri, sans répandre une larme ! Que de martyres dont le sang ne rougit point l'arène ! Que de poëmes s'achèvent ignorés sur la terre, et vont se chanter dans le ciel !

George vit grandir Henry, et l'entoura de soins pieux et touchants ; mais bientôt la vie les sépara. On envoya Bussy étudier dans un collége de la capitale. Chaque automne le ramenait au gîte ; mais son père étant mort et ses études achevées, libre et maître de sa fortune, qui lui permettait une noble oisiveté, il déserta la province et vint se fixer à Paris. Si les dernières paroles de sa mère adoptive n'étaient point entièrement effacées de son cœur, l'amour, la dissipation, le frottement du monde, les mille désordres d'une jeunesse désœuvrée en avaient singulièrement usé le souvenir. George ne péchait pas par un excès de sensibilité ; et, bien qu'il conservât pour Henry des pensées toutes fraternelles,

il se préoccupait médiocrement des destinées de cet
enfant, qu'il n'avait pas vu depuis longues années
et qu'il n'espérait pas revoir. D'ailleurs, il s'avouait
à lui-même qu'il n'était guère en état d'accomplir
les saints devoirs qu'il avait acceptés au lit d'une
mourante. Il avait appris la vertu en courant ; s'il
ne s'était pas fourvoyé dans les voies de perdition,
il n'avait fréquenté qu'avec une extrême réserve les
droits sentiers de l'austère morale. Il était pauvre
de bons exemples, et ses mérites ne jetaient pas
assez d'éclat pour qu'il pût servir de phare à personne. Il se disait qu'Henry était condamné par
son père à creuser silencieusement son sillon loin
des séductions de Paris ; et il avait vu tant de belles
jeunesses de nos départements venir s'étioler et
mourir dans l'atmosphère de la capitale, qu'il se fé-
licitait, pour cet enfant, de la condition bornée qui
lui promettait du moins le repos dans l'obscurité.
Des années s'étaient écoulées, et George avait fini
par ne plus savoir si Henry Felquères existait encore. Par une matinée de novembre, comme
il était à peine éveillé, il vit entrer dans sa chambre
un jeune homme qui s'avança vers lui d'un air
brusque et timide à la fois, et qui lui dit d'une
voix douce :

— Je suis Henry Felquères : ne me reconnaissez-
vous pas ?

George lui ouvrit ses bras, et ils s'embrassèrent
avec effusion.

— Comme te voilà grand et beau ! dit Bussy en
le regardant avec attendrissement ; car il se sentait

remué par mille touchants souvenirs. Il l'avait quitté
presque enfant , et il le retrouvait paré de tous les
charmes de la jeunesse. Henry n'était point beau,
quoi que George en eût dit ; mais il y avait en lui une
telle aristocratie de gestes, de maintien et de langage, tant de grâces innées et tant d'instinctive élégance, qu'il eût été difficile d'imaginer que c'était là
un collégien libéré, débarqué à Paris pour la première fois. Sa taille était souple et flexible comme
la taille d'une femme ; ses cheveux blond cendré
tombaient négligemment sur son front sans en voiler
l'éclatante pureté ; ses yeux étaient bleus, et il s'en
échappait le regard de sa mère, ce regard si triste,
si doux et si limpide, que George avait tant de fois
rencontré, comme une étoile bienveillante, au-dessus
de son berceau ! Quand même Henry ne se fût pas
nommé, Bussy l'aurait reconnu infailliblement à son
regard aussi bien qu'à sa voix, à cette voix douce et
caressante qu'il tenait aussi de sa mère , et qui ré-
-veilla dans le cœur de George toutes les mélodies de
son enfance. Il le fit asseoir près de lui, et ils causèrent des jours passés ; puis Henry raconta les espérances qui l'avaient conduit à Paris. Voué au bar-
reau par la volonté paternelle, il était un de ces
mille jeunes gens que l'éducation et l'orgueil des
parents poussent hors de la condition où ils sont
nés. Il arrivait pauvre, mais riche de toutes les ardeurs, de toutes les illusions de son âge. George ne
put s'empêcher de sourire en songeant que tout cet
enthousiasme devait aboutir à quelques maigres
plaidoyers de province sur une haie vive ou sur un

mur mitoyen. Mais lui, Henry, que savait-il de l'avenir? Il lui semblait qu'en trois ans il allait conquérir le monde.

L'heure était venue pour Bussy de mettre à l'œuvre les sentiments de reconnaissance qu'il avait voués à la mémoire de la femme sainte qui l'avait élevé, de s'acquitter envers le fils des bienfaits de la mère. Il accepta d'abord Henry comme un devoir, et ne tarda pas à se prendre pour lui d'une tendresse véritable ; mais il était trop jeune lui-même pour que cette affection fût assez grave et assez austère. Henry était une nature tendre et poétique : il y avait en lui beaucoup des séductions de la femme, quelque chose de frêle et de gracieux qui invitait la protection, et, par-dessus toutes choses, une fleur de jeunesse qui l'entourait comme d'une atmosphère sympathique. George eut pour lui tout l'orgueil, toutes les puériles vanités de l'amour. Au lieu de le laisser s'épanouir dans l'ombre, il l'exposa aux feux du grand jour. Oubliant qu'Henry n'était plus un enfant, qu'il n'était pas encore un homme, il fit de lui le compagnon, le confident, le témoin de sa vie tout entière, et c'est ainsi qu'à dix-neuf ans ce jeune homme se trouva mêlé au drame dont j'ai conté le dénoûment.

L'étude des passions observées sur le vif est funeste aux jeunes cœurs : elle les remplit d'agitations et de dévorantes ardeurs, et ne leur est profitable en enseignements d'aucun genre : car la présomptueuse jeunesse désigne toujours à ses triomphes la place où ses devanciers ont succombé. Henry suivit

pas à pas toutes les phases de la liaison de ses deux
amis, reflet brillant ou sombre de leurs bons ou de
leurs mauvais jours. Bientôt, à son insu, son âme
se troubla ; il perdit l'égalité de son caractère, et la
limpidité de son regard s'altéra. Il recherchait la
solitude, fuyait George et Marianna, et nourrissait
contre le premier je ne sais quelle irascible humeur
qu'il ne s'expliquait pas à lui-même. George et Marianna remarquèrent à peine ces bizarreries ; d'autres
soins les préoccupaient : déjà leur chaîne était lourde
à porter. Henry assista à l'agonie de cet amour ;
confident du désespoir de Marianna, il fut le vase où
tomba goutte à goutte le trop-plein des douleurs de
cette infortunée. Sa pitié fut noble et désintéressée :
s'il eût fallu son sang pour ranimer la tendresse de
George, il eût donné son sang, et son cœur, et sa
vie. Mais quand, le soir, il quittait cette femme
après l'avoir vue, belle et désolée, sangloter et pleurer sur ses mains, pourquoi donc allait-il, la nuit,
sur les quais déserts, seul, sentant avec une joie
sauvage la bise et la pluie qui lui fouettaient le visage, cherchant à dompter, par la fatigue du corps,
les pensées tumultueuses qui l'agitaient? Pourquoi
d'autres fois mordait-il son lit avec rage, enviant les
trésors que dédaignait Bussy, déplorant tant de biens
perdus, heureux et misérable des pleurs qu'il avait
vus couler, maudissant George et le bénissant, s'accusant et ignorant son crime, blasphémant le ciel et
la terre, et, à chaque crise nouvelle de cet amour
expirant, se déchirant la poitrine comme pour en arracher un horrible sentiment de joie ?

Marianna, qui n'avait jamais vu dans Henry
qu'un enfant tendre et gracieux, était bien loin de
se douter que les orages qui la brisaient troublaient
le repos de ce jeune cœur. Elle pleurait dans son
sein, sans songer, l'imprudente, qu'il suffit qu'une
larme tombe sur un lac pur et paisible pour en ri-
der les ondes et en dépolir la surface. Quant à Bussy,
il n'avait rien compris : il trouvait tout simple et tout
naturel qu'Henry se fît le courtisan de la douleur
de Marianna, et même il lui savait gré de la sollicitude qu'il avait pour elle. Parfois cependant il avait
observé avec une vague inquiétude le changement
qui s'était opéré dans ce jeune homme, mais sans
chercher à s'en rendre compte. La nuit des derniers
adieux éveilla ses soupçons, le ramena sur les jours
écoulés et lui expliqua bien des choses qu'il avait
laissées passer presque inaperçues. Demeuré seul, la
réflexion fortifia ses doutes et les changea presque
en certitude.

Sa première impression fut toute d'égoïsme. Il
comprit que l'affection d'Henry allait lui échapper,
et il fut jaloux. Il avait assez vécu pour savoir qu'entre deux hommes des mieux unis et des plus fortement trempés, dont l'un aime la femme que l'autre
a possédée, il n'est guère d'amitié possible. Un sentiment de pudeur instinctive leur impose vis-à-vis
l'un de l'autre je ne sais quelle froide contrainte; et
quand bien même cette contrainte ne serait pas assez
forte pour les diviser, la femme, qui n'a jamais rien
à gagner aux confidences du passé, s'arrange toujours de .façon à ne point leur laisser de place.

George professait une haute estime pour les femmes qui respectent l'amant qu'elles n'ont plus, il regrettait seulement que l'espèce en fût aussi rare.

Puis une crainte plus sérieuse, plus grave et moins intéressée préoccupa Bussy. Il savait que nous commençons tous par le rôle de martyr, que nous finissons toujours par celui de sacrificateur. Il frémit en songeant à la jeunesse d'Henry, à sa faiblesse, à son inexpérience, et il entrevit avec effroi l'abîme qu'il avait si imprudemment creusé sous les pas de l'enfant qu'il aimait.

Enfin, il se trouva que George, qui n'aimait plus Marianna, sentit remuer en lui je ne sais quelle velléité de jalousie posthume, et qu'il n'entrevit point sans humeur la possibilité d'une guérison trop prompte aux blessures qu'il avait faites. Pénètre qui pourra dans cet abîme de folie qui s'appelle le cœur de l'homme !

Ce fut sous l'influence de ces trois sentiments que Bussy se décida à étudier le mal et à sauver Henry, s'il y avait lieu, avant qu'il fût éclairé lui-même sur l'état de son propre cœur. A voir la rudesse de George en amour, peut-être s'étonne-t-on de le trouver si tendre en amitié. Mais remarquez que les hommes ne reconnaissent en amour ni législation ni morale : ils aiment ou n'aiment plus, tout est là. L'amour est un terrain libre où l'on peut tout oser ; c'est là comme à la guerre : on frappe, on blesse, on tue ; partout ailleurs on est rempli d'humanité, et il n'y a que les blessés qui se plaignent. Un homme peut donc se conduire comme le dernier des misérables avec la femme qui lui a tout sacrifié, et conserver néanmoins toutes les qualités éminentes qui constituent vis-à-vis du monde ce qu'on appelle un homme charmant. Qu'on brise lâchement une destinée tout entière, ce n'est rien : c'est une femme qui se noie ; on n'en reste pas moins bon fils, bon frère, bon ami ; on n'en a pas moins de bonté pour ses gens, de tendresse pour ses chiens, d'affection pour ses chevaux. Le monde lui-même, qui ne pardonne jamais aux bonheurs qu'il ne sanctionne pas, est plein d'indulgence pour ces aimables bourreaux qui le vengent. George n'avait ni chiens ni chevaux à aimer, mais il pouvait souffrir à l'endroit de Henry. Peut-être aussi semble-t-il étrange qu'un être si vieux déjà, si endurci, ait pu s'éprendre pour cet enfant d'une amitié si vive et si fervente. Mais, en mettant de côté les sentiments que George avait eus pour la mère, et qui devaient naturellement rejaillir sur le fils, il n'est point rare de voir ainsi de vieilles âmes, que la vie a bronzées, s'attacher à de jeunes cœurs que n'a point encore déflorés l'expérience. Il arrive un âge où les hommes se connaissent trop bien les uns les autres pour s'aimer entre eux. Rassasiés des mets qu'ils se servent mutuellement, il leur faut de la chair fraîche, et c'est alors qu'on les voit rechercher la jeunesse, tant ils savent bien qu'elle seule vaut quelque chose !

Fatigué d'une nuit sans sommeil, George se jeta sur son lit, et ne tarda pas à s'endormir. Bientôt les rêves s'abattirent à son chevet, et touchèrent son front du bout de leurs ailes. Ce fut d'abord des images confuses qu'il s'épuisa vainement à poursuivre, des ombres bizarres qui glissèrent le long des courtines et flottèrent autour de lui sans qu'il pût en saisir les formes fantastiques. Peu à peu ces folles imaginations s'évanouirent, de nouvelles images lui apparurent, et il reconnut en elles les fantômes des dernières années qu'il avait ensevelies dans le passé. C'étaient ses souvenirs les plus récents qui s'éveillaient pour lui donner une deuxième représentation du drame qu'il venait de dénouer. Il poussa, en dormant, un soupir résigné, car la pièce était trop mauvaise pour qu'il pût se féliciter de la voir et de l'entendre une seconde fois.

---

## CHAPITRE III.

Il y avait trois ans passés que la tristesse et l'ennui avaient conduit Bussy aux eaux de Bagnères de Bigorre. Jeune, il avait aimé ; jeune, il avait souffert ; frappé au matin de la vie dans ses croyances les plus chères, son cœur ne s'était point relevé, sa jeunesse morne et désœuvrée touchait déjà presque à son déclin. La société des eaux était nombreuse et brillante ; Georges y montra comme partout, réservé, silencieux, d'une gravité un peu théâtrale. Quelques personnes qui, l'année précédente, l'avaient

rencontré aux bains de Lucques et qui le retrouvè-
rent aux Pyrénées, le surnommaient *Tristan le
voyageur*. Il était beau d'ailleurs, et sa tristesse seyait
bien à sa beauté. Son regard était fier, mais on devinait aisément que l'amour devait en adoucir l'expression impérieuse et sévère. Ses lèvres minces,
qui ne souriaient jamais, semblaient un arc au repos. Son visage était pâle; les femmes lisaient quelque chose de fatal sur son front dévasté.

Parmi celles qui se disputaient la royauté des
eaux, plusieurs étaient parées de charmes, d'esprit
et de grâces; toutes abdiquèrent leurs prétentions
aux pieds de madame de Belnave, et le sceptre échut
à la seule d'entre elles qui ne l'eût point sollicité.
Jeune, belle, d'une beauté que relevait encore un
air de souffrance rêveuse, Marianna apparut à Bagnères comme une de ces créations qu'enfante seul
le génie des poëtes. C'était une de ces âmes qui ne
doivent rien au monde, qui ne les connaît pas. Élevée aux champs, qu'elle désertait pour la première
fois, ses manières offraient un singulier mélange de
hardiesse et de timidité; parfois même elles affec-
taient je ne sais quelle brusquerie pétulante qui venait d'une secrète inquiétude et d'une ardeur inoc-
cupée. Familière et presque virile, son intimité
était d'un facile accès; mais sa fière chasteté et son
instinctive noblesse mêlaient au laisser-aller de
toute sa personne des airs de vierge et de duchesse
qui contrastaient d'une façon étrange avec son mépris des convenances et son ignorance du monde; et
si nulle ne savait mieux qu'elle encourager les sym-

pathies, elle savait mieux que toute autre leur commander un saint respect. Tout révélait en elle une nature luxuriante qui s'agitait impatiemment sous le poids de ses richesses inactives. On eût dit que la vie circulait frémissante entre les boucles de son épaisse et noire chevelure. On sentait comme un feu caché sous cette peau brune, fine et transparente. Sa taille était frêle, mais soutenue par une svelte et gracieuse audace. Son front net et pur disait bien que les orages de la passion n'avaient point grondé sur cette noble tête; mais l'expression de ses yeux, brûlante, fatiguée, maladive, accusait des luttes intérieures, terribles, incessantes, inavouées.

M. de Belnave accompagnait sa femme. C'était un homme d'un abord froid, d'une gravité simple, un véritable gentilhomme. Son maintien était austère, ses traits réguliers, son élégance compassée; son aspect, ses gestes, son langage exhalaient un parfum d'aristocratie native que n'avaient pu altérer le commerce ni l'industrie. Il paraissait se ployer avec une indulgence paternelle au caractère de Marianna; la chevaleresque confiance qu'il mettait en elle honorait également l'un et l'autre époux.

M. de Belnave était propriétaire des forges de Blanfort, qu'il exploitait avec son associé, M. Valtone. M. Valtone avait épousé la sœur de Marianna, et les deux ménages vivaient sous le même toit, unis par le double lien des affections et des intérêts. Bien que d'une nature moins élevée que celle de M. de Belnave, M. Valtone était une haute probité, une intelligence active et rompue aux affaires, un

dévouement à toute épreuve. Une vieille affection liait ces deux hommes, et les avait faits
frères bien avant leur mariage. Amis d'enfance, ils
avaient grandi côte à côte; appuyés l'un sur l'autre,
ils avaient traversé la vie, se chauffant au même
soleil, s'abritant sous le même manteau. Pauvres,
le travail les avait enrichis; après des années de labeur et de peine, tous deux s'étaient assis dans le
même bonheur. C'étaient deux hommes de vertu,
de courage et de volonté. Inaccessibles aux passions
de l'oisive jeunesse, étrangers aux calculs d'une ambition peut imorée, ils étaient arrivés au grand jour
par le droit chemin. Heureux, on les vit aussi peu
embarrassés de leurs richesses qu'ils l'avaient été de
leur pauvreté. Ils répandirent autour d'eux l'aisance
et le bien-être; ils employèrent les bras inoccupés;
Blanfort prit une face nouvelle. Puis, lorsqu'ils eurent assuré le présent et qu'ils se crurent maîtres
de l'avenir, autant que chacun ici-bas peut se croire
maître du jour de demain, ils se tournèrent vers le
mariage, l'envisageant comme un devoir propre à
sanctifier leurs prospérités. Plus âgé que M. de Belnave, M. Valtone se maria le premier, et, trois ans
plus tard, M. de Belnave épousa la belle-sœur de
son associé. Noëmi et Marianna de Vieilleville ap-
partenaient à l'une des meilleures familles de la
Creuse. Élevées à la campagne, sous l'œil vigilant
de leur grand'mère, toutes deux étaient nobles et
belles; et bien que leur fortune ne répondît pas à
celle des deux amis, ceux-ci, en les épousant, ne
songèrent point qu'ils sacrifiaient leur intérêt à leur

4

inclination : ces deux filles charmantes leur apportaient des trésors de grâce, d'esprit et de tendresse.

Les premières années de cette double union avaient été fécondes en beaux jours. Blanfort est un joli village du Berri : de rustiques habitations semées au pied d'une colline, entre Argenton et le Blanc, se mirent dans l'eau de la Creuse qui arrose cette partie du département de l'Indre avant de se jeter dans la Vienne. Les forges s'étendent sur la rive opposée et donnent au paysage un aspect animé, pittoresque et presque sauvage. Sur la même rive, plus avant dans les terres, une maison de construction élégante et moderne se cache derrière des massifs de chênes, d'ormes et de trembles dont le feuillage amortit le bruit étourdissant des cyclopes. C'est là que les deux ménages avaient établi leur bonheur. A leur insu, ce bonheur était déjà bien ébranlé à l'époque où M. de Belnave avait accompagné Marianna aux eaux de Bagnères-de-Bigorre.

M. de Belnave et son ami étaient deux natures inhabiles aux puérilités de l'amour. Trempés de bonne heure dans la réalité, habitués à traduire leurs sentiments par leurs actions, leur tendresse, rigide et concise, manquait d'expansion et de charme. Le travail les avait préservés de ces désirs sans but, de ces aspirations tumultueuses qui tourmentent toute jeunesse. Ils ne comprenaient point ces faux besoins du cœur, ces folles exagérations de l'âme, fléaux des sociétés désœuvrées. Chez eux, la passion avait revêtu les formes sèches du devoir.

Ils n'étaient ni rêveurs ni poëtes. L'aspect d'un beau paysage ne les jetait pas dans de ravissantes extases. Le bruit des forges de Blanfort était plus doux à leurs oreilles que le murmure des brises printanières, et leurs regards souriaient plus complaisamment au rouge éclat de leurs fourneaux qu'aux rayons argentés de la lune, glissant le soir à travers les aunes. Ni poëtes ni rêveurs, à coup sûr! Mais ils aimaient leurs femmes d'une affection vraie et profonde; jamais l'humeur, le caprice ou l'ennui n'altéraient leur immuable bonté. S'ils ne connaissaient point les brûlantes exaltations, ils ignoraient aussi la lassitude qui leur succède. Leur amour ne se perdait jamais dans des régions bien éthérées; mais Noëmi et Marianna pouvaient le trouver à toute heure dans le milieu calme et serein où il était acclimaté. Dans une époque qui se montre disposée à flatter la passion plutôt que le devoir, ces affections bourgeoises, ces qualités éminemment sociales ont dû trouver peu d'apologistes; les essais de la passion les ont suffisamment vengées.

Noëmi s'était ployée sans efforts apparents aux exigences de la vie conjugale. Sa jeunesse avait été religieuse, occupée; soit que ses rêves n'allassent pas au delà de son horizon, soit qu'elle les retînt prisonniers dans son sein et que Dieu eût mis en elle une de ces âmes résignées qui ne se confient point à la terre, soit enfin qu'elle fût née pour cette condition silencieuse et bornée qui s'appelle la vie domestique, toujours est-il que sa chaste beauté avait su conserver l'éclatante blancheur du lis, ses

yeux l'azur du ciel, ses lèvres le sourire des anges,
et que son bonheur semblait suffire à la modestie
de ses ambitions.

Il n'en fut pas ainsi de sa sœur. Le silence des
champs, l'étude, la rêverie, la lecture avaient développé chez Marianna plus de force que de tendresse,
plus d'imagination que de cœur, plus de curiosité
que de sensibilité vraie. Elle n'avait vécu jusqu'alors
que dans le monde des chimères. Seule, au bord
de la Creuse, sur le flanc des coteaux, le long des
haies verdoyantes, elle s'était arrangé d'avance une
existence héroïque, toute remplie de beaux dévouements et de sublimes sacrifices. Elle avait entrevu des
luttes, des combats, des amours traversés, des félicités tourmentées. Avant d'avoir joui, elle avait
tout épuisé ; elle avait traduit l'avenir en poëme.
Lorsqu'il lui fallut descendre de cet empyrée
dans l'atmosphère tempérée de Blanfort, son âme
dut se sentir pénétrée d'un froid mortel. L'affectueuse bonté de M. de Belnave ne ressemblait en
rien aux passions orageuses que Marianna avait en-
tendues gronder dans ses songes. M. de Belnave lui-
même, malgré la distinction de ses manières, ne
pouvait guère être comparé aux figures poétiques
qui avaient visité la solitude de cette enfant. Toutefois, le changement de lieu et de position, la joie
de retrouver Noëmi, l'espèce de solennité qui entoure les premiers mois du mariage, les soins affec-
tionnés de M. de Belnave, les prévenances fraternelles de M. Valtone, l'activité qui régnait à Blanfort, le bruit des forges, le mouvement de l'industrie,

tous ces accidents d'une vie nouvelle aplanirent pour Marianna le rude passage des rêves à la réalité. D'ailleurs, les premiers transports de M. de Belnave se montrèrent chaleureux, sinon exaltés. Vivement épris de sa jeune et belle épouse, on le vit se livrer presque exclusivement aux préoccupations de son bonheur ; et la première année de cette union, bien qu'en ne réalisant pas toutes les espérances de Marianna, donna cependant une ample moisson d'heureux jours. Malheureusement, la vie ne saurait se passer à parler d'amour. M. de Belnave reprit bientôt ses habitudes laborieuses ; et, s'autorisant de la sincérité de son affection pour se dispenser du soin de la manifester, il laissa Marianna se dévorer en silence. Les sources de tendresse étaient toujours en lui ; mais, au lieu de s'épancher, les eaux dormaient dans le creux du rocher.

M. de Belnave fut coupable. L'amour, comme la divinité du sein de laquelle il émane, demande un culte extérieur. Si les amants font à la passion la part trop large et trop belle, les maris la lui mesurent avec une parcimonie sordide. C'est bien là ce qui les perd tous. La paresse et la vanité encouragent leur froideur et bercent leur indifférence. Ils présument tellement de leurs charmes, qu'ils ne songent pas même à les faire valoir. A voir leur aveugle confiance, il semble qu'ils aient constitué leurs femmes en majorats et qu'elles soient inaliénables. Que peuvent cependant ces créatures négligées, qui ont vingt-quatre heures par jour à donner aux pensées d'amour ; que peuvent-elles contre la

séduction qui s'offre à elles parée de tous les artifices du cœur, de toutes les grâces du langage ?
Résistent-elles, les maris n'en savent gré qu'à leur
mérite et ne pardonneraient pas au triomphe d'avoir
coûté de sérieux efforts. Qu'elles succombent, ils se
révoltent et s'indignent. Il a fallu un rival de chair
et d'os pour éveiller leur jalousie et fouetter leur
âme engourdie. Eh ! malheureux ! vous ignorez que
ce rival n'a fait que succéder à mille autres, tous
plus jeunes, tous plus aimés. Ces rivaux mystérieux.
c'étaient les fantômes qu'évoquaient la tristesse et
l'ennui. Que de fois vos femmes n'ont-elles pas
senti, durant les longs jours d'abandon, leurs lèvres
pâlir et trembler sous des baisers rêvés qui n'étaient
pas les vôtres ! Que de fois n'ont-elles pas pressé
sur leur sein de brûlantes images qui ne vous res-
semblaient pas ! Pourquoi donc étiez-vous si tran-
quilles alors ? Ou vous soupçonniez ces infidélités
de la pensée, et dans votre sécurité vous n'étiez que
des fous ; ou vous vous imaginiez que vos épouses
délaissées ne peuplaient leurs heures solitaires que
de votre souvenir adoré, et dans votre présomption
vous n'étiez que des sots.

M. de Belnave était tout simplement ce que nous
pourrions appeler un cœur muet, une âme silencieuse. Le trop d'exaltation qu'avait Marianna aurait suffi pour le compléter. Le temps seul pouvait
corriger ces deux natures et fondre dans un rapport
égal leurs défauts et leurs qualités. Les âmes enthou-
siastes ne savent pas attendre : Marianna s'exagéra
la froideur de son mari. Abandonnée à elle-même,

son imagination, un instant assoupie, se réveilla
plus vive et plus fougueuse ; son cœur, qui ne
trouvait plus d'aliments, se consuma. Au lieu d'apprendre à jouir des biens qu'elle avait sous la main,
elle s'étudia à les méconnaître. Le bonheur était
auprès d'elle ; elle s'épuisa à le chercher dans les
espaces imaginaires. Qui n'eût cru aux félicités de
cette femme ? Elle seule n'y croyait pas. Elle se
demandait avec inquiétude si le monde finissait à
l'horizon borné qui l'oppressait de toute part. Le
calme plat de ses jours pesait sur elle comme un
manteau de plomb. Elle sentait en elle une énergie
à soulever les montagnes ; elle étouffait dans le cercle étroit de ses devoirs. Entourée de toutes les
joies du luxe et du bien-être, elle eût donné tous ces
trésors pour une vie pauvre, aventureuse et libre.
Cette enfant demandait la liberté, et n'avait jamais
su ce que c'est que la servitude ; mais elle avait
besoin d'outrager sa destinée, tant son âme ennuyée
était avide de douleurs. Fatiguée du repos, elle eût
voulu remuer à tout prix les eaux dormantes de sa
vie. L'inaltérable bonté de M. de Belnave l'irritait.
Peut-être eût-elle préféré un mari brutal et jaloux.
Véritablement malheureuse, elle se serait trouvée
moins misérable.

C'était à Noëmi que Marianna confiait ses ennuis,
ses tristesses, et son cœur agité, ses vagues inquiétudes, ses aspirations brûlantes. Madame Valtone
l'écoutait d'un air doux et mélancolique ; puis, par
de tendres conseils, par des paroles toutes pleines
d'une sagesse indulgente et bonne, elle essayait de

réprimer les écarts de cette imagination ; elle s'efforçait de la ramener au sentiment de son bonheur, à une appréciation plus juste et plus sensée des choses d'ici-bas. Sa voix était grave, ses discours prudents et maternels ; car Noëmi comptait quelques années de plus que madame de Belnave, et son âge, autant que sa raison précoce, lui donnait sur sa sœur une autorité de mère. Parfois cette raison parvenait à refréner les ardeurs de Marianna ; parfois aussi la sérénité de Noëmi, la sainteté de ses exemples, la modestie de ses désirs exerçaient d'heureuses influences, et la paix semblait rentrer dans cette âme tourmentée. Mais ce n'était qu'un calme passager que troublaient bientôt de nouveaux orages. Si madame Valtone osait alors se montrer plus sévère, ses enseignements ne trouvaient plus qu'un esprit rebelle, et Marianna croyait justifier ses douleurs en les déclarant incomprises.

M. de Belnave, qui aimait sérieusement sa femme, était loin de soupçonner tant de luttes et tant de misères ; pour M. Valtone, il en était plus loin encore. Le travail absorbait exclusivement ces deux hommes et ne leur laissait guère le loisir de fouiller les abîmes du cœur. C'étaient d'excellents maris, d'honnêtes industriels, mais d'assez ignorants psychologistes, et surtout de fort pauvres héros.

Des années s'écoulèrent de la sorte, sans apporter aucune modification bien remarquable dans la situation des deux ménages. C'était toujours le même calme et la même uniformité, le même ciel et les mêmes ombrages. C'était, à vrai dire, pour

une âme effervescente que trop de séve tourmen-
tait, une assez déplorable existence. M. de Belnave
et son associé avaient achevé de se pétrifier dans
la réalité. Ils s'étaient habitués à regarder leurs
femmes comme des meubles propres et lùisants qui
faisaient honneur à leur maison, et n'exigeaient
aucuns frais d'entretien. Noëmi tenait le sceptre
domestique avec une fermeté qui n'excluait en elle
aucun charme. Pour Marianna, elle posait dans la
petite colonie comme une œuvre d'art, comme une
belle inutilité. Le dessin, le piano, la lecture des
romans modernes, les courses à cheval, les promenades solitaires, remplissaient ses journées oisives.
Elle avait su conserver d'ailleurs une humeur douce,
un caractère égal, et M. de Belnave n'imaginait pas
que sa femme pût ne pas être heureuse. Oui, sans
doute, elle était heureuse ; seulement elle se mourait d'ennui.

Un soir, Marianna se croyait seule dans sa chambre. Accoudée sur l'appui de sa fenêtre ouverte,
elle contemplait le soleil qui descendait derrière les
coteaux couronnés de pampres. Il faisait une de ces
belles soirées où la nature, fatiguée de parfums, de
chaleur et de vie, se repose des voluptés du jour.
Les brises de la nuit se levèrent : le feuillage, ranimé par leurs fraîches haleines, frissonna ; les
rainettes chantèrent sur le bord des étangs, et les
notes du rossignol éclatèrent à longs intervalles.
L'air était chargé d'enivrantes senteurs. On entendait au loin le bruit des écluses, les aboiements des
chiens, et ces mille rumeurs, pleines de mélancolie

et de mystère, qui s'élèvent des champs endormis.
La lune reposait sur les prairies qu'elle inondait de
sa blanche lumière; les étoiles étincelaient au ciel;
la rivière se déroulait, comme un ruban d'argent, à
travers les plaines murmurantes. Nuits fatales aux
cœurs solitaires ! Marianna pressa sa poitrine avec
désespoir, comme pour y refouler d'inutiles désirs;
puis, se jetant sur son lit, elle fondit en larmes.

Ce spectacle fut nouveau pour M. de Belnave, qui
venait d'entrer dans la chambre de sa femme. Il lui
prit la main, et d'une voix affectueuse :

— Tu pleures, lui dit-il ; qu'as-tu ?

— Rien, répondit-elle en essuyant ses yeux.

Il insista, mais vainement. Sa sollicitude alarmée
s'adressa à Noëmi. Madame Valtone répondit timi-
dement que Marianna s'ennuyait peut-être. Le lendemain, M. de Belnave offrit à sa femme le choix
des distractions ; huit jours après, une chaise de
poste les emportait tous deux au pied des Pyrénées.

---

# CHAPITRE IV.

George et Marianna se rencontrèrent à Bagnères.
Ces deux ennuis devaient se comprendre l'un l'autre : ils se comprirent. Marianna vit bientôt apparaître les rives enchantées qu'elle n'avait jusqu'alors

entrevues que dans ses songes. La poésie des lieux, la majesté des monts, l'entraînement d'une société nouvelle, les hommages qui s'attachaient à ses pas, les fêtes brillantes, les excursions aventureuses, qu'autorise la vie des eaux, toujours indépendante et libre, tout concourut à l'égarer et à la perdre. Ses joies inaccomplies, ses déceptions amères, ses vœux inexaucés trouvèrent dans Bussy des sympathies intelligentes. Ses pensées les plus mystérieuses, ses plus confuses espérances lui furent traduites dans un langage passionné. George lui formula son cœur ; puis il pleura sur elle. Elle était une de ces âmes d'élite qui portent la peine de leur haute origine, un ange solitaire perdu parmi les hommes , une exilée du ciel qui se souvient de la patrie absente. Puis, après s'être emparé des tristesses de Marianna et lui en avoir fait les honneurs, il raconta les siennes. Il chanta les douleurs de ses jeunes années : amour méconnu, confiance trahie, liaison brisée ! Il étala des plaies encore saignantes et pleura sur lui-même. Il exagéra ses regrets avec art ; il exploita les malheurs d'une ancienne passion au profit d'une passion nouvelle. Madame de Belnave écoutait Bussy avec le curieux intérêt qui s'attache au voyageur revenu des contrées lointaines ; et c'était dans l'atmosphère embrasée des bals, plus souvent dans les vallées chauffées aux rayons du midi, au bruit des cascades mugissantes, c'était sous le soleil de l'amoureuse Espagne, que George et Marianna, détachés, comme à leur insu, des caravanes qui visitaient les monts, s'abandonnaient

follement aux dangers de ces confidences! Impatiente d'apprendre et de connaître, Marianna enviait l'expérience de Bussy : lassé de tout, George,
de son côté, enviait à Marianna son heureuse ignorance. Madame de Belnave était altérée des eaux
amères de la vie ; il fallait à George de pures et
fraîches ondes où son cœur pût se régénérer. L'un
avait la science et l'autre la jeunesse. Il n'était pas
bien difficile de prévoir que ces deux natures cher-
cheraient à se compléter par l'échange de leurs
trésors et finiraient par s'absorber dans un même
amour, semblables aux électricités contraires qui
s'attirent et se confondent. Madame de Belnave
aima, et Bussy crut aimer. Comme lui, qui n'a pris
ses regains pour l'espoir d'une moisson nouvelle ?
Hélas ! nous sommes tous ainsi : nous ne renonçons
point docilement aux illusions près de nous échapper. Avant de se glacer et de s'endormir du repos
éternel, le cœur se révolte et se débat longtemps
sous la main de fer qui l'opprime. Il essaye encore
ses forces expirantes, et presque toujours il entraîne
avec lui dans la tombe le jeune cœur qui n'a pu le
sauver.

Cependant, que faisait M. de Belnave ? Pour tout
ce qui regarde leur repos conjugal, les maris sont
clairvoyants comme les aveugles : ils voient avec la
main ; et lorsque, par hasard, une vague inquiétude
rôde autour d'eux et leur fait pressentir le danger
qui les menace, ils repoussent avec orgueil ces
pressentiments salutaires; ils affectent une héroïque
confiance; ils accueillent le danger au lieu de cher-

cher à le prévenir ; ils font parade de la sécurité
qu'ils n'ont pas. On se demande d'où peut leur
venir cet impérieux instinct qui les pousse invinciblement à leur perte, et les précipite aveuglément
sur les marches de l'autel, où les attend le sacrificateur. Le célibat de leur jeunesse n'a été fécond
pour eux en enseignements d'aucun genre ; les
fautes dont ils ont profité alors ne leur ont appris
qu'une chose, à les commettre plus tard. Il semble
qu'une fatalité terrible pèse sur le mariage. C'est
bien à coup sûr celui des sacrements où le diable a
la meilleure part.

Quoi qu'il en soit, toujours est-il que le seigneur
de Blanfort favorisa de la meilleure grâce du monde
un bonheur qui n'était pas le sien. Bussy, bien qu'il
ne procédât ni de Juan ni de Lovelace, possédait
toutefois les premiers éléments de la séduction. Il
débuta fort habilement par capter l'amitié de M. de
Belnave : ruse assez commune aux amants, qu'on
flétrirait du nom de lâche perfidie, s'il s'agissait de
dérober un secret d'industrie à quelque commer-
çant, mais qui devient une gentillesse aussitôt qu'il
s'agit seulement de tromper un mari et de lui voler
sa femme. Le manuel de l'adultère diffère, sur plusieurs points, de celui des honnêtes gens.

Hâtons-nous de dire que le bonheur de Bussy se
réduisit aux effusions du sentiment. Ce n'est pas
que George fût homme à se contenter de joies pu-
rement extatiques, mais il y avait dans Marianna
une chasteté sauvage qui dominait sans efforts toutes
les phases de la passion. Pareil à la flamme du

bois d'aloès, qui ne donne point de fumée, l'amour brûlait dans ce cœur sans en ternir l'éclat, sans en altérer la pureté. Marianna ne soupçonnait même pas que cet amour pût être criminel, elle s'abandonnait sans crainte aux charmes d'une liaison qui devait la perdre plus tard. Il en est toujours ainsi : les brises du rivage sont douces et parfumées ; la vague déferle mollement sur la plage ; la mer chatoie sous l'azur du ciel. Nous partons, nous nous aventurons gaiement sur ces ondes unies comme une glace. Comment prévoir que le vent, qui joue dans nos voiles, nous brisera contre les récifs, et que le flot qui nous caresse doit nous jeter un jour, tout meurtris, sur la grève ?

La saison des bains expirait. M. de Belnave aurait failli à sa destination, s'il n'eût engagé Bussy à venir passer l'automne à Blanfort. Il lui offrit l'hospitalité avec insistance. George s'était donné comme un amant passionné de la métallurgie. A l'entendre, la célébrité des forges de Blanfort était allée jusqu'à lui. Il avait un oncle maître de forges dans le Jura, et il était curieux de comparer le minerai du Berri à celui de la Franche-Comté ; curieux surtout, ajoutait-il, de cultiver la connaissance d'un homme aussi distingué que M. de Belnave. Il devait rester encore quelques semaines dans les Pyrénées ; en retournant à Paris, il serait heureux de se détourner de sa route pour recueillir sur son passage les bénéfices d'une hospitalité qui lui était offerte avec tant de grâce. Marianna en ressentit moins de joie que de tristesse. Elle comprit que Bussy se jouait de M. de Belnave, et son cœur fut blessé dans la dignité de son mari. Cette dignité, qui l'avait compromise? Qui avait autorisé Bussy à la méconnaître? Elle fit un retour sur elle-même et se reconnut coupable. Mais, pour cette âme avide d'émotions de tout genre, un grain de remords assaisonnait les jouissances, et, en les troublant, les lui faisait plus chères.

Les deux époux partirent. Tout avait pris pour Marianna une face nouvelle. Les beautés de la route, qu'elle avait à peine remarquées en allant de Blanfort à Bagnères, la plongèrent, au retour, dans un muet enchantement. Il lui semblait que la terre venait de fleurir, que le ciel s'était paré d'un éclat plus doux, et que les bois, les champs et les coteaux avaient, pour la voir passer, revêtu leurs habits de fête. Quel changement s'était opéré dans son existence? Qu'attendait-elle de l'avenir? où allaient ses espérances? Elle l'ignorait elle-même. L'avenir, elle n'y songeait pas : que lui importait le jour de demain? Elle vivait dans l'heure présente. Elle se disait bien que la fin de l'automne amènerait George à Blanfort; mais quand même cette joie n'eût pas été promise à son espoir, sa félicité n'en aurait été ni moins complète ni moins enivrante. Elle aimait, elle était aimée ; ces deux mots résumaient tout pour elle. Elle voyait Bussy, elle entendait sa voix, et tout son être s'abîmait dans un sentiment de béatitude, large et profond comme le ciel.

Après avoir traversé les champs de la Vienne et brûlé le pavé de la petite ville du Blanc, la chaise de poste côtoya le cours de la Creuse. Bientôt le

bruit des marteaux, retentissant sur les enclumes,
troubla le silence de l'air, et les maisons groupées
au pied de la colline apparurent tapies dans la verdure, comme des nids d'oiseaux dans un buisson.
C'était Blanfort. La voiture s'arrêta, Marianna tomba
dans les bras de sa sœur. Elle l'embrassa avec effusion ; tout ce qu'elle aimait lui était devenu plus
cher. Les eaux de sa rivière lui parurent plus lim-
pides, ses prés plus verts, sa maison plus riante.
Elle visita avec des transports d'enfant tous les lieux
où elle avait semé tant d'ennuis dévorants, tant de
sombres tristesses. Il y avait en elle une plénitude
de délices qui débordait sur toute chose. Elle se sentait si heureuse, qu'elle croyait communiquer à chaque objet des parcelles de son bonheur. Car , dans nos
grandes joies, comme dans nos grandes douleurs,
nous nous imaginons toujours que la nature sym-
pathise avec les dispositions de notre âme. Tristes,
tout pleure avec nos larmes : le ruisseau se plaint
aux cailloux de son lit, la bise gémit et sanglote,
les saules se penchent éplorés sur le rivage. Joyeux,
tout s'égaye avec nous : le ruisseau gazouille, le ciel
regarde la terre avec amour et les saules livrent aux
baisers du vent leur feuillage pâle de volupté.

Il eût été bien facile à M. de Belnave d'exploiter
à son profit ce retour de Marianna à la vie et à la jeunesse ; en donnant à sa tendresse plus d'expansion,
de chaleur et de grâce, il eût bien aisément, sans
doute, ramené cette flamme égarée au foyer du devoir. Mais il ne soupçonnait rien, il ne prévoyait
rien. A peine de retour à Blanfort, il ne s'occupa

qu'à réparer le temps qu'il avait perdu à Bagnères,
et Marianna ne fut pas plus distraite dans son bonheur qu'elle ne l'avait été auparavant dans sa tristesse. Ce n'est pas, encore une fois, que madame de
Belnave fût indifférente à son mari ; bien loin de là,
M. de Belnave aimait sa femme, et l'aimait certaine-
ment beaucoup. Si Marianna l'eût exigé, il l'aurait
conduite au pied du Caucase tout aussi bien qu'au
pied des Pyrénées. Il ignorait, hélas ! qu'il n'en est
pas de l'amour comme du courage ; que l'amour
qui ne cherche point à se faire valoir, c'est-à-dire,
qui n'est ni fanfaron, ni menteur, ni bavard, est en
général quelque chose de fort insignifiant et d'assez
maussade ; et qu'une tirade poétique, un regard fatal, un soupir étouffé, ont presque toujours disputé
victorieusement les cœurs féminins — je parle des
plus sages, des plus prudents et des plus rebelles —
aux dévouements sans ostentation d'une paisible et
bourgeoise affection.

Le changement opéré dans Marianna n'échappa
point à madame Valtone, qui l'observa d'abord avec
joie, mais qui, plus clairvoyante que M. de Belnave,
en soupçonna bientôt les véritables causes. Dans le
récit détaillé que Marianna fit à sa sœur de son séjour à Bagnères, de ses plaisirs, de ses excursions,
George Bussy se trouva toujours sur le premier plan ;
et ce nom de Bussy revint si souvent dans les discours de Marianna, qu'il finit par éveiller dans l'esprit de Noëmi une vague inquiétude. Cette inquiétude
se changea presque en un sentiment d'effroi, quand
Noëmi apprit que cet étranger était attendu à Blan-

fort; toutefois elle ne sollicita point les confidences
de sa sœur : ces confidences l'auraient obligée peut-
être à dispenser le blâme ou le conseil, et elle savait
combien cette nature était ombrageuse et jalouse de
sa fière liberté ; elle savait aussi qu'en lui signalant
le danger elle éveillerait dans ce cœur plus d'audace
que de prudence. Elle résolut d'étudier le mal avec
circonspection, de veiller sur Marianna à l'insu d'elle-
même et de la couvrir d'une mystérieuse égide, se
promettant d'avoir recours à des moyens plus effi-
caces, si le danger devenait par trop imminent.

Une lettre de George annonça son arrivée à Blanfort. Au jour indiqué, M. de Belnave alla lui-même
au Blanc pour accueillir le voyageur. On touchait à
la fin de septembre ; la saison était belle, les coteaux
commençaient à se parer des mille teintes de l'automne. Durant le court trajet de la ville au village,
George acheva de conquérir les bonnes grâces de
M. de Belnave. Il admira le pays, moins en artiste
qu'en agronome. Il s'extasia moins sur la beauté des
sites que sur l'entretien des prairies. Il professa pour
la vie champêtre, pour ses travaux et pour ses plaisirs, de chaleureuses sympathies. Il discuta longuement sur l'importation et sur l'exportation des fers.
Il sut découvrir le filon des opinions politiques de son
hôte et l'exploiter avec un art merveilleux. Enfin il
parla sur tout, et sur quelques autres choses encore,
avec une gravité qui plut singulièrement à M. de Belnave ; et quoique Bussy fût bien près de franchir le
seuil qui sépare la jeunesse de la virilité, l'honnête
maître de forges s'étonna de trouver dans un homme

si jeune un jugement si mûr, dans un enfant du siècle
une raison si désintéressée. Tout en causant, ils arrivèrent à Blanfort. Marianna, Noëmi et M. Valtone les
attendaient sur le bord de la route. Marianna tres-
saillit, et tout son cœur passa sur sa figure. M. Valtone accueillit l'étranger avec une cordiale politesse.
Mais, chose étrange ! à peine George et Noëmi se
furent-ils envisagés l'un l'autre qu'ils se devinèrent.
Noëmi comprit que son instinct ne l'avait pas trompée, que c'était bien là l'ange du mal qui poursuivait la perte d'une âme ; et, de son côté, en voyant
cette blanche créature, au front calme et limpide,
au port grave, au maintien céleste, en la voyant auprès de sa sœur qu'elle semblait envelopper d'invisibles ailes, George comprit que c'était là l'ange gardien qui devait lui disputer sa proie. Dès les premiers
instants, il s'établit entre ces deux êtres une lutte secrète, et le premier regard qu'ils échangèrent fut
comme un regard de défi.

Bussy avait compté sur de faciles joies ; il essuya
des déceptions de tout genre. Venu à Blanfort avec
la pieuse intention de continuer le grand œuvre qu'il
avait entamé à Bagnères, il vit échouer tous ses projets : arrivé le cœur plein d'espoir, il partit la rage
dans le cœur.

J'ai dit que, durant le trajet du Blanc à Blanfort,
George, qui s'était donné déjà pour un grand mé-
tallurgiste, avait eu l'imprudence de professer un
vif amour pour les travaux rustiques et pour les
plaisirs champêtres. M. de Belnave le présenta donc
à son associé comme un amant des métaux, de l'a-

griculture et de la chasse. M. Valtone était précisément un agronome fanatique, et de plus un véritable descendant de Nemrod. De son côté, M. de Belnave était passionné pour son industrie. Tous deux,
chacun dans sa spécialité, cherchèrent à rendre le
séjour de Blanfort agréable à leur hôte ; et tous deux
firent si bien, qu'ils réussirent à le lui rendre insupportable, et que George, qui avait commencé par
se railler tout bas de la confiance de ces vertueux
maris, se crut parfois le jouet d'une mystification
infernale. Si M. de Belnave ne lui fit pas grâce d'une
barre de fer, son ami ne se montra pas moins impitoyable. Chaque matin, George vit entrer dans sa
chambre, avec le premier rayon du jour, M. Valtone,
le terrible M. Valtone, qui, entouré d'une meute de
chiens, armé de pied en cap, les guêtres de cuir aux
jambes, le carnier au dos, le fusil au bras, apparaissait à Bussy comme une ombre vengeresse, l'arra-
chait au sommeil et le traînait à travers champs,
les pieds dans la rosée, la tête dans les brumes de
l'automne. L'infortuné suivait ce rude compagnon
en le donnant au diable. Il n'avait de sa vie brûlé
de poudre qu'au tir. Les perdreaux passaient sans
danger à travers son plomb inoffensif, les cailles lui
riaient au nez, les lièvres lui faisaient la grimace. Il
rentrait à Blanfort, léger de gibier, mais lourd de
fatigue. M. de Belnave le guettait au retour et le
menait aux forges. M. Valtone le reprenait pour lui
faire visiter ses métairies, ses champs, et son jardin
anglais, et ses prairies artificielles. Si George parvenait à échapper aux persécutions de ses hôtes,

Noëmi, la douce créature, le harcelait plus cruellement encore. Elle était toujours auprès de Marianna,
toujours grave, vigilante et maternelle. Fidèle à son
rôle d'homme dégoûté de la vie et revenu de toutes
choses, Bussy cherchait-il à se poser à la manière
des héros de Byron, à s'envelopper d'un éclat sombre et poétique, Noëmi le raillait avec un esprit fin
et le ramenait bientôt à ses proportions naturelles.
Frappait-il de mépris toute foi et toute croyance,
affectait-il un scepticisme amer, Noëmi le défendait
intrépidement contre lui-même, assurant qu'elle le
tenait pour un aimable et honnête jeune homme qui
ne se calomniait sans doute que pour prévenir la
médisance. Parlait-il de l'ennui qui pesait sur ses
jours, Noëmi lui conseillait le travail ; de son existence achevée, Noëmi lui prouvait qu'il commençait
la vie à peine ; de ses malheurs, elle convenait qu'il
était bien malheureux en effet — à la chasse surtout,
ajoutait-elle ; — mais elle lui démontrait qu'au milieu de ses désastres il devait encore remercier la
destinée qui avait bien voulu lui laisser une santé
robuste pour les supporter, une fortune indépendante pour se distraire, et toutes les apparences du
bonheur pour cacher tant de calamités. Elle lui prenait toutes ses phrases, les perçait avec une aiguille
d'or, et, après en avoir chassé le vent et la fumée, les
lui rendait aussi flasques, aussi plates que les lambeaux d'un ballon crevé. Elle le traduisait en prose ;
elle le forçait à descendre des régions sublimes où
il se réfugiait, et à marcher, comme un simple mortel, sur notre misérable planète. Vainement cher-

chait-il à regagner les nuages : la raison de Noëmi
l'atteignait bientôt dans son vol, et rien n'était plus
plaisant que de le voir alors retomber lourdement
sur le sol de la réalité. C'était surtout sur le terrain
de ses malheurs que madame Valtone aimait à le
poursuivre. Les malheurs de M. Bussy étaient passés
en proverbe à Blanfort ; et lorsque, le soir, durant la
veillée, au coin des feux clairs de l'automne, Noëmi
disait gravement : — Monsieur Bussy, contez-nous
donc un de ces malheurs que vous contez si bien, —
madame de Belnave elle-même ne pouvait s'empêcher de sourire. Enfin Noëmi manœuvra de telle
sorte, qu'en moins de quinze jours elle eut dépouillé
George de ses grands airs, de son manteau couleur
de muraille, de sa bonne dague de Tolède, et qu'il
ne resta plus de Bussy qu'un garçon bien portant,
digne en tout point de faire partie du jury et de la
garde nationale, et beaucoup meilleur au fond qu'il
ne le prétendait lui-même.

Je ne pense pas qu'il y ait au monde une position
plus critique que celle de l'homme qui se sent dé-
poétiser sous les yeux de la femme qu'il aime. George
accepta en homme d'esprit les railleries de madame
Valtone ; mais il en saisit le véritable sens, et, en
homme d'esprit, il comprit vaillamment qu'il jouait
le rôle d'un sot. Au bout de trois semaines, il pré-
texta des affaires qui le rappelaient impérieusement
à Paris. Il avait vu toutes ses batteries enclouées,
toutes ses ficelles découvertes, toutes ses pièces d'or
changées en cuivre. La place n'était plus tenable. Il
partit, mais altéré de vengeance. Près de s'éloigner,

il jeta à Noëmi un regard fier et dédaigneux, auquel elle ne répondit que par un calme sourire. Comme les anges, elle triomphait sans orgueil. Aussitôt que George eut disparu au détour du sentier, madame Valtone, par un mouvement spontané, attira Marianna sur sa poitrine, et l'y tint longtemps embrassée. Elle ne savait pas, la noble femme, qu'elle venait de perdre sa sœur en croyant la sauver.

Madame de Belnave n'avait pas entrevu bien nettement pourquoi Noëmi s'était attachée à déprécier Bussy ; mais elle avait souffert dans l'amour-propre de l'homme qu'elle aimait, et, pour le venger, elle se crut obligée à lui faire une part plus large et plus belle. D'ailleurs, sous la froide raison de Noëmi, George avait grandi aux yeux de Marianna ; comme elle, il était incompris, comme elle, méconnu, et madame Valtone n'avait réussi qu'à mettre un lien de plus entre ces deux âmes. Dans sa sagesse inexpérimentée, elle ignorait combien la passion est subtile et glisse aisément entre les doigts qui essayent de la comprimer ; combien surtout elle est ingénieuse à s'encourager elle-même, et à se caresser avec les verges destinées à la corriger.

Si, d'un côté, Noëmi avait, à son insu, aggravé le mal au lieu de le guérir, de l'autre, elle avait merveilleusement disposé Bussy à en profiter. George était parti de Blanfort comme un sanglier blessé. Aigri par le dépit, irrité par les obstacles, son amour, en s'exaspérant, était devenu passion mauvaise. De retour à Paris, il promit à son orgueil une satisfaction éclatante ; il jura d'immoler

Marianna moins à sa tendresse qu'à sa vengeance,
et de changer en larmes de désespoir le calme sourire
qu'il avait emporté, comme un dernier trait, à son
cœur saignant. La veille de son départ, il avait
trouvé le moyen d'entretenir Marianna en secret. Il
s'était plaint doucement, et pourtant avec quelque
amertume ; et madame de Belnave, moins par entraînement que par un sentiment de générosité, —
elle crut du moins qu'il en était ainsi, — avait livré
aux baisers de George son front, ses joues brûlantes, ses cheveux frémissants. Étaient-ils destinés à se revoir un jour ? Ils n'osaient l'espérer ;
mais ils devaient s'aimer d'un amour éternel et
tromper, par des lettres fréquentes, les ennuis de la
séparation. Avant de s'éloigner, Bussy n'avait pas
oublié d'indisposer, par d'habiles insinuations,
Marianna contre Noëmi ; de lui présenter sa sœur
comme une nature sans élévation et sans poésie,
complétement incapable de sympathiser avec les
âmes d'élite. Il avait classé charitablement MM. de
Belnave et Valtone dans le règne minéral et fini par
s'apitoyer sur Marianna, qu'il voyait s'étioler et
mourir dans cette atmosphère sans soleil.

Les lettres de George ne se firent pas attendre.
Grâce aux relations nombreuses que Marianna avait
formées à Bagnères, et qu'elle entretenait par une
correspondance active, ces lettres purent arriver à
Blanfort sans éveiller aucun soupçon ; elles arrivèrent empoisonnées et brûlantes comme la tunique
de Nessus. Ce n'est pas que le cœur de Bussy fût
un foyer bien ardent ; mais ce profond ennui cher-

chait à se distraire aux jeux de la passion, et parvenait parfois à se tromper lui-même. D'ailleurs, cette liaison, loin de se présenter sous un aspect vulgaire, réunissait toutes les conditions romanesques que recherchent avidement les âmes fatiguées; George y trouvait mille charmes de pureté et d'innocence qui le reportaient délicieusement aux jours, déjà si loin, de sa jeunesse. Pour Marianna, cette correspondance devint toute sa vie; elle y jeta tous les trésors d'expansion que n'avait pas su exploiter M. de Belnave; elle s'y déchargea des flots de vie qui l'avaient si longtemps oppressée; tout son être s'y épanouit en fleurs de tendresse, de passion et de grâce. Cet échange d'idées et de sentiments absorba son activité, peupla sa solitude et répandit sur son existence une solennité mystérieuse. Lorsque après la veillée tout reposait à Blanfort, et qu'on n'entendait plus que le murmure de l'onde qui se mêlait aux longs soupirs du vent, elle s'enfermait dans sa chambre; et là, pareille à ces fleurs étoilées qui se ferment à la lumière et ne s'ouvrent qu'aux baisers du soir, seule, à la lueur de la lampe, astre cher aux amants, elle commençait sa journée : c'était l'heure de son réveil, l'heure à laquelle le soleil paraissait sur son horizon. Alors il se faisait en elle comme une matinée de printemps. Toutes ses pensées de bonheur et d'amour gazouillaient dans son cœur comme une couvée de fauvettes, et, dans le silence des nuits, elle écoutait des voix mélodieuses qui répondaient à celles qui chantaient dans son sein. Nuits recueillies et solitaires, qui ne vous con-

naît pas ? O nuit, plus belle que le jour ! Les âmes
rêveuses qu'étouffe l'atmosphère où s'agitent les
hommes se plaisent à vivre dans ton ombre. Ton haleine est pure et n'a point passé sur les paroles de
la terre ; tes astres sont doux et bienveillants ; tu
endors les puissants, et tu livres le monde aux nobles âmes qu'il opprime. Tu es le jour des amants
et des poëtes ; ils se lèvent avec tes étoiles et s'é-
clipsent comme elles aux premiers rayons de l'aube.
On dit que tu vois parfois, sur les gazons baignés
de tes molles clartés, alors que les cités reposent, de
blancs fantômes accourir et former des danses légères ; on ajoute qu'aussitôt que l'aurore a fait pâlir
les diamants de ton front, ces enfants de l'air,
poussant un cri d'effroi, se dispersent et s'évanouis-
sent, comme des flocons de brume aux premiers
feux qui empourprent l'orient. Ah ! dis, ne seraient-
ce pas là de ces âmes froissées par les tristes réalités
que le soleil éclaire ; de ces âmes que le jour offense,
et qui t'attendent pour vivre et pour aimer !

Ainsi, madame de Belnave s'était créé une double existence : le jour, calme et sereine, d'une
humeur égale et facile, elle se prêtait volontiers aux
allures bourgeoises de Blanfort ; la nuit, retirée
dans sa chambre, elle s'enfermait avec son amour,
et la vraie vie commençait pour elle. Que de fois les
lueurs du matin la surprirent écrivant encore, ou
plongée dans de délicieuses extases ! A peine remarquées à Blanfort, ces longues veilles n'étonnaient personne ; et si M. de Belnave songeait à s'en
plaindre, c'était seulement dans sa sollicitude pour

la santé de cette enfant. Au reste, ces façons d'agir
n'étaient point nouvelles, Marianna les avait depuis
longtemps adoptées ; seulement, les nuits qu'elle
consacrait autrefois à l'étude, dans l'espoir de mater
le cœur par l'esprit et d'user l'âme par le corps,
n'étaient plus remplies que par sa correspondance
avec George. L'imagination s'égare aisément à ces
muets entretiens ; la passion y trouve des séductions
d'autant plus dangereuses, qu'elle dispose à son gré
de la réalité et que l'éloignement ne lui permet pas
d'en toucher les aspérités ou d'en apercevoir les ombres. L'amour de madame de Belnave s'exalta en se
racontant ; sa plume fut comme une baguette magique sous laquelle elle vit éclore une radieuse image,
brillante de toutes les perfections que les femmes
prodiguent aux héros de leurs songes. Elle s'enivra
de sa création, à laquelle chaque nuit ajoutait quelque nouvel attrait, quelque grâce nouvelle. Chacune de ses lettres fut une perle qu'elle détacha de
son âme pour en parer le front de son amant. Bientôt l'être qu'elle aimait n'exista plus que dans sa
tête. George bientôt ne fut plus pour elle qu'un
prétexte au déploiement de ses facultés, un canevas
aux broderies de sa pensée, un thème aux divines
mélodies qui chantaient en elle. Elle se fit, à son
insu, l'artiste de son bonheur ; elle crut s'éprendre
de George, et ne s'éprit que de son œuvre. Joyaux
dignes d'enrichir la cassette d'un roi, ses lettres
furent tour à tour l'expression brûlante de son cœur
et le récit détaillé de ses jours ; elle se raconta tout
entière. Tout ce qui sentait, pensait et respirait en

elle, gravita vers Bussy, comme le feu du ciel remonte vers sa source, comme les parfums de la terre montent vers le soleil. Quant aux lettres de George, ce dut être de ces épîtres amoureuses qui font que la femme qui les reçoit prend Werther en souverain mépris et Saint-Preux en pitié profonde. Il n'est pas une femme qui n'ait la prétention d'être ou d'avoir été plus éloquemment aimée que ne le furent Charlotte et Julie. George était d'ailleurs un garçon d'esprit qui savait, au besoin, dévider des périodes, passementer des phrases, semer la métaphore dans le style comme des bleuets dans les sillons, coudre l'épithète au substantif et poudrer le tout à paillettes d'or. Tout ce brocart n'était à vrai dire que tapisserie de brocatelle, dont le parfilage aurait donné moins d'argent que de soie, et moins de soie que de coton. Mais madame de Belnave était trop enivrée pour ne pas se méprendre aisément sur la qualité, et Noëmi, qui aurait pu réduire tout cela à sa juste valeur, n'était point invitée à en connaître. En amour, les femmes se confient bien à une amie ; à une sœur difficilement, fût-elle une sœur bien-aimée.

Ainsi, le temps fuyait, emportant Marianna sur les ailes de la passion, et promenant madame Valtone dans les sentiers vulgaires de la vie domestique. Depuis le départ de Bussy, il s'était établi entre les deux sœurs un sentiment de gêne et de contrainte qui, d'abord presque imperceptible, avait fini par grandir et peser sur leur intimité. Le souvenir de Bussy avait élevé entre elles comme un mur de glace ; et, bien qu'il ne fût jamais question de cet homme dans leurs discours, Marianna comprenait vaguement qu'elle était devinée, Noëmi, qu'elle était importune. D'ailleurs, madame de Belnave, qui ne pardonnait pas à sa sœur le calme et le bonheur dont celle-ci semblait jouir, éprouvait auprès d'elle ces mouvements de malaise et d'humeur qu'éprouvent les gens qui ne font rien auprès de ceux qui travaillent. Pour M. de Belnave, il n'imaginait pas qu'il pût y avoir quelque chose de changé dans son ménage. Il aimait sa femme, et se trouvait suffisamment aimé ; il n'exigeait rien de plus que ce qu'il donnait lui-même. Heureux, il la croyait heureuse, et tous deux vivaient dans un parfait équilibre d'estime et d'affection réciproques ; car, il faut bien se le dire, Marianna aimait son mari. Les premiers jours de son bonheur n'avaient pas été sans remords ; mais comme, après tout, M. de Belnave ne s'était jamais inquiété de réclamer, pour son propre compte, la part qu'elle faisait à Bussy, elle avait fini par jouir paisiblement d'un amour qui ne dépouillait personne, et semblait n'apporter aucun préjudice réel aux félicités conjugales.

L'hiver avait passé ; les bois reverdissaient au souffle du printemps ; toutes les joies s'éveillaient et chantaient sous le ciel ; les brises, parfumées de violettes et d'aubépine, couraient le long des traînes ; les oiseaux se poursuivaient dans les haies ; les insectes bruyaient dans les sillons ; tout n'était que parfum, harmonie, amour, espérance. Malheur alors au cœur qui ne peut plus aimer ! C'est au mi-

6.

lieu de ces flots de séve et de vie qui débordent de toutes parts, que les âmes flétries avant le temps se reploient douloureusement sur elles-mêmes, remplies d'une solitude mortelle. L'éclat des beaux jours ne fait qu'irriter leur impuissance ; le luxe des champs et des bois insulte à leur stérilité ; sous l'azur des cieux et sur la verdure de la terre, leurs ruines se revêtent d'un aspect plus morne et plus sombre. A la riante et belle jeunesse, les forêts aux vertes senteurs, les sentiers mystérieux, les gazons embaumés, les prairies étoilées de fleurs ! A vous, que l'orage a brisés et qui n'êtes plus qu'un débris de vous-mêmes, à vous, tristes enfants, des jours plus graves, plus austères, qui ne vous sollicitent point au bonheur et ne demandent rien à votre indigence ; à vous, l'automne aux splendeurs voilées, au soleil mourant, aux rameaux dépouillés ! Alors, du moins, tout pleure autour de vous ; comme vous, tout décline, tout pâlit, tout s'efface ; et, comme en votre cœur les souvenirs flétris, les feuilles desséchées, emportées par le vent, se plaignent tristement dans la plaine.

Il y avait bien longtemps que Marianna n'avait assisté, sans une excitation secrète et maladive, au retour de la belle saison. Ce n'était pas l'impuissance des âmes dévastées qui jadis s'irritait en elle, mais au contraire une exubérance de vie qui s'indignait de se sentir comprimée, lorsque la séve coulait autour d'elle à pleins bords, que les bourgeons éclataient, que les plantes germaient, et que toute la terre, joyeuse et rajeunie, verdissait, chan-

tait, bruyait et s'épanouissait au soleil. Alors, elle
s'agitait sans but ; elle pleurait sans comprendre la
cause de ses larmes ; elle cherchait les champs avec
ardeur et les fuyait avec colère ; et, lorsqu'en traversant les prairies, elle voyait deux fleurs fraîchement entr'ouvertes qui se balançaient dans un même
rayon de lumière, elle se plaignait à Dieu qui l'avait
faite moins heureuse que l'ancolie ou la germandrée.
Cette fois, aussi jeune, aussi belle que lui, elle salua
le printemps des mille joyeux cris de son âme. Elle
pleura, mais de volupté ; et madame Valtone,
étonnée de la voir sereine comme le ciel, vive et
légère comme l'oiseau, épanouie comme les plantes,
l'observait parfois avec inquiétude, et se demandait
si tout ce bonheur était bien la conquête de la
résignation.

Ce fut à cette époque que M. de Belnave se vit
appelé à Paris par les intérêts de sa maison. La révolution de Juillet venait de frapper le commerce
dans toutes ses branches ; les fortunes les plus so-
lides chancelaient ; la défiance était partout et l'argent nulle part. M. de Belnave avait à Paris une
sœur qui l'avait sollicité plus d'une fois de lui amener
Marianna, et, de son côté, Marianna avait manifesté
souvent le désir de voir Paris, qu'elle ne connaissait
pas. L'occasion était belle ; il en profita. Il proposa
à sa femme le voyage de la capitale : elle accepta et
partit avec joie.

Noëmi, en la voyant partir, sentit son cœur triste
jusqu'à la mort.

# CHAPITRE V.

Marianna entra dans la capitale par une de ces journées resplendissantes où Paris est inondé de vie et de lumière. Les quais étincelaient ; les tours de Notre-Dame, la Cité, les Tuileries, le Louvre, nageaient dans l'or et dans l'azur. Les brises printanières éparpillaient dans l'air les parfums enlevés aux coteaux boisés d'alentour. Partout la foule se pressait, cette foule parisienne, si triste, si sombre par la brume et la boue, mais si accorte, si coquette, si pleine de belle humeur quand elle marche sur des pavés secs, sous un ciel pur et serein. Les voitures se croisaient en tous sens. Les bataillons passaient, musique en tête : le vent se jouait dans les flammes et dans les aigrettes ; les baïonnettes reluisaient, comme la pluie d'orage au soleil. Les princes sortaient du Carrousel : les tambours battaient aux champs, les clairons retentissaient. Quel bruit ! quel luxe ! quel mouvement ! quelle fête ! Pour gagner l'hôtel de la sœur de M. de Belnave, la chaise de poste glissa sur les quais et traversa la place Louis XV. Les équipages volaient dans la poudre des Champs Élysées. Les amazones couraient aux bois, emportées par leurs coursiers rapides. Les orangers du jardin Royal exhalaient leurs jeunes senteurs ; le grand bassin envoyait au ciel son jet de cristal qui retombait en poussière irisée ;

les massifs de marronniers balançaient leurs pana-
ches blancs et secouaient leur neige odorante sur un
parterre de femmes et de fleurs. La chaise était dé-
couverte, et Marianna admirait tout, plongée dans
une muette extase. Chaque tour de roue lui révélait un monde. Elle comprenait que la vie était là,
et que jusqu'alors elle n'avait fait qu'exister.

Les deux voyageurs étaient attendus par la sœur
de M. de Belnave. Veuve, riche, plus âgée que son
frère, madame Salsedo vivait depuis longtemps dans
la retraite. Ses goûts et ses principes, autant que sa
santé débile, l'avaient de bonne heure éloignée du
monde. C'était d'ailleurs une femme d'une rare
bonté, qui pardonnait aux gens bien portants
et souriait volontiers à la jeunesse. Elle accueillit Marianna comme une fille chérie; et, après
avoir installé les deux époux dans l'appartement
préparé pour les recevoir, elle leur laissa toutes les
aises d'une hospitalité qui ne cherche qu'à se faire
oublier.

Officiellement prévenu de leur arrivée, Bussy ne
tarda point à se présenter, et M. de Belvane le reçut
avec cette cordialité chaleureuse dont la recette se
perdra sans doute avec la race des maris. Il est
juste de dire que George y répondit par une merveilleuse assiduité de petits soins et de complaisances, et qu'il se mit tout entier à la disposition de
ses deux amis, ayant déclaré tout d'abord qu'il con-
sidérait Paris comme sa maison, et se croyait
obligé à leur en faire les honneurs. George était une
de ces oisivetés élégantes qui ont l'intelligence de

toutes les spécialités sans en posséder aucune, un
de ces parasites de la littérature et des arts, qui
promènent leur ennui de l'atelier du peintre au
sanctuaire du poëte, et, sans avoir jamais rien fait,
jouissent de tous les bénéfices du talent et de la célébrité. Au courant de tout, il sut se rendre nécessaire
à M. de Belnave, qui, n'étant au courant de rien,
s'estima fort heureux de pouvoir se reposer sur lui
du choix des plaisirs et des distractions.

Il faut convenir que, pour une âme impatiente du
joug, pour une tête ardente, pour un cœur en-
thousiaste, c'était une admirable époque que celle
où Marianna visitait Paris : une époque dont les
turbulentes influences atteignaient les natures les
plus molles et les plus paisibles. Paris sentait
encore la poudre : c'était encore dans ses murs
comme un lendemain de bataille. La révolte était
dans l'air et l'émeute partout : dans les rues,
dans les livres, aux théâtres. Il y avait dans tous
les esprits un besoin fiévreux de trouble et d'agitation qui se prenait à toutes choses. Ébranlée par
un choc violent, la société venait de vomir à sa surface les passions bonnes et mauvaises qu'elle avait
longtemps couvées dans son sein ; à la voir courant
échevelée de côté et d'autre, vous l'eussiez crue
prise de vin. Paris renouvelait les saturnales de
l'ancienne Rome, ou plutôt, sans aller si loin, c'était
le Paris de la Fronde, remuant, bruyant, tapageur;
guerroyant avec la plume aussi bien qu'avec l'épée;
se raillant de tous les partis ; ne sachant trop ce
qu'il voulait, mais ne voulant rien de ce qui était;

avide de bruit et de changement, applaudissant à toutes les rébellions, prêtant la main à tous les désordres; et, comme le Paris de la Fronde, comptant avec orgueil des héros jeunes et vaillants, des héroïnes jeunes et belles : car cette bizarre époqu avait, comme sa sœur aînée, ses duchesses de Montpensier, de Longueville et de Montbazon; car, dans cette grande confusion, les sexes mêmes étaient confondus. Le caractère primitif de la femme menaçait de s'effacer et de se perdre : la femme s'était constituée apôtre militant. Ce n'étaient plus ces créatures de grâce et de tendresse qui, jusqu'alors, avaient régné par leur faiblesse, et ne s'étaient point enquises de leurs droits, tant elles avaient de doux priviléges, plus forts, plus puissants que les nôtres! Ces types charmants, qui fleurissaient aux beaux jours de la belle société française, étaient remplacés par un type de femmes raisonneuses, fières et viriles, qui se mêlaient à nos luttes, descendaient dans l'arène, combattaient à nos côtés, et nous étonnaient parfois par leur mâle et bouillante audace. Tout était remis en question, les institutions sociales aussi bien que les institutions politiques et religieuses, les maris aussi bien que les dieux et les rois. Ce n'étaient de toutes parts que blasphèmes contre les lois, ironies sanglantes contre le mariage, aspirations effrénées vers un avenir meilleur. Toutes les places regorgeaient de législateurs de vingt ans, qui trouvaient le Christ un peu vieilli, et voulaient bien le suppléer dans le soin de diriger l'humanité. Dans leur évangile, la souffrance était présentée

comme une impiété, la résignation comme une lâcheté, la protestation comme un devoir. Ils affran-
chissaient la femme et divinisaient l'amour. Que
vous dirai-je ? Le vieux monde tremblait sur sa base ;
un monde nouveau semblait près d'éclore. La rage
de destruction et de réédification s'était emparée de
tous les courages, il ne se rencontrait partout que
gens portant le glaive d'Attila d'une main et la lyre
d'Amphion de l'autre. Hélas ! ainsi que le glaive,
la lyre fut impuissante. Rome est encore debout :
les murs de Thèbes rampent sous l'herbe. Qui nous
dira où sont allés tant de nobles efforts et tant de
belles espérances ? Mais quel séjour, quelle patrie
que ce Paris d'alors pour Marianna, qui le voyait
pour la première fois ! Que de flatteurs, que de
courtisans, que de complices durent partout l'accueillir, l'encourager et lui sourire ! Que de muettes
sympathies, que de mystérieuses attractions entre
cette âme et toutes ces âmes ! Et avec quel art, avec
quelle adresse George ne sut-il pas exposer cette
imprudente ardeur à toutes celles qui pouvaient
l'égarer !

Tout ce remue-ménage social n'avait éveillé que
de médiocres sympathies dans l'esprit de M. de Belnave. C'était là cependant un homme de travail et
fils de ses œuvres ; mais l'audace des novateurs
effrayait le paisible industriel qui, se méfiant un
peu des expériences de nos Platons modernes, trouvait qu'au bout du compte le vieux monde n'allait
pas trop mal. Essentiellement progressif en métallurgie, il avait sur la propriété, la famille et la

destinée de la femme, des vues passablement
étroites. Marianna s'irrita de ce sens droit et positif
que les cœurs neufs et fervents accusent trop souvent d'égoïsme. Elle applaudit à tous les essais de
réforme avec un enthousiasme que George encourageait en secret, et qui faisait sourire M. de Belnave.
Elle battit des mains à toutes les utopies généreuses ;
elle ouvrit son espoir à tous les rêves d'avenir ; elle
crut entendre le bruit de la vieille société qui croulait ; elle vit dans ses songes une société triomphante
qui surgissait au milieu des ruines ; elle écouta de
jeunes âmes qui l'invitaient en chantant des hymnes
de bonheur et d'amour. Ce fut pour elle un enivrement véritable. Sa passion ne fit que s'exalter dans
cette chaude atmosphère ; et George, s'il avait pu se
contenter d'un bonheur désintéressé, aurait été heureux entre tous : car jamais flamme plus pure n'avait
brûlé dans un cœur plus ardent. Mais il y avait
longtemps que Bussy n'en était plus aux extases de
l'amour éthéré ; et d'ailleurs, sa vanité, cette mon-
strueuse vanité de l'homme, le poussait impérieusement à venger la défaite et les humiliations qu'il
avait essuyées à Blanfort.

Cependant les affaires de M. de Belnave étaient
traversées par mille difficultés. A peine venait-il de
parer victorieusement au danger qui l'avait attiré à
Paris, qu'il reçut avis d'un sinistre nouveau qui le
menaçait à Saint-Étienne. La présence de M. Valtone était nécessaire à Blanfort ; et les intérêts de
l'association, quoique assez faiblement compromis,
rendaient la présence d'un des deux associés indis-

pensable à Saint-Étienne. Décidé à partir, M. de
Belnave annonça sa résolution, en promettant un
prompt retour.

A cette nouvelle, Marianna fut prise d'un vague
sentiment de terreur. Pour la première fois, elle se
défia d'elle-même. Elle alla noblement à son mari,
et manifesta le désir de l'accompagner. M. de
Belnave fit observer que le retour suivrait immé-
diatement le départ, que ce voyage ne saurait lui
offrir aucun charme, qu'elle n'en rapporterait que
des souvenirs de fatigue et d'ennui. Marianna insista.
Elle avait toujours été curieuse de voir un chemin
de fer : l'occasion de satisfaire cette curiosité pouvait
ne se représenter jamais. M. de Belnave lui fit re-
marquer en souriant que cette curiosité ne l'avait
jamais tourmentée d'une façon bien vive, puisqu'elle
se révélait pour la première fois. Comme Marianna
insistait encore, il chercha à lui démontrer que sa
présence à Saint-Étienne serait pour le moins
étrange, au milieu des graves intérêts qu'il allait y
défendre, et qu'elle nuirait infailliblement à la célé-
rité de ses opérations. Marianna allait répliquer,
quand survint madame Salsedo, qui se mêla à cette
petite discussion conjugale. Après avoir écouté les
deux parties, elle approuva chaleureusement son
frère, et se tournant vers sa belle-sœur :

— Chère enfant, dit-elle avec bonté, est-ce donc
moi que vous redoutez ? Je sens que je ne puis
être pour vous une compagne bien agréable, mais
vous savez que je ne suis point importune. En persistant dans votre résolution ne m'autoriseriez-vous

pas à croire que vous cherchez un prétexte pour
fuir Paris, et que ce n'est pas Paris que vous fuyez ?

Madame Salsedo venait de placer la question sur
un terrain où Marianna aurait eu mauvaise grâce à
combattre. Madame de Belnave n'insista plus. Elle
resta par ménagement pour les susceptibilités de sa
belle-sœur, mais bien heureuse au fond de pouvoir
concilier sa passion avec son devoir, son amour
avec sa conscience.

Loin de Paris, sur les bords de la Creuse, il y
avait un ange qui priait tous les jours pour elle.

## CHAPITRE VI.

M. de Belnave trouva à Saint-Étienne des affaires
plus sérieuses et plus compliquées qu'il ne l'avait
prévu, et son séjour s'y prolongea au delà du
temps qu'il s'était assigné. Il écrivit à M. Valtone
et à Marianna, à l'un pour le mettre au courant
de ses opérations, à l'autre pour la rassurer. Par
je ne sais quelle réserve que les âmes délicates et les
esprits déliés s'expliqueront peut-être, Marianna,
dans ses lettres, n'osa point instruire sa sœur de
l'absence de son mari ; et, par un autre motif plus
facile à comprendre, M. Valtone cacha à Noëmi le
séjour de M. de Belnave à Saint-Étienne. Par cette
discrétion, il s'épargnait l'ennui d'expliquer à ma-

dame Valtone la nécessité de ce voyage ; d'ailleurs
c'était une vieille habitude entre les deux amis de ne
point mêler leurs femmes au mouvement de leurs
affaires, et de les préserver ainsi des ennuis ron-
geurs du commerce. Noëmi ignora donc les dangers
auxquels était exposée sa sœur, et put croire que
M. de Belnave n'avait point cessé de veiller sur elle.
Cependant les lettres de Marianna devenaient plus
rares : embarrassées dans l'expression, chaque
phrase y révélait un sentiment de gêne et de contrainte ; et madame Valtone, en les lisant, se sentait
oppressée par une mortelle inquiétude.

Au bout de quinze jours, les intérêts de l'association ramenèrent directement M. de Belnave à
Blanfort. Il arriva en même temps que la lettre qui
annonçait son arrivée ; M. Valtone était aux forges.
En le voyant descendre seul de la chaise de poste
qui l'avait amené, madame Valtone pâlit, et d'une
voix altérée :

— Qu'avez-vous fait de Marianna ? lui demanda-
t-elle aussitôt.

— Marianna est à Paris, répondit-il ; j'arrive de
Saint-Étienne.

— De Saint-Étienne ! s'écria Noëmi de plus en
plus troublée.

— Je vois bien, répliqua M. de Belnave, que
Valtone ne vous a instruite de rien. Dieu merci ! les
choses vont mieux que nous n'avions osé l'espérer.
Les temps sont mauvais, les hommes ne valent
guère mieux, mais nous triompherons de tout :
faites taire vos inquiétudes.

— Je vous demande ce que vous avez fait de Marianna, reprit madame Valtone.

— Pour Marianna, répondit tranquillement M. de Belnave, je n'ai pas voulu soumettre ses plaisirs aux exigences de nos intérêts : je l'ai engagée à prolonger son séjour à Paris de six semaines...

— Six semaines ! s'écria Noëmi atterrée.

— Époque à laquelle mes affaires me permettront d'aller la chercher, ajouta-t-il avec une imperturbable assurance. Si d'ici là le mal du pays la tourmente, elle est libre de revenir à nous : sa femme de chambre l'accompagne, et le trajet de Paris à Blanfort est une promenade d'enfant.

La foudre en tombant aux pieds de Noëmi l'aurait frappée de moins de stupeur. Elle écoutait son beau-frère d'un air égaré, et celui-ci ne put s'empêcher de lui demander :

— Qu'avez-vous ?

— Rien, répondit-elle ; seulement je trouve singulier que vous ayez consenti à laisser Marianna, toute seule, à Paris.

— Quoi de plus simple ? répliqua M. de Belnave. D'abord Marianna n'est pas seule : ma sœur est heureuse de l'avoir auprès d'elle...

— Sans doute, dit Noëmi affectant une sécurité qui était bien loin de son cœur. — Et comme M. Valtone accourait : — Ce que vous avez fait est bien fait, ajouta-t-elle en refoulant dans son sein les mille pensées qui l'agitaient.

M. Valtone s'empara de M. de Belnave, et la discussion des affaires absorba le reste de la journée.

Vers le soir, la conversation prit une tournure moins grave, et Noëmi put y prendre part. Il fut question de la capitale, de ses plaisirs et de ses fêtes. Cachant sa sollicitude alarmée sous un air de curiosité féminine, Noëmi interrogea son beau-frère sur le séjour de sa sœur à Paris. M. de Belnave n'épargna point les détails; il exalta surtout le dévouement de Bussy, et se loua de la façon toute charmante avec laquelle George avait pris sa revanche sur l'hospitalité de Blanfort. Noëmi l'écoutait avec une anxiété avide; dans les lettres de Marianna, il n'avait pas été question une seule fois de George Bussy.

M. de Belnave se retira de bonne heure. Restée seule avec son mari :

— Mon ami, lui dit Noëmi d'une voix brève, as-tu confiance en moi?

— Comme en Dieu, répondit sans hésiter M. Valtone.

— Eh bien, si j'étais obligée de m'absenter durant quelques jours, si ma présence était nécessaire à Vieilleville ou ailleurs, si mon départ avait besoin d'un impénétrable mystère; si les motifs devaient en être ignorés de tous, même de toi; s'il me fallait partir, partir seule, sans autre confident que moi-même, sans autre guide que ma volonté, que dirais-tu?

En parlant ainsi, la douce Noëmi avait un air si décidé, si grave, si solennel; ses paroles contrastaient si singulièrement avec ses habitudes paisibles et sédentaires, que M. Valtone la regarda d'un air étonné, et ne répondit pas.

— Eh bien? demanda-t-elle avec ce ton de ca-

ressante humilité que les femmes savent si bien
prendre, de ce ton qui supplie et commande à la fois.

— Eh bien, tu partirais, répondit enfin M. Valtone, qui pensa que sa femme voulait se jouer de lui,
et mettre sa confiance à l'épreuve.

— Mon ami, dit-elle en l'embrassant, c'est bien.
Demain tu m'accompagneras jusqu'à Châteauroux :
là, tu me laisseras libre et seule. Pour M. de Belnave et pour les gens de la maison, je serai partie
pour Vieilleville...

— Et pour moi ?

— Pour toi, je vais où Dieu m'appelle.

— Ah ça ! parles-tu sérieusement ? s'écria M. Valtone, qui ouvrait des yeux grands comme ses fourneaux.

Effrayée elle-même de la solennité de ses propres
paroles, madame Valtone pensa qu'il était prudent
de donner à la démarche qu'elle méditait le moins
d'importance possible ; et comme, en toutes choses,
le mystère entraîne toujours les imaginations les
plus rassises au delà de la réalité, comme il répu-
gnait d'ailleurs à cette honnête créature d'agir en
secret de son mari, et de mettre en lui moins de
confiance qu'il n'en mettait en elle, Noëmi se décida
à tout révéler, mais en dissimulant toutefois la gravité de ses pressentiments.

— Écoute, lui dit-elle en s'appuyant coquettement
sur l'épaule de M. Valtone, voici ce qui se passe,
une niaiserie, un enfantillage, rien qui mérite une
préoccupation sérieuse, et peut-être me trouveras-
tu bien folle de prévoir le mal de si loin. Tu sais.....

ce monsieur Bussy qui a connu Marianna à Bagnères..... ce monsieur George Bussy, qui a passé trois
semaines à Blanfort, et de qui M. de Belnave se
louait ce soir avec tant d'enthousiasme ?...

— Eh bien ? cria l'impatient industriel.

— Eh bien, mon ami, dit Noëmi en le regardant
d'un air fin et doucement railleur, comment se fait-
il que toi, qui as de l'esprit, une rare perspicacité,
une clairvoyance qu'on ne trompe guère, tu ne te
sois pas aperçu que, durant son séjour à Blanfort,
ce monsieur Bussy.....

Elle s'interrompit un instant, et comme M. Valtone la regardait d'un air effaré :

— Tu ne t'es aperçu de rien ? lui dit-elle.

— Au diable les femmes ! s'écria-t-il avec humeur.

— Au diable les maris ! dit-elle. Ainsi, monsieur
mon époux, vous avez pensé pieusement que notre
hôte n'était venu ici que pour tirer sa poudre aux
mésanges, et que le fer de vos usines était l'unique
aimant qui l'attirât à Blanfort. Vous êtes digne de
l'âge d'or, et recevez mes compliments, ajouta-
t-elle en lui faisant une gracieuse révérence.

— Mort de ma vie ! s'écria M. Valtone en se frappant le front, j'ai deviné.

— Vraiment ! dit Noëmi en croisant ses mains
d'un air tragique et comique à la fois.

M. Valtone avait passé au service plusieurs années
de sa jeunesse, et il en avait conservé des habitudes
quelque peu soldatesques. Ainsi, par exemple, il
traitait militairement toutes les questions d'hon-

neur, et n'imaginait pas que la moindre offense pût
ne pas entraîner un rendez-vous sur le terrain.
Son premier mouvement fut d'avertir M. de Belnave, et de lui mettre au poing la garde d'une épée
ou la crosse d'un pistolet. Noëmi eut bien de la
peine à lui faire comprendre qu'en agissant de la
sorte il ruinerait le repos de M. de Belnave et la
réputation de Marianna, et qu'une telle réparation
serait mille fois pire que l'offense.

— D'ailleurs, ajouta-t-elle, qu'y a-t-il en tout
cela qui doive te révolter ? M. Bussy est jeune ;
Marianna est belle. Peut-être ont-ils été, lui un peu
étourdi, elle un peu légère ; mais, pour Dieu, mon
ami, ne va pas croire....

— C'est égal, c'est égal ! répliqua M. Valtone, il
faut que de Belnave coupe les oreilles à ce gaillard-
là, afin que les maris le reconnaissent et se défient
de lui. Ah ! mon petit monsieur, ajouta-t-il en se
frottant les mains et se promenant dans la chambre, vous vouliez nous en donner à porter ! Ah !
vous couriez deux lièvres à la fois ! Ah ! vous chas-
siez sur toutes nos terres ! Patience, mon cher fils,
patience ! nous allons régler nos comptes.

Dans l'habitude générale de la vie, M. Valtone
était convaincu qu'il dominait sa femme ; mais il
n'en était rien, et Noëmi exerçait sur lui une domination véritable, si douce, il est vrai, qu'il ne la
sentait pas : c'était l'empire de la grâce et de la
raison. Après avoir exhalé sa colère, M. Valtone
reconnut qu'il serait peu sage d'éveiller les soupçons de M. de Belnave, et qu'il valait mieux

laisser à Noëmi le soin de cette affaire. C'était un
homme, sinon d'une vaste intelligence, du moins
d'un sens honnête et docile à la main qui savait
le diriger. Abandonné à ses seules lumières, il
voyait difficilement le but ; mais il suffisait de le
lui indiquer pour qu'il y marchât droit et ferme.
Après avoir renoncé à ses plans de bataille, il
s'effraya longtemps à l'idée de confier sa femme
aux grands chemins, et de l'envoyer toute seule
à Paris, ville de perdition, ainsi qu'il l'appelait
lui-même. Noëmi insista avec tant de force et de
courage, elle mit tant de bonne foi à se rire elle-
même des dangers que son mari lui faisait entrevoir,
elle lui démontra si bien qu'il s'agissait du bonheur
de leurs deux amis, et qu'elle seule pouvait y toucher sans le compromettre, elle plaisanta avec tant
d'esprit le rôle d'héroïne qu'elle allait jouer sur la
scène du monde, elle fut en un mot si charmante,
si pleine d'entraînement et de séductions de tout
genre, que M. Valtone finit par céder et l'aida
lui-même à préparer son petit bagage. Le lendemain, tous deux partirent à la pointe du jour.
Arrivés à la ville, ils passèrent ensemble le reste de
la journée ; et vers le soir, après s'être embrassés,
tous deux s'éloignèrent, l'un emporté par son ca-
briolet vers Blanfort, l'autre vers Paris par la malle-
poste.

La malle volait ; les chevaux avaient des ailes :
ils parurent de plomb à l'impatience de Noëmi.
Paris semblait fuir devant elle, son regard avide
le demandait à chaque horizon. C'est que la sécurité

qu'elle avait affectée vis-à-vis de M. Valtone était
bien loin de son cœur ! Enfin, après de longues
heures d'indicibles angoisses, elle entra dans
Paris, qu'elle ne connaissait pas. C'était la nuit : le
silence enveloppait la cité. Noëmi traversa sans
pâlir ce labyrinthe aux mille détours ; une seule pensée, un unique effroi occupaient son âme. Elle se
retira, pour achever la nuit, dans un hôtel garni
de la rue Jean-Jacques Rousseau, proche de l'hôtel
de la Poste. Là, elle remercia Dieu qui l'avait inspirée ; et, après avoir prié avec ferveur, elle se jeta
sur son lit pour attendre le jour. Sa tête était brûlante et ses membres brisés. La fatigue du corps
triompha des anxiétés du cœur : lorsqu'elle s'éveilla,
le soleil entrait à pleins rayons dans sa chambre.

A peine levée, elle monta dans une voiture de
place, et se fit conduire à la demeure de madame
Salsedo.

— O mon Dieu ! se disait-elle, en est-il temps
encore ? Seigneur, avez-vous entendu les vœux que
je n'ai point cessé de vous adresser ? Avez-vous
veillé sur cette enfant abandonnée que je vous con-
fiais dans mes prières ? Lui avez-vous envoyé un de
vos anges pour la défendre , un rayon de votre sagesse pour l'éclairer ? M'avez-vous conservé ma
sœur, et n'arrivé-je pas trop tard pour recueillir les
fruits de votre protection ?

La voiture s'arrêta. Madame Valtone en descendit. Guidée par le concierge, elle se dirigea vers
l'appartement qu'occupait madame de Belnave. Près
de sonner, elle sentit ses jambes se dérober sous

elle et son cœur mourir dans sa poitrine. Elle sonna

— Ah! bénie soyez-vous d'être venue, madame!
lui dit Mariette, la femme de chambre de Marianna.
Depuis quelques jours, ma pauvre maîtresse est
bien triste.

— Où est ma sœur? demanda Noëmi, blanche
comme un linceul.

La femme de chambre indiqua la porte du salon.
Madame Valtone l'ouvrit et la ferma; puis elle s'arrêta pour contempler Marianna, qui ne l'avait point
entendue et qui ne la voyait pas.

Accoudée sur une table, la tête appuyée sur une
main, dont les doigts se perdaient dans les boucles
de sa chevelure, le front pâle, le visage amaigri,
madame de Belnave semblait abîmée dans une méditation douloureuse. Ses lèvres étaient décolorées,
ses cheveux en désordre, et tout son corps affaissé
sous un sentiment de morne désespoir. Elle demeura longtemps ainsi. Enfin, ayant levé les yeux,
elle aperçut sa sœur qui se tenait debout devant
elle. La malheureuse poussa un cri déchirant, et,
cachant sa tête dans ses mains, elle se prit à sangloter. Noëmi se laissa tomber sur un siége, et
toutes deux restèrent muettes : leurs larmes se par-
laient et se comprenaient trop bien.

Après un long silence, madame Valtone s'approcha de sa sœur, l'attira sur sa poitrine et la tint
longtemps embrassée.

— C'est un grand malheur, lui dit-elle enfin;
nous passerons notre vie à le pleurer ensemble.

— Ah! s'écria Marianna avec désespoir, tu n'as

plus de sœur, M. de Belnave n'a plus d'épouse :
tout est perdu pour moi ! Je ne dormirai plus sous
le toit de Blanfort.

— O ma bien-aimée sœur ! dit Noëmi en lui
jetant au col ses bras éplorés, ne parle pas ainsi, car
il me semble déjà que tu m'es devenue plus chère.

— Hélas ! dit Marianna en s'arrachant des bras
qui l'enlaçaient, tant de bonté m'accable, et vous
me tuez en m'absolvant.

— Viens, lui dit Noëmi qui la pressait de nouveau
sur son sein, viens, partons ; ne reste pas plus
longtemps dans ce Paris qui t'a perdue. Pauvre enfant, tu n'es pas coupable, tu n'as été qu'égarée ;
d'ailleurs, il n'est pas de vertu dans tout son éclat
qui soit plus douce au ciel que le repentir, humble
et priant dans l'ombre. Viens, Marianna, viens, ma
sœur ; nous lutterons, nous souffrirons ensemble,
nous porterons à nous deux le poids de tes douleurs,
et un jour viendra peut-être où Dieu te rendra en
larmes de joie les larmes que tu auras versées en
expiation de tes fautes d'un jour.

Marianna, pour toute réponse, indiqua du geste
une lettre qu'elle venait d'écrire, et qui n'attendait
plus que le cachet. Madame Valtone la prit, en déploya d'une main tremblante les feuillets encore
tout humides, et les lut à travers ses pleurs. Adressée à M. de Belnave, cette lettre respirait la sombre
exaltation du remords et du désespoir. C'était bien
le remords et le désespoir qui l'avaient dictée ; elle
était bien le cri d'une âme éperdue et meurtrie de sa
chute. C'est que l'abîme est profond, et que les plus

intrépides cœurs n'en touchent point le fond sans
pâlir. Les bords en sont décevants, et la passion y
conduit ses victimes par des sentiers mollement in-
clinés. On s'abandonne aisément le long de ces
pentes ; on se promet d'abord de n'aller que jusqu'à
mi-côte. A mi-côte, on hésite ; mais, en se retournant, on aperçoit encore la fumée du toit domestique. On se rassure ! on croit avoir fait quelques pas
à peine ; on poursuit. Il semble qu'on pourra toujours enrayer à volonté sur une route si facile. On
avance sans crainte sur les gazons fleuris et sous les
frais ombrages. Tout vous sourit, tout vous invite ; l'i-
dée même du danger est pleine de coquetteries aga-
çantes ; le danger qu'on défie est un attrait de plus.
On va toujours. Cependant, la pente devient plus
rapide. On veut s'arrêter ; il n'est plus temps. Le
sol manque, le sentier fuit, le pied glisse : l'abîme
est béant ; on y tombe. On y tombe enivré, on s'y
réveille dans les larmes : car il se fait alors une épou-
vantable lumière ; et, en se voyant exilée de tant de
biens qu'on n'apprécie qu'après les avoir perdus sans
retour ; en se sentant déchue de sa chasteté, cette
seconde virginité plus sainte que la première ; en
contemplant les ruines du passé, l'incertitude de
l'avenir, le trouble de l'heure présente, l'âme se re-
ploie douloureusement sur elle-même, et se demande avec déchirement comment tout ce désastre,
qui promettait de n'arriver jamais, est arrivé si
prompt et si terrible. Que faire alors ? Comment remonter cette colline si douce à descendre, si rude
à gravir ? Deux voies sont ouvertes, il faut choisir.

Tromper le monde ou le braver en face ; recéler l'adultère dans la famille ou le proclamer au grand jour. La première voie est plus généralement fréquentée ; la seconde est plus noble ; mais, de chaque côté, ce n'est que tourments et anxiétés, luttes et combats de tout genre, au milieu desquels bourdonne ce fatal instinct qui dit que l'amour n'est point éternel.

Entre ces deux écueils, Marianna n'avait pas hésité. La lettre que lisait Noëmi était une confession rigoureuse qui n'omettait que le nom de Bussy. Marianna n'y cherchait pas d'excuses ; elle rappelait impitoyablement tous les titres de M. de Belnave à son amour et à sa reconnaissance, tout ce qu'il avait fait pour elle, pour sa joie et pour son bonheur. Sa douleur était vraie, l'expression en était touchante ; mais l'orgueil des anges déchus y perçait encore à travers les larmes. — « Et maintenant que j'ai tout perdu, écrivait-elle en terminant, tout, jusqu'au fier sentiment de moi-même, rapporterai-je auprès de vous les misérables agitations d'un cœur qui ne s'appartient plus ? Non. J'ai failli, je subirai la peine de mon crime ; je saurai vous épargner ma honte. Indigne de votre tendresse, je m'interdis jusqu'à votre pitié. Adieu donc, ô le meilleur et le plus outragé des hommes ! Du moins, je n'aurai pas souillé l'air que vous respirez ; et votre souvenir, qui me suivra partout dans mon exil, sera mon châtiment et mon désespoir éternel. Hélas ! si je n'ai su trouver le bonheur près de vous, c'est que j'étais maudite en naissant. »

Ainsi, la faute prévenait l'arrêt du juge, et, se frappant elle-même, repoussait tout espoir de grâce et de pardon.

Un divorce si éclatant avec le monde devait nécessairement révolter un esprit imbu de toutes les idées sociales.

Madame Valtone froissa silencieusement entre ses doigts la lettre qu'elle tenait encore, et se tournant vers Marianna :

— Ma sœur, lui dit-elle, il y a dans la franchise de vos aveux et dans la rigueur de votre justice une apparente grandeur dont vous êtes dupe, et sur laquelle je dois vous éclairer. Vous vous jugez sévèrement, ma sœur, et vous en avez le droit ; mais peut-être seriez-vous plus indulgente envers vous-même, si la sévérité que vous apportez dans votre propre cause ne flattait pas à votre insu vos secrètes inclinations. La passion vous abuse ; et, noble que vous êtes, vous prenez ses conseils pour les arrêts de votre conscience. Croyez-moi, vous ne vous condamnez sans appel que dans la crainte d'être absoute ; la tâche que vous vous imposez est moins un exil qu'une conquête, moins une expiation qu'un triomphe.

— Cruelle ! s'écria madame de Belnave ; êtes-vous donc venue pour m'accabler ?

— Pour vous sauver, enfant, pour vous sauver, répondit madame Valtone avec fermeté ; égarée, pour vous ramener dans votre voie ; faiblissante, pour vous soutenir ; tombée, pour vous relever. Eh quoi ! vous vous reconnaissez coupable, et c'est par le désordre d'une vie tout entière que vous allez racheter un moment d'erreur ! Le repentir vous mène à la révolte ! Il ne vous suffit pas d'être déchue de votre propre estime, il vous faut attirer sur vous la haine et le mépris du monde !

— Ah ! oui, le monde ! dit Marianna avec amertume ; tout est là pour vous autres. Pour vous, faillir n'est rien : c'est le grand jour qui fait le crime.

— Ma sœur, ce n'est pas mon avis. Je n'ai jamais envisagé le respect humain que comme un lien salutaire qui nous attache à nos devoirs, et qu'il est dangereux de briser, alors même que nous avons failli ; car le monde est plus puissant que nous : il peut jeter un pont ou creuser un abîme entre la chute et la réhabilitation, entre le repentir et la grâce. Toutefois, je hais le mensonge plus encore que le scandale ; et, si vous n'aviez à choisir qu'entre une soumission hypocrite et une rébellion ouverte, je n'hésiterais pas, dût mon cœur se briser, à vous pousser moi-même vers ce dernier écueil. Il vous reste une autre voie, rude sans doute, mais qui n'a rien dont puissent s'effrayer les belles âmes : c'est l'expiation par le sacrifice. La passion vous a vaincue ; à votre tour, il faut la vaincre. Ce sera une grande lutte qui n'aura que Dieu pour témoin ; Dieu vous viendra en aide, ma sœur. Il vous soutiendra dans cette dure épreuve ; et moi, je serai près de vous pour essuyer les sueurs de votre front. Tout se répare, tout se rachète. Il n'est point de fautes irrémissibles : Dieu les reçoit toutes à rançon.

— Et M. de Belnave, pardonnera-t-il, lui ? demanda Marianna d'une voix étouffée.

8.

— M. de Belnave doit tout ignorer ; vos fautes sont à vous, vous devez seule en porter la peine. Vous ne serez pas seule à la porter, ma sœur ; mais que votre époux ne soit point frappé dans son repos, dans son amour, dans son bonheur et dans son orgueil ; qu'il puisse vous retrouver un jour sans savoir qu'il vous avait perdue. Voyons, enfant, te sens-tu ce courage ? ajouta Noëmi d'une voix moins grave et plus tendre.

— Tu n'aimes pas, toi ! dit Marianna d'un air sombre : la résignation te semble bien facile, tu n'as jamais souffert.

— Ma sœur, répliqua madame Valtone, toutes les souffrances ne crient pas. Il y a bien des douleurs qui marchent le front calme et serein, bien des tristesses qui n'ont jamais pleuré, bien des cœurs qui boivent leurs larmes. Va, je le sais bien, moi, que la résignation n'est pas chose facile ! Que serait la vertu si elle ne coûtait point d'efforts ?

— Tu souffres donc aussi ? dit Marianna en regardant Noëmi avec un air de douloureux étonnement. Tu souffres ! répéta-t-elle avec cette secrète joie du coupable qui, dans un juge redouté, croit apercevoir un complice. Mais tu me trompais donc ! mais il est donc vrai que nous ne sommes pas heureuses ! Ce bonheur que tu m'accusais de nier, tu n'y croyais donc pas ! Ah ! dis, que cette existence est lourde et que notre destinée est amère ! Dis, est-ce là ce que nous avions rêvé ? Parle, que sont devenues les promesses de nos belles années ? Tu t'en souviens, ma sœur, lorsque, seules et libres, nous

tressions à notre avenir toutes les fleurs de notre
printemps. Quelles n'étaient pas nos espérances alors!
quelles aspirations! quel enthousiasme! quels trésors de foi, d'amour et de jeunesse! Ah! je ne l'ai
point oublié, vous aussi, vous aviez votre soif de félicités; vous aussi, vous sentiez dans votre sein un
fleuve de vie qui ne demandait qu'à s'épandre; vous
aussi, vous rêviez des tendresses ineffables, des bonheurs sans fin, des voluptés sans nom; vous aussi,
dans vos songes, vous posiez votre tête sur un cœur
tout brûlant d'une jeune, d'une éternelle flamme!

— Tais-toi, enfant, tais-toi! s'écria Noëmi épouvantée.

— Ah! tu ne pensais pas alors que la vertu exi-
geât tant d'efforts; tu ne pensais pas qu'elle fût la
répression de toutes les nobles facultés que Dieu a
mises en nous. La vertu! c'est le monde qui nous
l'a faite si rude et si âpre. Dans les intentions de
Dieu, la vertu c'est le bonheur.

— Oui, dit madame Valtone, puisque tout bonheur est dans la vertu.

— L'avez-vous trouvé, ma sœur? demanda Marianna d'un air de triomphe.

— Je l'attends, répondit Noëmi d'une voix résignée; on ne moissonne pas avant d'avoir semé. Je
souffre, mais je suis pleine de confiance; car il est
impossible que Dieu puisse tromper ses créatures.

Marianna secoua la tête d'un air de doute; un
sourire amer effleura ses lèvres. Madame Valtone
essaya de nouveau de combattre la résolution de sa
sœur, mais vainement; et tous les lieux communs dont

peut s'armer la raison en pareille occurrence se bri-
sèrent, cette fois comme toujours, contre la ténacité
de la passion. C'était moins la passion que l'orgueil
qui semblait dominer Marianna ; et certes, il y avait
bien quelque noblesse dans cet exil volontaire qu'elle
s'infligeait elle-même : car, dans sa douleur, elle
s'interdisait tout espoir de retour, sinon vers l'a-
mour, du moins vers l'amant qui l'avait perdue ;
mais l'impitoyable Noëmi lui disait alors :

— Pauvre enfant, vous présumez trop de vous-
même. Si vous avez succombé dans votre force,
comment résisterez-vous dans votre faiblesse ? Si
nos bras amis n'ont pu prévenir votre chute, comment vous relèverez-vous sans une main qui vous
soutienne ? Si votre pied a glissé dans le sentier de
vos devoirs, comment marchera-t-il d'un pas plus
sûr et plus ferme dans le chemin de vos erreurs ?

À ces paroles, madame de Belnave baissait le
front, mais sa volonté demeurait inflexible. Déses-
pérant de vaincre tant de passion ou tant d'orgueil,
supposant naturellement que l'influence de George
Bussy n'était pas étrangère à tant d'obstination, madame Valtone prit hardiment, à l'insu de Marianna,
une résolution qui, dans toute autre circonstance,
eût révolté tous ses instincts.

# CHAPITRE VII.

George se trouvait dans une grande perplexité. Il en était à se demander s'il accepterait vaillamment son bonheur, ou s'il reculerait, comme un poltron, devant sa victoire : alternative embarrassante! et peut-être se serait-il abstenu du triomphe, s'il eût prévu que Marianna dût prendre ainsi sa défaite au sérieux. Mais, la faute commise, en subirait-il les conséquences, ou chercherait-il à les éluder ? C'était là la question, et la question était grave.

Je crois avoir dit déjà que George entrait alors dans cette période d'existence qui est au cœur de l'homme ce que le crépuscule du soir est à la terre; dans cet âge où, près de se retirer, la jeunesse et l'amour projettent sur l'âme qu'ils vont abandonner de mourantes clartés, précurseurs de la nuit éternelle. A l'approche de ces ténèbres qui menacent de l'envahir, l'âme attise avec désespoir les feux de son foyer pâlissant. Elle dit à l'ombre : — Va-t'en ! — à l'amour et à la jeunesse : — Ne vous éteignez pas encore! — et, sous les voiles qui déjà commencent à l'envelopper, elle s'agite impatiemment pour revoler vers la lumière. Ainsi, il y avait deux natures en Bussy, deux éléments qui se combattaient et cherchaient à s'absorber l'un l'autre : d'une part,

la vie agonisante, qui ne demandait qu'à renaître ;
de l'autre, le néant, au pied lent, mais sûr, qui entrait dans son cœur et l'étreignait de sa main de fer.
Cet âge qui sépare la jeunesse qui s'achève de la
virilité qui commence, où la passion se roidit encore
contre la froide raison qui l'écrase, où les illusions
expirantes jettent un dernier cri de douleur devant
la réalité qui s'avance, cet âge est un âge terrible,
et les luttes, les déchirements qui l'accompagnent
forment le plus triste spectacle que l'homme puisse
s'offrir à lui-même.

George en était là, pourtant ! Il y avait en lui
une ardente aspiration vers les biens qu'il sentait
près de lui échapper. Était-ce seulement un profond ennui qui cherchait à se distraire, ou bien l'effort d'un cœur orgueilleux qui voulait tromper à
tout prix le sentiment de son impuissance ? Je ne
sais, mais toujours est-il que George appelait l'a-
mour. En lui envoyant Marianna, son bon ou son
mauvais génie l'avait exaucé dans ses vœux les
plus chers. Belle, romanesque, exaltée, prompte
aux sacrifices, dévorée de la soif des grands dévouements, nature exubérante, assez riche de séve et
de vie pour pouvoir, sans s'appauvrir, raviver à ses
sources des forces languissantes, Marianna devait
lui apparaître comme une fille du ciel, descendue
tout exprès pour lui rendre les trésors qu'il avait
perdus, ou pour lui conserver ceux qu'il allait
perdre. C'était, à coup sûr, une magnifique occasion
d'aimer, de ressaisir l'enthousiasme et la foi, les
transports brûlants et les saintes extases, tout le

divin cortége de la trop heureuse jeunesse. Bussy
en convenait lui-même ; et les poétiques aspects sous
lesquels se présentait cette liaison nouvelle, les obstacles qui l'entouraient, le caractère sérieux qu'elle
avait revêtu d'abord, la douleur de Marianna, sa
fierté, ses remords, ses larmes, son désespoir, tous
ces aiguillons l'irritaient, le poussaient dans l'arène,
réveillaient en lui de juvéniles ardeurs, et l'excitaient à poursuivre les chances d'une passion qui
lui promettait le retour des émotions dont il pleurait la perte. Aussi, la révolte de madame de Belnave après sa chute, sa résolution de ne plus
retourner à Blanfort, ses projets de rupture avec
le monde, ne l'avaient d'abord que médiocrement alarmé. Las d'isolement et de solitude, fatigué surtout des faciles tendresses à travers lesquelles il promenait depuis plusieurs années son
oisive indifférence, il s'était dit qu'il était temps d'en
finir avec son long veuvage, que l'heure était enfin
venue de quitter le deuil d'un premier amour ; et,
libre de tous soins, indépendant de fortune et de
caractère, peu soucieux de ménager le monde, il
s'était abandonné d'abord avec une secrète joie aux
mouvements passionnés de son cœur.

La réflexion avait passé sur ces velléités de jeunesse, comme les premières gelées de novembre sur
les bourgeons éclos aux derniers soleils de l'automne. Le doute railleur, le scepticisme amer, la
raison inexorable, tristes enfants de l'expérience,
étaient venus l'assaillir et le ramener à des idées
plus saines. Son ivresse s'était dissipée ; avec elle

s'étaient évanouis les gracieux horizons; dégagés des vapeurs poétiques qui les avaient un instant dérobés, les embarras de sa position lui étaient apparus sous leur jour véritable et l'avaient frappé d'épouvante. La position était rude en effet : car George n'était pas encore arrivé à ce point de philosophie transcendante où tout sentiment d'honneur et de délicatesse, appliqué à l'amour, est impitoyablement traité de folie ou d'enfantillage; quoique la destinée de Marianna fût, en cette occurrence, la moindre de ses préoccupations, toutefois il ne pouvait s'empêcher de reconnaître qu'il ne s'appartenait plus lui-même, et qu'il était trop tard pour se retirer, conscience nette, du jeu fatal où il s'était négagé. Un espoir lui restait encore : c'est qu'après le trouble de la première heure Marianna, cédant d'elle-même à des impulsions moins rebelles, saurait concilier ses devoirs d'amante et d'épouse. Mais, après deux jours employés à méditer la règle de conduite qu'elle aurait désormais à suivre, madame de Belnave écrivit à Bussy que sa résolution était inébranlable, et que l'aveu de ses fautes venait de mettre entre elle et Blanfort une insurmontable barrière. Cette fois, ce n'était plus l'emportement d'une douleur irréfléchie : madame de Belnave avait tout prévu, tout pesé, tout calculé, et le ton de ferme dignité qui régnait dans sa lettre disait assez que la passion n'en avait pas été l'unique conseiller.

George reçut cette lettre le matin même du jour où Noëmi était allée trouver sa sœur. Il la lut et demeura foudroyé sur place. Si Marianna n'y faisait point appel à la protection de Bussy, c'est qu'elle était ou trop fière pour la solliciter, ou trop candide pour imaginer qu'elle dût être sollicitée : tout ce qui restait en lui de loyal et d'honnête ne l'en proclamait pas moins le soutien obligé, le naturel appui de l'existence qu'il avait brisée. Que résoudre et que faire ? Décliner la responsabilité de ses actes révoltait tous ses instincts de pudeur et de probité ; l'accepter faisait crier toutes les fibres de son égoïsme. Il se disait bien qu'abandonner Marianna dans la voie où il l'avait entraînée serait d'un félon et d'un lâche ; il se disait aussi qu'entraver son avenir, à lui, compromettre son repos, aliéner sa liberté serait d'un enfant et d'un fou. Il avait assez expérimenté les bas-fonds de la vie pour savoir tout ce qu'il y a de misères attachées à ces liaisons qui heurtent de front le monde, et pour ne pas s'arrêter avec terreur devant les maux qu'il ne prévoyait, hélas ! que lorsqu'il n'était plus temps de les prévenir. Encore une fois, que résoudre ? George en perdait la tête. Il se jeta sur un divan ; et, après avoir relu la lettre de Marianna, il la froissa avec colère, se demandant quelle rage poussait les hommes à jouer contre un éclair de volupté le loisir d'une vie tout entière, quelle rage aussi poussait les femmes à donner tant d'importance à une chose qui par elle-même en méritait si peu. Il était là depuis quelques heures, cherchant vainement à se tirer des difficultés épineuses où il était enchevêtré, lorsque le frôlement d'une robe se fit entendre et la porte de

9

son cabinet s'ouvrit. Encore étendu sur son divan, George achevait de brûler une pincée de maryland roulée dans du papier d'Espagne : car, dans les grandes crises, le tabac endort les angoisses du cœur, et parfois est fécond en inspirations salutaires. Au bruit que fit la porte en s'ouvrant, il se leva et se trouva face à face avec madame Valtone. Le bout de cigarette qui fumait encore à ses doigts tomba sur le parquet, et Bussy recula de deux pas devant cette apparition inattendue. Mais, triomphant aussitôt de ce mouvement de surprise, l'orgueil de la vengeance satisfaite éclaira son front; et ses lèvres, relevées par un imperceptible sourire, rendirent à Noëmi le trait qu'elle lui avait décoché lorsqu'il s'était éloigné de Blanfort. Pour Noëmi, son visage était triste et grave, ses bras croisés sur sa poitrine, et il y avait en elle un sentiment de douloureux mépris qui donnait à ses traits une expression de pitié dédaigneuse.

— Vous ne m'attendiez pas, monsieur ? lui dit-elle.

— Il est vrai, madame, répondit George en approchant un siége ; et quand même il m'eût été permis de compter sur l'honneur de vous voir en ce jour, je n'aurais pas osé me flatter que cet honneur se serait résigné à venir me chercher lui-même. Je regrette vivement, madame, de n'avoir pas été instruit de votre arrivée; croyez que je me serais empressé de vous prévenir en portant à vos pieds mes hommages et mes obéissances.

— Monsieur Bussy.... dit madame Valtone sans

changer d'attitude et d'un ton qui fit tressaillir George.

Elle n'ajouta rien de plus. Ses yeux, son accent, son maintien avaient assez énergiquement exprimé sa pensée : Bussy l'avait trop bien comprise, et il y eut un instant de silence durant lequel elle le tint écrasé sous le poids de son regard.

— De grâce, madame, veuillez vous asseoir, dit-il enfin avec une politesse embarrassée.

Madame Valtone prit un siége, George en fit autant. Après quelques minutes de recueillement :

— Monsieur, dit Noëmi d'une voix ferme, je suis venue pour m'entendre avec vous sur le mal qu'il vous reste à faire. Quant à celui que vous avez fait, je m'abstiens de toutes récriminations : Dieu vous jugera.

— Je n'ignore pas, madame, que je suis devant un juge qui a le droit d'être sévère, répondit George, qui se souvenait de Blanfort. Vous n'avez des filles de la terre que la grâce et la beauté. Étrangère à nos faiblesses, vous ne pouvez les comprendre : mais ne sauriez-vous les couvrir du manteau de votre indulgence? Dieu, que vous invoquez, madame, pardonnera à ceux qui auront beaucoup aimé.

— Combien de ceux-là, croyant avoir aimé, dit madame Valtone en secouant tristement la tête, se présenteront à la grâce divine, et, s'en voyant exclus, comprendront qu'ils s'étaient abusés, et qu'aimer est rare et difficile ! Mais peut-être, monsieur, serait-il convenable de nous effacer l'un et l'autre en cette circonstance, et d'oublier d'un commun accord les sentiments de répulsion que nous avons pu jusqu'ici nous inspirer mutuellement. De trop grandes douleurs crient autour de nous, nous avons à fermer de trop graves blessures pour que nous puissions dignement nous occuper des piqûres de notre amour-propre. Dans cette trêve que je vous propose, dans cette abnégation réciproque de nos ressentiments, je ne pense pas que la part de vos sacrifices doive l'emporter sur la mienne : si vous en jugiez autrement, votre générosité, je n'en doute pas, suppléerait à votre justice.

George, qui ne voyait pas bien où Noëmi voulait en venir, ne répondit que par une respectueuse inclination de tête en signe d'assentiment.

— Vous êtes jeune, poursuivit madame Valtone; de nobles cordes vibrent encore en vous. Ce n'est pas seulement l'oisiveté, le caprice ou l'ennui qui vous a fait jouer impitoyablement avec le repos de ma malheureuse sœur : ce n'est pas de sang-froid que vous avez trahi la confiance d'un homme que vous appeliez votre ami ; car il était votre ami, monsieur, vous vous étiez assis à sa table, vous aviez dormi sous son toit, sa main avait pressé la vôtre. Vous n'avez rien prévu, rien calculé. Comme Marianna, vous n'avez cédé qu'à l'entraînement de la passion ; vous avez succombé comme elle dans une heure de faiblesse et d'oubli. Heure fatale ! Mais toute faute entraîne des devoirs après elle. C'est ce qui fait qu'au lieu de se décourager après avoir failli, les belles âmes se relèvent et se grandissent de leur chute.

George crut comprendre que Noëmi allait lui confier solennellement le soin d'une destinée dont il
était désormais responsable; et, bien qu'il ne fût
pas encore décidé à s'y soustraire ouvertement, il
s'empressa de nier les bons instincts qui luttaient
encore en lui, dans la crainte que madame Valtone
ne les surprît et n'en abusât.

— Madame, répondit-il un peu sèchement, il me
semble que vous passez bien vite d'une extrême sévérité à une excessive indulgence. En vous laissant
trop présumer de moi-même, je craindrais de vous
préparer de cruels désenchantements.

— Voudriez-vous m'empêcher de croire à votre
honneur, à votre probité, à votre délicatesse ? demanda madame Valtone avec assurance.

— Vous en avez assez longtemps douté, madame,
pour qu'il me soit permis de m'étonner que vous
veniez les invoquer aujourd'hui, répliqua Bussy, qui
se tenait sur ses gardes.

— Aussi, monsieur, répliqua Noëmi, qu'avaient
aigrie ces paroles amères, craindrais-je de faire un
vain appel à tous ces sentiments, si je ne devais
m'adresser en même temps à votre égoïsme, qui se
trouve plus compromis que vous ne vous l'imaginez
peut-être.

Ici George comprit qu'il s'était trompé sur le but
de la visite de madame Valtone. Comme son unique
préoccupation était de sauver en cette affaire son
honneur et son intérêt, il crut que Noëmi avait un
moyen de tout concilier, et se prit à l'écouter avec
une attention sérieuse.

9.

— Oui, monsieur, poursuivit-elle, il serait de
votre gloire de vous unir à moi pour ramener ma
sœur dans la voie d'où vous l'avez détournée ; d'em-
ployer, pour la rendre à ses devoirs, toute l'influence
que vous avez mise en œuvre pour l'en détacher, de
la sauver enfin après l'avoir perdue. Ah ! certes, il
serait beau de vous relever de la sorte, de restituer
à madame de Belnave tous les trésors de la femme
que vous lui avez ravis, de l'arracher d'un bras cou-
rageux à l'abîme où vous l'avez plongée ! En agissant ainsi, vous m'obligeriez à vouer quelque estime
à votre souvenir, vous rachèteriez vos fautes ; et, s'il
est vrai que vous ne soyez point touché des soins de
votre propre gloire, ce qui n'est pas ; s'il est vrai
que l'amour du bien n'habite plus en vous, ce qui
ne saurait être, eh bien, monsieur, vous vous épar-
gneriez à vous-même les charges d'une responsabilité trop lourde, songez-y, pour que vous puissiez
l'accepter sans succomber bientôt à la peine. C'est
sur ce dernier point que je veux insister.

Bussy n'aurait pas mieux demandé, à coup sûr,
que d'interpréter en ce sens les exigences de sa
gloire, et la veille encore il se serait estimé bien heureux de pouvoir mettre à la disposition de Noëmi
son honneur et sa délicatesse. Mais il n'était plus
temps, il le croyait du moins ; il croyait que les
aveux de Marianna volaient vers Blanfort, emportés
par la malle-poste ; et ce qui, la veille, aurait pu
passer pour un acte de probité et de désintéressement ne lui semblait plus désormais praticable que
par le fait grossier d'un lâche et perfide abandon.

— Soyez sûre, madame, répondit-il avec un profond découragement qu'il cacha sous un air de parfaite indifférence; soyez sûre que, si je suivais la règle de conduite que vous m'indiquez, ce serait dans une intention plus louable et moins intéressée qu'il ne vous plairait de le supposer. Il n'y faut pas songer, il est trop tard. Madame de Belnave s'est fermé à jamais les portes de Blanfort; et l'appel que vous feriez à tous mes sentiments honnêtes ne servirait qu'à les révolter, ajouta-t-il intrépidement : car il venait d'entrevoir que Noëmi raisonnait dans le sens du monde, il espérait qu'elle pourrait le débarrasser des scrupules qui le gênaient, et lui trouver quelque accommodement avec sa conscience.

— Je ne vous comprends pas, monsieur, dit madame Valtone d'un air étonné.

— C'est que, madame, vous ignorez sans doute que demain, dans deux jours au plus tard, M. de Belnave aura tout appris. Dans l'ivresse de son désespoir, votre sœur a tout écrit, tout avoué. Je n'y puis rien; la malle-poste vole, et Dieu m'a refusé des ailes.

Un rayon d'espérance traversa le triste cœur de madame Valtone.

— Et s'il était temps encore? s'écria-t-elle vivement : si madame de Belnave avait retardé l'aveu de son déshonneur? si Dieu avait permis que j'arrivasse assez tôt pour prévenir un si grand désastre ? si tout pouvait se réparer? si cette lettre, qui vous semble la seule difficulté que vous ne puissiez aplanir, la seule barrière qui doive vous arrêter, si cette

lettre, qui pourrait être en effet un invincible obstacle.....

— Eh bien, madame, eh bien ?... demanda George
éperdu.

— Si cette lettre n'était pas partie, dit Noëmi en
portant les doigts à sa ceinture, que feriez-vous alors ?

— Oh ! alors, madame !... s'écria George en se
levant avec transport.

Il s'interrompit brusquement ; mais l'éclair de joie
qui avait sillonné son visage avait projeté dans l'esprit de Noëmi une vive et soudaine lumière. En
moins d'un instant, tout cet homme lui fut révélé.
Venue pour sauver Marianna de Bussy, elle comprit
que c'était Bussy qu'elle allait sauver de Marianna.
Elle comprit tout et n'abusa de rien. Dans ce monstrueux égoïsme, elle n'entrevit que le salut de sa
sœur, et ne songea pas à en tirer d'autre avantage.
De suppliante qu'elle était, elle aurait pu changer
de rôle, et amener George, humble et suppliant, à
ses genoux ; elle se contenta de lui lancer un superbe regard, où la joie, autant que le mépris, lui
fit entendre qu'il était deviné. Il l'avait bien senti lui-
même ; il savait bien qu'il s'était trahi, livré comme
un enfant de deux jours. Il craignit d'abord de
s'être laissé prendre dans un piége tendu à sa crédulité ; mais en voyant les doigts de madame Valtone glisser entre sa robe et sa ceinture, et en dégager lentement une lettre sur laquelle il reconnut l'écriture de Marianna, il se rassura ; ses traits reprirent
leur impassible gravité, et l'œil le plus perçant
n'aurait pu pénétrer ce qui s'agitait dans son âme.

— Eh bien, monsieur ? demanda Noëmi avec une douce sécurité.

— Eh bien, madame, je regretterais alors de ne plus avoir un prétexte qui pût à vos yeux excuser mes refus, répondit froidement Bussy.

Madame Valtone demeura atterrée. George se pencha négligemment sur sa chaise ; il avait passé le pouce de sa main gauche dans la poche de son gilet, et sa main droite jouait nonchalamment avec la chaînette de sa montre.

La pauvre Noëmi était trop simple et trop honnête pour apercevoir le piége grossier qui lui était tendu : elle y donna tête baissée. Elle crut naïvement qu'elle s'était méprise, qu'elle avait caressé un faux espoir, que tout lui restait à faire. Elle ne perdit pas courage ; et George qui l'observait, la vit, avec une perfide joie, préparer dans les formes le siége d'une place démantelée, et pointer vaillamment contre des portes ouvertes toute l'artillerie de son éloquence. Cette tactique de Bussy, commune aux femmes, qui, pour concilier leur conscience avec leur plaisir, ne se donnent pas, mais se laissent prendre, ne manquait pas, comme on va le voir, d'une certaine habileté.

Noëmi commença par développer le point qu'elle avait effleuré déjà dans ses précédents discours. Elle déroula devant Bussy toutes les charges attachées à l'effrayante responsabilité qu'il allait assumer. Elle chercha à l'intéresser moins à Marianna qu'à lui-même. Repos, indépendance, ambition, liberté de l'avenir, sécurité du présent, elle mit tout en jeu pour l'émouvoir; mais, quoi qu'elle pût dire, elle ne fut qu'un écho bien affaibli des propres pensées de cet homme. Après l'avoir écoutée patiemment :

— Permettez, madame, que je vous remercie d'abord de la tendre sollicitude que vous voulez bien me témoigner en cette circonstance. Vous avez plaidé mes intérêts avec une chaleur digne peut-être d'une meilleure cause. Au lieu de demander un sacrifice à mon amour, vous avez pensé qu'il était plus sûr d'offrir un triomphe à mon égoïsme. Vous m'avez jugé moins susceptible d'abnégation que de lâcheté. Croyez que des intentions si généreuses ne m'ont point échappé, et que mon cœur vous en tiendra compte.

— Monsieur, s'écria Noëmi, vous ne m'avez pas comprise.

— Parfaitement, madame. Mais je vous avais prévenue, et vous n'avez fait que répéter ce que je m'étais déjà dit à moi-même. Je ne suis pas un enfant qu'aveugle la passion : j'ai tout prévu. Avant d'accepter les devoirs que m'impose la rupture de madame de Belnave avec le monde, je les ai longtemps pesés, et mon cœur ne les a pas trouvés au-dessus de ses forces. Ces devoirs, je les accepte avec joie, sans m'en dissimuler l'énorme gravité. Repos, avenir, liberté, je sacrifierai tout avec bonheur à celle qui m'a tout sacrifié : où l'égoisme s'effraye, l'amour s'applaudit.

— Ah ! monsieur, s'il est vrai que vous aimez ma sœur, s'écria Noëmi, qui regrettait d'avoir calomnié

les sentiments de Bussy, s'il est vrai que tant d'a-
mour......

— Si je l'aime! madame, répondit George en s'é-
chauffant; et qui donc l'aimerait, si je ne l'aimais
pas? Écoutez, poursuivit-il avec un touchant abandon : j'étais seul ici-bas; il ne me restait rien, ni
parents, ni amis. Je n'ai jamais connu ma mère. Il
n'était pas en ce monde une âme qui s'intéressât à
moi, pas une pensée fraternelle où pût se réfugier
la mienne, pas un être qui, me voyant triste, me
serrât la main en me disant : Qu'as-tu ? Le passé
ne m'avait laissé que des souvenirs désolés. Je por-
tais en moi un deuil qui s'étendait sur toutes choses.
Mon présent était désert, mon avenir désenchanté.
Votre sœur m'apparut, et ma vie fut changée. Votre
sœur peupla ma solitude ; elle me rendit la jeunesse,
l'espérance et la foi. Je dépouillai le vieil homme,
et me sentis renaître. Je me croyais maudit, elle
me fit croire à la bénédiction divine. A la plante
flétrie elle donna la rosée du ciel. Digne autrefois
de la pitié de tous, digne à cette heure de l'envie
des élus, voilà ce que j'étais, voilà ce que je suis.
Eh bien, si je ne devais conserver tant de félicités
qu'au prix de celle de mon sauveur, si je ne pouvais m'abreuver à tant de joies sans en altérer la
source, si je croyais enfin qu'il y eût quelque
égoïsme à river à ma destinée une destinée si chère,
j'en atteste ce que les hommes ont de plus sacré,
je repousserais le dévouement qui m'est offert, mon
amour s'immolerait plutôt que d'accepter un si
grand sacrifice, il se déshériterait lui-même, il serait

lui-même l'ange au glaive de feu qui me fermerait la porte de l'Éden. Mon cœur se briserait ; mais du moins j'aurais assuré à votre sœur un avenir paisible et fortuné ; je ne l'aurais point exposée aux vents qui flétrissent, aux orages qui tuent, et la pensée de son bonheur, qui me suivrait partout, me ferait la vie moins amère.

Il est si aisé de deviner la conduite et le mouvement de cette scène, qu'il serait superflu d'en raconter tous les détails. Après s'être placé sur un terrain où chaque concession devait tourner à son honneur, George le disputa pied à pied avec une singulière adresse, ne cédant qu'à regret, âpre à la résistance, reprenant parfois l'avantage qu'il avait perdu, puis frayant tout à coup à son adversaire des voies de facile conquête ; dévissant lui-même les pièces de son armure, pour ménager à Noëmi la gloire de le désarmer ; n'attaquant que pour se découvrir, ne portant un coup que pour s'offrir à la riposte, et ne rompant qu'avec désespoir devant madame Valtone, qui le pressait avec une intrépide bonne foi. Si vous avez jamais joué avec quelque bel enfant, qui prétendait lutter avec vous de vigueur, d'adresse et de force ; s'il vous souvient des coquetteries charmantes dont vous nous avez entouré le triomphe de sa faiblesse ; si vous n'avez point oublié les gracieux efforts qui vous ont aidé à couvrir la flatterie de votre défaite, vous aurez une idée assez exacte de l'art que déploya Bussy en cette circonstance. Seulement, entre George et Noëmi, le jeu était plus sérieux, et faisait moins d'honneur au

cœur qu'à l'esprit du principal acteur. Ce fut une
scène où l'égoïsme doubla l'abnégation avec tant de
chaleur et d'entraînement, qu'un témoin plus exercé
que Noëmi aurait pu s'y méprendre aisément. Après
s'être laissé émouvoir par le tableau que lui traçait
madame Valtone des maux réservés à la femme qui
cherche le bonheur hors des institutions établies, il
se demanda avec terreur si sa tendresse ne serait
pas en effet plus funeste que bienfaisante à la destinée de madame de Belnave. Il s'attendrit, il pleura
sur cette tête adorée ; puis, près de céder sa proie
aux instances de Noëmi, il recula épouvanté devant
un si grand sacrifice, et ne se sentit plus le courage
de s'immoler dans son amour. Il s'apitoya sur
lui-même ; il peignit de nouveau, avec de sombres
couleurs, la solitude où le plongerait la perte de Marianna. Il revint sur les tristesses de sa vie, il fit dé-
filer encore une fois le cortége de ses douleurs,
mannequins habillés de noir, qu'il faisait manœu-
vrer aux jours de grandes solennités. Il contraignit
madame Valtone à prendre au sérieux et à traiter
avec respect ces malheurs qu'elle avait si impitoyablement raillés à Blanfort. Pour nous servir de
l'expression d'Hamlet, il joua d'elle comme d'une
flûte : il en tira tous les sons qu'il lui plut de lui faire
rendre. Noëmi, qui aurait pu, en le menaçant de
jeter à la poste la lettre qu'elle tenait entre sa robe et
sa ceinture, l'amener impérieusement à demander
grâce et merci, Noëmi redoubla de prières : elle lui
prit les mains, les mouilla de ses pleurs ; elle l'ad-
jura par tout ce qu'il y a de plus saint dans ce monde

et dans l'autre. George se débattit longtemps encore et succomba.

— Que Dieu répande sur vous tous les trésors de son indulgence ! s'écria la pauvre Noëmi, qui s'était laissé prendre à cet emphatique langage, et toucher jusqu'aux larmes par un si beau dévouement. Que l'encens de votre sacrifice monte jusqu'à ses pieds et retombe sur vous en célestes bienfaits ! Pour moi, la plus humble de ses créatures, je le prierai d'ouvrir à vos pas fatigués des routes fraîches et embaumées.

Elle se retira pleine de foi dans l'héroïsme de George, persuadée qu'il venait de conquérir des droits incontestables à la couronne du martyre, et s'accusant tout bas de l'avoir jugé trop sévèrement. Ce qu'il y eut de plus étrange, c'est qu'après l'avoir vue s'éloigner, Bussy prit une attitude triste et pensive, et s'abîma dans une sombre rêverie. Était-ce un reste d'amour et de jeunesse qui murmurait en lui ? ou bien, après avoir commencé par tromper Noëmi, avait-il fini par se duper lui-même ?

Le lendemain les réunit tous deux auprès de madame de Belnave. George se présenta le premier ; mais Marianna repoussa avec un intraitable orgueil tout ce qu'il put dire pour la ramener à des intentions plus prudentes. Il y eut de déplorables scènes de reproches, de sanglots, de prières et de larmes. Madame de Belnave s'y montra noble et passionnée. Le cœur de Bussy n'était pas complétement éteint ; et lorsque de fortes secousses en agitaient violemment les cendres, il en jaillissait encore de vives étincelles. Peut-être aussi la vanité, qui donne du courage aux poltrons, suppléait-elle en lui au véritable amour. Exalté par tant d'émotions, il était bien près d'oublier son rôle et de se soumettre à la volonté qu'il était venu combattre, lorsque madame Valtone entra fort heureusement pour l'encourager et le soutenir.

Noëmi se jeta aux genoux de sa sœur, elle les embrassa ; elle conjura Bussy de se remettre à l'œuvre, de reprendre vertu et courage, de ne point faiblir dans la voie généreuse où il s'était engagé. Elle supplia d'une voix si déchirante, agenouillée aux pieds de Marianna, le visage baigné de pleurs, ses longs cheveux déroulés et flottant en désordre sur son col et sur ses épaules ; elle était si belle, si noble et si touchante, que madame de Belnave se sentit remuée jusque dans le fond de l'âme.

— Ce n'est pas là ta place, c'est la mienne ! s'écria-t-elle avec désespoir en s'efforçant de la relever.

Ranimé par madame Valtone, Bussy revint à la charge. Il y avait dans toutes ses paroles un sentiment d'abnégation si douloureux et si réel ; il semblait si bien, et peut-être alors le croyait-il lui-même, s'immoler dans ce qu'il avait de plus cher, que madame de Belnave ne put s'irriter de tant d'insistance, et qu'elle commença à fléchir. Noëmi était toujours à ses genoux, toujours éplorée et suppliante.

— Au nom de notre sainte aïeule, qui nous a bénies en mourant et qui m'a laissé le soin de veiller sur ta tête chérie, viens, ne me résiste pas ! disait-elle. Au nom de ton époux qui a mis en toi toutes

ses joies et qui n'a pas mérité tant d'outrages, viens !
Viens, au nom de cet homme qui t'a perdue et qui
veut te sauver ! N'attache pas à sa vie un remords
éternel ; ménage-lui la gloire de te relever après
l'avoir entraînée dans sa chute. Je ne parle pas de
moi qui t'implore : pourtant, s'il est vraie que j'ai
veillé sur ton enfance avec la tendresse d'une mère,
s'il est vrai que je t'aie bien aimée et que tu sois encore aujourd'hui ce que j'ai de plus cher au monde,
viens, ma sœur, ne me résiste pas !

— Vous me rendrez folle ! vous me rendrez folle !
s'écria Marianna en se frappant le front.

— Mais tu ne prévois donc rien ! mais tu ne comprends donc rien ! ajouta Noëmi, qui venait d'être
saisie d'une inspiration soudaine, ou qui avait gardé
tout exprès son meilleur argument pour le dernier ;
mais, pauvre enfant, tu n'entrevois donc pas les
suites funestes de ton obstination ! Tu as donc espéré que ton mari demeurerait spectateur impassible
de son déshonneur et du tien ! Tu ne sais donc pas
que les hommes lavent leurs affronts dans le sang !

Marianna poussa un cri et cacha son visage dans
ses mains.

— Madame, dit Bussy en se tournant vers elle,
ce n'est pas là ce qui doit vous effrayer. La vie de
M. de Belnave me sera toujours sacrée; quant à la
mienne....

Un geste de facile résignation exprima le reste de
sa pensée.

Il y eut un long silence, durant lequel on n'entendit que les sanglots de Marianna.

— Partons, dit-elle enfin ; je suis prête, partons.

Madame Valtone se leva avec transport, et la serra étroitement sur sa poitrine. Pour George, il fut atterré. Dégagé du poids de son égoïsme qui désormais n'avait plus rien à redouter, sa passion se réveilla plus vive et plus ardente. Dès qu'il n'eut plus à se méfier de ses bons instincts, il les sentit accourir en foule. Un instant étouffées, toutes les voix de la jeunesse se réveillèrent en lui pour l'accuser et pour se plaindre. Il regarda Marianna : jamais elle ne lui avait paru si belle. Il comprit tout ce qu'il allait perdre, et son cœur se brisa ; ses yeux qui ne pleuraient jamais, s'humectèrent ; et son visage, pâle et défait, exprima un sentiment de douleur qui, cette fois, était bien véritable. Par un mouvement de brusque sympathie, madame Valtone lui tendit la main : George la prit et pleura.

———

Le départ des deux sœurs fut fixé au jour suivant. Toutes deux devaient aller ensemble jusqu'à Vierzon, où elles avaient une commune amie d'enfance. Là, madame Valtone se séparerait de Marianna et se rendrait la première à Blanfort. Retenue dans sa chambre par de vieilles douleurs, madame Salsedo n'avait pas été instruite de l'arrivée de Noëmi, que, d'ailleurs, elle ne connaissait pas. Mariette, la femme de chambre, était une discrète et dévouée créature, sur le silence de laquelle on pou-

vait compter hardiment. Le voyage de Noëmi à Paris
resterait donc pour M. de Belnave un impénétrable
mystère. Après deux jours passés à Vierzon, Marianna reviendrait à Blanfort, où il serait facile de
motiver son prompt retour. De son côté, George
devait partir pour un long voyage qui l'éloignerait
de la France. C'était une séparation éternelle.

Le jour fatal arriva. Tous trois étaient réunis dans
la chambre de madame de Belnave. Madame Valtone, pâle et silencieuse, se tenait discrètement dans
l'embrasure d'une fenêtre. Au milieu des objets en
désordre, dans cette chambre d'où la vie allait se
retirer, George et Marianna échangeaient leur muet
désespoir. A un signal de Noëmi, tous deux se levèrent : l'heure était venue, l'heure des derniers
adieux ! Ils se jetèrent dans les bras l'un de l'autre.
La porte du salon était ouverte et ils allaient
en franchir le seuil, lorsqu'un violent coup de
sonnette retentit dans l'antichambre : le parquet résonna sous un pas sec et précipité, et
tous trois reculèrent devant l'apparition d'un personnage qu'ils n'attendaient pas. Son visage était
pâle, ses vêtements couverts de poussière. Marianna, en l'apercevant, s'était laissée tomber sur un
siége. Triste sans humeur, sévère sans courroux, il
s'avança lentement vers elle, et demeura quelques
instants à la contempler en silence. Noëmi s'était
approchée de sa sœur, comme pour la protéger.
George se tenait debout et immobile.

## CHAPITRE VIII.

On l'a dit, la manie d'écrire a perdu tous les amants : c'est par là qu'ils périssent tous. De tous les confidents, le papier est le plus dangereux, le plus indiscret, le plus perfide. Les amants le croient leur ami, il n'est jamais que leur délateur. C'est toujours lui qui les dénonce et les livre à leurs ennemis naturels. C'est vainement qu'on le couvre de caresses et de baisers, vainement qu'on l'enveloppe d'ombre et de mystère : il finit toujours par se laisser prendre. Le lendemain du départ de Noëmi, qu'il croyait partie pour Vieilleville, M. de Belnave entra dans la chambre de Marianna, décidé à bouleverser les mille inutilités qui composent la fortune mobilière d'une femme élégante. Bien qu'il pût être doux à notre plume d'assaisonner cette bourgeoise nature d'un sentiment de jalouse curiosité et d'injecter dans ces veines pacifiques quelques gouttes du sang d'Othello, nous sommes obligé de confesser que M. de Belnave n'était pas même un mari jaloux, et qu'il se préparait à ce petit acte d'autorité conjugale dans une pensée assez vulgaire d'ordre et d'économie domestique. Il s'agissait tout bonnement d'une facture acquittée dont on lui réclamait une seconde fois le montant. Après l'avoir inutilement cherchée dans ses cartons, il crut se rappeler qu'il l'avait remise à Marianna — c'était un mémoire de colifichets — et, dans une intention fort honnête, sinon très-poétique, il entreprit d'inventorier le sanctuaire de sa femme.

Véritable sanctuaire, où tout respirait la présence de la divinité absente ! L'ameublement en était d'une gracieuse simplicité. Le lit se cachait avec pudeur sous des flots de blanche mousseline. L'unique fenêtre, encadrée à l'extérieur dans des festons de pampre et de chèvrefeuille, laissait glisser, par les volets entr'ouverts, un demi-jour frais et voluptueux ; à voir le tapis à fond de feuillage et à sems de fleurs qui s'épanouissait sur le parquet, on eût dit les dépouilles des champs, épandues là par quelque brise bienveillante. La tenture de damas gris, à bordure bleue, était relevée jusqu'au plafond par quatre torsades de soie azurée qui l'y rattachaient en forme de tente. Au centre pendait, en manière de cul-de-lampe, un milan, ailes déployées et serrant de son bec une branche de bruyère : double souvenir de ce doux pays de la Creuse. Des rayons mobiles étaient chargés de plantes desséchées, de cristaux et de minéraux rapportés des Pyrénées. Sur une causeuse dormaient pêle-mêle des livres, des cahiers de musique, des palettes de porcelaine ; des album étaient jetés négligemment sur une table de marqueterie, entre des boîtes de laque et de palissandre. La décoration de là cheminée consistait en quelques objets d'art. Le contre-cœur de l'âtre était voilé par un massif de géranium et de camélia : le printemps installé dans le temple de l'hiver. Des rideaux, des meubles, des tentures, s'échappaient je

ne sais quelles émanations plus embaumées, plus
enivrantes que la myrrhe : parfums sans nom,
mystérieuses senteurs que la femme attache aux
lieux qu'elle habite.

Une fois entré dans cet asile, M. de Belnave ou·
blia bientôt le mince intérêt qui l'y avait conduit. Il
ouvrit une boîte de palissandre et souleva machinalement les mouchoirs de linon qu'elle renfermait. Il
s'en exhala une fine odenr de patchouly qui réveilla
en lui de vagues sensations de bonheur et de volupté. En se retournant, il aperçut sur le marbre de
la cheminée une cravache à manche d'or ciselé,
incrusté de turquoises, près d'un gant déchiré et
d'un bouquet d'hépatiques. Un chapeau d'amazone,
oublié sur le tapis, n'avait point été relevé, négli-
gence que répara M. de Belnave en homme rangé
qu'il était. Il y a dans l'aspect d'un chapeau toute la
physionomie de la personne qui le porte habituellement. Le chapeau, c'est l'homme. En relevant celui
de sa femme, M. de Belnave, par une intuition rapide, entrevit, sous la forme du feutre aux bords
légèrement cambrés, des flots de cheveux, ruisse-
lant dans leur liberté autour d'un front de déesse,
des yeux noirs aux chastes flammes, un nez aquilin
et fier, et toute cette noble tête qui semblait attendre un diadème. Il ne put s'empêcher de convenir
que sa femme était fort belle. Il prit le gant qu'elle
avait déposé sur le marbre de la cheminée, le tourna
entre ses doigts, l'examina avec complaisance, et finit
par se dire que sa femme avait une adorable petite
main. Il approcha de ses lèvres le bouquet d'hépa-

tiques, et, sans y songer, il en baisa les pétales flétris. Au risque de friper les livres et de briser les
palettes, il s'étendit dans la causeuse; son regard
s'arrêta sur le lit blanc de Marianna. C'était l'heure
de midi : l'air était tiède, le feuillage immobile, les
oiseaux sans voix ; les fleurs fermaient leurs corolles
brûlantes ; les insectes dormaient sous l'herbe qui
crépitait aux feux du soleil. M. de Belnave se leva
brusquement, fit deux tours de chambre, et revint
s'asseoir. Il avait pris un des album qui couvraient la
table de marqueterie. Il l'ouvrit au hasard, et tomba
sur une vue de la Creuse : c'était le castel de Vieilleville, avec son toit de tuiles moussues, ses tourelles
habillées de lierre, sa terrasse ombragée de vieux
chênes et ses jardins étagés le long de la colline. Au
pied coulait la rivière, écumante d'abord et se brisant contre les pierres de son lit, puis s'endormant
claire et limpide sur un sable fin et doré. La bergeronnette, amie des belles eaux, courait sur les
cailloux de la grève ; les canards montraient à travers les joncs leur plumage lustré ; le moulin faisait
mine de babiller, à demi tapi sous les saules. L'aspect de l'autre rive était plus sauvage : de maigres
génisses pendaient aux flancs de la montagne ; des
rochers arides levaient leurs têtes chauves au-dessus
des vertes fougères ; çà et là de longues tiges de di-
gitale dressaient, à travers les genêts, leurs clochettes de pourpre violacé. Ce petit paysage respirait
toute la mélancolie de l'automne ; les teintes en
étaient tristes : on sentait vaguement que le pinceau
avait dû s'arrêter rêveur sur la pente de ces coteaux ;

l'âme de l'artiste se révélait confusément sous ce ciel gris et nuancé comme l'aile d'une palombe. M. de Belnave demeura longtemps en contemplation devant l'image de ces lieux qu'il connaissait si bien. C'est là qu'il avait vu pour la première fois Marianna, alors qu'elle échappait à peine aux joies de l'enfance ; là qu'il l'avait surprise un jour, baignant ses pieds d'albâtre dans l'onde de la Creuse ; c'est par ce sentier sinueux qu'elle s'était enfuie, gazelle effarouchée, laissant sur le sable de la rive deux pantoufles de velours noir, dans lesquelles auraient dansé les petits pieds de Cendrillon. Son cœur s'émut à ces souvenirs.

Les maris en général aiment leurs femmes comme la santé : c'est par la privation qu'ils arrivent à les apprécier. M. de Belnave s'étonna d'avoir pu se résoudre à se séparer de la sienne. Les mille grâces de Marianna, trop longtemps négligées, lui revinrent en mémoire. Il fit un retour sur le passé, et s'accusa de n'avoir point exploité dignement les trésors que lui avait départis le ciel. Il se rappela avec délices les joies qui avaient présidé aux premiers jours de son mariage, et reconnut avec douleur qu'il n'en avait point entretenu la source. Il se demanda avec inquiétude, peut-être avec remords, si la vie qu'il avait faite à Marianna était bien en rapport avec ses goûts et répondait aux exigences de sa jeunesse ; si son affection pour elle n'avait pas été souvent bien aride et bien indigente ; s'il n'avait pas imprudemment sacrifié les soins de son amour aux préoccupations de sa fortune. Il se souvint des tristesses de Marianna, et crut en pénétrer les motifs. Il revint sur cette soirée où il l'avait trouvée, dans cette même chambre, arrosant son lit de ses pleurs, dont il entrevoyait la cause avec effroi. Il se sentit coupable, et regretta tant de jours perdus pour le vrai bonheur. Puis il se dit qu'il était temps encore, et il promit à l'avenir la réparation du passé. Il prit avec lui-même l'engagement solennel de vaincre par de constants efforts ce que son organisation avait de trop grave et de trop rigide, d'obliger son affection à s'épancher en eaux moins tièdes et plus abondantes. Puis il chercha des distractions à l'ennui de sa femme ; il résolut de varier l'uniformité de son existence, de l'arracher à la solitude où se consumaient ses belles années. Pour la première fois peut-être, son esprit, s'épanouissant en poétiques rêveries, s'aventura, sur les ailes de l'imagination, à la poursuite des chimères.

Des heures avaient passé, et il était encore à la même place, la tête renversée sur l'appui de la causeuse, la jambe droite se balançant sur la gauche, l'album sur le genou, une main sur l'album, la pensée abîmée dans une méditation voluptueuse. Comme le mouvement qu'il avait imprimé à sa jambe droite suivait le cours de ses idées, parfois doux et nonchalant, parfois aussi vif et rapide, il arriva que l'album, glissant peu à peu sous les doigts qui le retenaient à peine, finit par tomber sur le tapis. Plusieurs papiers s'en détachèrent, et le vent qui glissait entre les volets les dispersa dans la chambre avec un bruit de feuilles sèches.

Ce bruit tira M. de Belnave de sa rêverie. Il se leva ; et, voyant les feuillets épars qui voltigeaient autour de lui, il se baissa pour les recueillir. Il les releva lentement, un à un, avec la nonchalance de l'écolier qui taille sa plume avant de se mettre à l'œuvre. C'étaient pour la plupart des croquis, des lavis, des pastels, souvenirs peints ou crayonnés au vol, impressions fugitives, fixées sur le vélin, en traversant les vallées du Bigorre. Secrètement flatté du talent de sa femme, M. de Belnave examinait tout avec un intérêt d'enfant. Parmi les nombreux chiffons qui glissaient sous ses yeux, l'esquisse d'un portrait négligemment jetée sur un coin de carton satiné fixa tout à coup son attention, et fit passer un frisson douloureux dans son âme, avant même que sa pensée eût mis un nom sur ce visage. C'était un portrait d'homme, au front large, au regard fier, aux lèvres minces, appuyé, dans une attitude pensive, sur une main fine et délicate. Après quelques instants d'une hésitation inquiète, M. de Belnave reconnut George Bussy. Un nuage voila son front et ses sourcils se contractèrent. Pourquoi ? Lui-même n'aurait su le dire. La défiance et la jalousie n'avaient jamais atteint ce noble cœur, et il souffrit, non-seulement sans chercher à se rendre compte de son mal, mais peut-être même sans en avoir conscience. Après l'avoir contemplé quelques instants avec une indicible expression de malaise, il déposa le coin de Bristol dans l'album, et acheva de réunir ce qui restait encore de papiers dispersés. Dans le nombre, se trouvaient plusieurs lettres qu'il

rendit discrètement à leur asile. Il n'ignorait pas que
Marianna entretînt une correspondance assez active,
et n'avait jamais songé à la contrarier dans ses habitudes épistolaires, non plus qu'à les soumettre à
la moindre inquisition. Une dernière lettre gisait
sur le tapis; et le bras de M. de Belnave s'allongeait
pour la saisir, quand l'haleine du vent, glissant entre les feuillets, les entr'ouvrit perfidement et les
poussa, avec un frôlement sec, loin de la main qui
s'en approchait. Sans chercher à le voir, M. de Belnave en entrevit le caractère : il crut le reconnaître,
et, par un mouvement irréfléchi, il poursuivit de son
regard les lignes que semblait lutiner le souffle mutin de la brise. Ses yeux ne l'avaient point abusé,
c'était bien l'écriture de Bussy. Il pâlit et son cœur
se serra. Pourquoi ? Le savait-il lui-même ? Plus
d'une fois Bussy avait écrit ostensiblement à Marianna : pourquoi donc M. de Belnave se sentait-il
troublé devant cette lettre que sa femme lui avait
peut-être donnée à lire ? Il la prit et la froissa machinalement entre ses doigts. Il entendait battre son
cœur et son sang lui marteler les tempes. Pourquoi ?
Pourquoi, aux approches de l'orage, les plantes se
crispent-elles ? Pourquoi les fleurs s'affaissent-elles
sur leurs tiges endolories ? Par pudeur, par délicatesse, peut-être aussi par ce sentiment de crainte et
de lâcheté qui nous pousse presque toujours à éluder notre destinée, il reploya lentement la lettre de
George, et il ne restait plus entre lui et le bonheur
que l'épaisseur d'un feuillet à fermer, lorsque soudain un mot, un seul mot, se détachant du papier

en caractères de flamme, lui sauta au visage, et
pénétra, comme un trait de feu, dans son sein. Une
sueur glacée coula sur ses membres. Il ouvrit la
lettre fatale : il la lut avec calme, et, l'ayant achevée, un instant il se tint immobile, puis il tomba
sans vie sur le parquet.

Par quel étrange oubli, par quelle funeste négli-
gence cette lettre avait-elle séjourné entre les feuillets d'un album que ne protégeait aucun mystère, à
la portée de toutes les indiscrétions, à la merci de
toutes les curiosités ? Imprudences de l'amour, qui
n'a point aimé ne saurait vous comprendre ! Au
reste, tout en ne laissant point de doutes sur les relations de George avec Marianna, cette lettre n'en
autorisait aucun sur la pureté de madame de Belnave. C'était une de ces épîtres, moins passionnées
que spirituelles, qui, introduites comme récitatifs
dans les correspondances amoureuses, rompent
parfois avec bonheur la monotonie du chant. George
y revenait avec complaisance sur l'histoire de leur
liaison, cette éternelle histoire dont les premières
pages sont toujours pleines d'harmonie et de fraîcheur, qui commence comme une églogue, la tête
couronnée de fleurs, pour finir en sombre élégie,
les cheveux épars, les yeux trempés de larmes. En
descendant le cours de ses souvenirs, il arrivait
bientôt de Bagnères à Blanfort, et là, avec un rare
désintéressement, il rappelait, d'une façon plaisante,
le singulier rôle qu'il avait joué, sous les auspices
de Noëmi et de ses hôtes. Après s'être raillé lui-
même, non sans quelque grâce, il s'attaquait avec

les mêmes armes à ces hôtes de terrible mémoire
et leur rendait en larges estafilades les légères
blessures qu'il s'était faites de sa propre main : tactique assez habile, qui consiste à s'égratigner le visage pour avoir ensuite le droit d'écorcher tout vif
son voisin. Par un sentiment de convenances qu'il
est bien aisé de comprendre, les coups ne portaient
point sur M. de Belnave, à peine sur Noëmi, et si
légers alors, qu'elle aurait pu les parer avec la nacre
de son éventail. C'était sur le digne M. Valtone
qu'ils tombaient, pressés et rapides comme en été la
grêle sur nos toits ; c'était lui qui payait pour tous :
railleries innocentes d'ailleurs, et qui, en toute autre
circonstance, auraient fait sourire M. de Belnave
et M. Valtone lui-même. Cette petite guerre terminée, suivaient de chaleureuses protestations de dévouement, de tendres regrets, des aspirations voilées
vers un bonheur qui n'osait se nommer ; enfin tout
un abrégé du vocabulaire de la passion, lorsqu'elle
n'a point encore atteint au but suprême de tous les
amours.

Telle était à peu près la substance de cette lettre ;
mais qu'importait à M. de Belnave ? Il n'avait vu, il
n'avait compris qu'une chose. Ce n'étaient pas les
fibres de l'orgueil et de la vanité qui souffraient en lui,
ni les voix du préjugé qui criaient, ni l'égoïsme des
sens qui se révoltait. Non ; ce qui souffrait en lui, ce
qui pleurait et saignait, c'était l'amour : car il aimait,
le malheureux ! Il aimait d'une affection profonde ; il
aimait de cet amour qui pénètre l'existence en tous
sens, en inonde tous les replis, en baigne tous les

ressorts, pense, agit, marche avec elle, et finit par ne plus avoir de révélations distinctes de la vie elle-même, parce qu'il est la vie tout entière. Amour silencieux, invisible ! Qu'un choc imprévu l'éveille et le dégage, pareil au fluide qui réchauffe le monde, il jaillit en flamme soudaine et dévore le sein où il dormait caché. Et, ce qui se plaignait surtout dans cette immense douleur, c'était la confiance trahie, cette aveugle confiance dont se raille le monde, mais qui est de noble origine. Il avait entouré Marianna d'un culte si pieux et si crédule ! Il l'avait placée si haut dans son estime et dans son orgueil ! Il l'avait toujours enveloppée d'une pensée si pure et si sereine ! Il aimait, il croyait : l'amour et la foi habitaient sous cette froide écorce, semblables au flot mystérieux qui coule sans bruit et sans nom sous la mousse. Il croyait, il aimait ! Et rien ne l'avait préparé au coup fatal ! Avant de s'éteindre, l'étoile n'avait point pâli ! Avant de s'abîmer, le dieu n'avait point chancelé ! C'était dans le vif de sa foi et de sa tendresse que le double tranchant venait de s'enfoncer ! Ah ! pleure, infortuné, car ta blessure est mortelle. Pleure ; car, après avoir élevé dans notre âme un autel à quelque image révérée, après avoir concentré sur elle toutes nos facultés, si tout à coup, illuminés par une sinistre clarté, nous reconnaissons, hélas ! que nous avons sacrifié aux faux dieux, ah ! tout nous manque alors, et la terre et le ciel : l'idole, en tombant si brusquement et de si haut, écrase le croyant dans sa chute.

Le soleil s'était caché derrière les coteaux, la nuit

avait envahi la vallée. M. de Belnave était encore
dans la même attitude, terrassé, immobile, écoutant
d'un air distrait les bruits confus du soir, et comme
absorbé dans la contemplation des étoiles qui poin-
taient au ciel — quand soudain il se leva d'un bond.
Un rayon d'espoir venait de traverser sa douleur ;
une voile avait blanchi à l'horizon. Tout n'était pas
perdu peut-être ; peut-être était-il temps encore de
reconquérir le bonheur. Il se précipita sur la porte,
il l'ouvrit, et d'une voix tonnante : — Des chevaux !
des chevaux ! cria-t-il.

Comme il s'élançait de la chambre de Marianna,
il se trouva face à face avec M. Valtone, et s'arrêta
brusquement devant lui. Ses traits étaient livides,
ses yeux hagards, tout son corps agité par un mouvement fébrile.

— Qu'est-ce donc ? demanda M. Valtone, qui, à
la lueur des flambeaux, l'examinait avec inquiétude.

— Une lettre qui m'oblige à partir, et je pars,
répondit d'une voix altérée M. de Belnave, en voulant s'échapper.

M. Valtone le retint. — Une lettre à cette heure !
Ami, tu me trompes. Qu'as-tu ? dit-il en lui prenant la main.

M. de Belnave hésita. Après avoir essayé de nouveau, mais en vain, d'échapper à M. Valtone, il finit
par s'abandonner aux bras qui l'attiraient, et toute
son âme éclatant dans un cri de désespoir : — Mon
frère, s'écria-t-il, je suis bien malheureux !

M. Valtone le pressa silencieusement sur sa poitrine. Il savait tout, il avait tout compris. Il s'abstint

de vaines paroles, et s'occupa sur-le-champ des préparatifs du voyage. Au bout d'une heure, les chevaux étaient à la chaise, le postillon en selle; et M. de Belnave, avant de donner le signal du départ, n'attendait plus que M. Valtone, qu'il cherchait du regard, pour lui dire le dernier adieu, lorsque celui-ci parut, enveloppé de son manteau, et s'avançant d'un pas rapide. Il s'approcha de la voiture, en ouvrit gravement le coffre, y déposa discrètement une boîte de pistolets et deux lames de fine trempe : puis, s'élançant dans la chaise, il ferma la portière, et, sans laisser à l'étonnement de son ami le temps de s'exprimer :

— Route de Paris ! cria-t-il.

## CHAPITRE IX.

Debout devant Marianna, M. de Belnave la contemplait en silence, triste et grave, mais sans colère.

— Est-ce à vous, demanda-t-il enfin d'une voix lente, est-ce bien à vous que fut adressée cette lettre ?

Marianna ne répondit pas.

M. de Belnave fit deux pas vers Bussy, et lui montrant la lettre fatale : — Monsieur, lui dit-il, est-ce vous qui l'avez écrite ?

— C'est moi, répliqua George avec fermeté. Ma

vie vous appartient : en tout lieu, à toute heure.
je la tiens désormais à votre disposition.

— Vous êtes libre de vous retirer, répondit froidement M. de Belnave.

George fit une légère inclination de tête et sortit.

M. de Belnave s'était assis près de sa femme.
Il lui prit une main, et d'un ton de douloureux reproche : — Marianna, dit-il, vous m'avez trompé.

— Il est donc vrai, poursuivit-il tristement, vous
m'avez trompé ! J'avais mis en vous tant d'aveugle
confiance, qu'en cet instant même, si vous protes-
tiez de votre innocence, je douterais de mon malheur. J'avais pour vous tant de vénération, vous
étiez si bien le Dieu visible de ma destinée, qu'à
cette heure encore il m'est moins facile de croire
en moi qu'en vous-même ; m'interrogeant avec
anxiété, je me demande si, par quelque faute que
j'ignore, je n'ai pas mérité de voir votre amour se
retirer de moi et chercher une autre tendresse.
Dites : sans le vouloir, me serais-je montré l'ennemi
de votre bonheur ? Parlez : à mon insu, aurais-je été
pour vous un maître jaloux et sévère ? J'ai peut-être
opprimé votre jeunesse ; peut-être ai-je été dur,
égoïste et méchant ? Je ne sais ; mais accusez-moi,
car je voudrais me trouver coupable, afin de pouvoir
vous absoudre ; je ne sais, mais il faut bien que je
sois coupable en effet, puisque, hélas ! vous m'avez
trompé.

Marianna avait compté sur de violentes récriminations ; son orgueil s'était roidi d'avance pour résister à la tempête. Elle n'eût point fléchi sous le

courroux du maître : elle se trouva sans force devant la douleur de l'époux. C'était de ces âmes à la fois superbes et tendres qu'aucune rigueur ne saurait dompter, mais qu'amollit aisément une larme : de cire pour fondre et d'acier pour ployer.

— Tuez-moi, monsieur, tuez-moi ! s'écria-t-elle en se frappant la poitrine.

— Et je vous aimais bien, pourtant ! continua M. de Belnave. Il me semble que je vous aimais bien ! Orgueil de ma vie, joie de ma maison, votre présence égayait mes ennuis; votre sourire me délassait de mes travaux. Le jour qui vous vit entrer sous mon toit restait un jour béni entre tous. Épouse de mon cœur, vous m'étiez aussi une fille chérie, une sœur adorée. Tout me plaisait en vous; je subissais en toutes choses l'influence de votre grâce; je me disais que c'était entre nous une affection sérieuse et profonde, et que nous vivrions ainsi, et que nous vieillirions de la sorte : vous, le charme de mes jours; moi, l'appui de votre faiblesse. A vous aussi, Marianna, ne semble-t-il pas que je vous aimais bien ? Apprenez-moi donc comment j'ai mérité le coup dont je saigne à cette heure; car il faut que je sois coupable, puisque enfin vous m'avez trompé.

Aux pieds de M. de Belnave, la tête cachée entre ses genoux, Marianna versait d'abondantes larmes.

— Tuez-moi ! tuez-moi ! répétait-elle d'une voix déchirante; tuez-moi avant que je meure de honte à vos pieds !

M. de Belnave la regardait en silence, et n'osait plus interroger tant de remords et de désespoir.

— Marianna! dit-il enfin après une longue hésitation — et les tortures de son cœur se peignirent
sur son visage — Marianna, tout est-il fini entre
nous? tout est-il perdu sans retour? Si nous nous
sommes fait du mal l'un à l'autre, ce mal est-il irréparable? ne reste-t-il plus de place au pardon?

L'infortunée ne répondait que par des sanglots.
Inspirée de Dieu, madame Valtone se leva :

— O mon frère! ô ma sœur! dit-elle en les enla-
çant de ses bras, en les réunissant tous deux dans
une même étreinte; non, tout n'est pas perdu, tout
peut se réparer. Vois, ma sœur, vois comme il t'aimait! Vois que de biens tu as méconnus! Ces biens,
dont tu n'as pas su jouir, l'avenir te les réserve encore: n'est-il pas vrai, mon frère? Car, voyez : nous
partions, nous retournions à vous ; déjà nous étions
plus loin de nos erreurs que nous ne l'avions jamais
été de nos devoirs. Nous partions pour aller retrouver près de vous l'estime de nous-mêmes et la sérénité de notre âme. Nous renoncions pour jamais à
nos égarements : quand vous avez paru, c'était entre
eux et nous une rupture éternelle. Nous vous rapportions un cœur épuré par le sacrifice ; nous vous
revenions éprouvées et meilleures. Non, tout n'est
pas perdu : notre repentir a dépassé nos fautes ; nos
remords vous ont assez vengé, et vous pouvez pardonner, mon frère.

En parlant ainsi, elle s'était agenouillée près de
sa sœur, et, lui passant son bras autour du col, elle
semblait s'offrir avec elle au pardon. M. de Belnave
pressa de ses mains ces deux têtes charmantes;

un pâle rayon de joie éclaira son triste visage.

— Nous sommes à vos genoux, poursuivit Noëmi, mais dignes encore de reposer sur votre cœur. Ah! si vous saviez par combien de larmes nous avons racheté nos erreurs, vous penseriez vous-même que nos yeux ont assez pleuré. Si vous pouviez savoir que de regrets mêlés d'amour nous vous rapportions à Blanfort, vous-même jugeriez avec quelque indulgence un entraînement passager qui n'a détourné notre tendresse de la vôtre que pour l'y rattacher bientôt par un nœud plus étroit et plus sûr. Maintenant, nous sommes bien à vous, oh! bien à vous, ami! L'orage nous a faites amantes du repos. Averties assez tôt pour pouvoir rentrer au port, nous y rentrons, à jamais guéries des folles ambitions et des folles chimères, ramenées à vous par l'impulsion de notre cœur, plus encore que par le cri de notre conscience; car, vous le savez bien, c'est vous que nous aimons, c'est vous que nous voulons toujours aimer.

M. de Belnave serra silencieusement les doigts de Noëmi, et posant une main sur les cheveux de Marianna:

— Et vous, demanda-t-il, et vous, ne direz-vous rien qui me rassure, rien qui puisse apporter quelque soulagement à cette âme que vous avez si profondément blessée?

— Ah! s'écria-t-elle avec désespoir, je suis une malheureuse, indigne de votre pitié. Que voulez-vous que je vous dise?

— Marianna, reprit-il, mes bras peuvent s'ouvrir encore avec joie pour vous recevoir. Dites, ah! dites-moi que le sentiment de vos devoirs n'était pas le seul qui vous ramenât à Blanfort, dites que toute tendresse pour moi n'est pas éteinte en vous et que vous reveniez moins vers un maître redouté que vers l'ami de votre cœur. Dites, Marianna ; et quand j'aurai pardonné, ce sera votre tour peut-être.

— Jamais, monsieur, jamais ! s'écria-t-elle ; il n'est pas un jour de notre union qui ne crie contre moi, pas un seul qui se lève pour vous accuser et pour m'absoudre.

— La souffrance est féconde en enseignements, poursuivit M. de Belnave ; on apprend vite et beaucoup à l'école de la douleur. Vous m'avez fait bien du mal, mais j'étais coupable avant vous. Oui, Marianna, oui, coupable en effet ; et ma place serait à vos pieds, si vous ne vous étiez si cruellement vengée vous-même. J'ai négligé à mon insu le soin de votre bonheur. Mon amour a été sans charmes ; je vous ai fait une vie sans plaisirs. Hélas ! je vous croyais heureuse. Vous souffriez et je ne voyais rien. Je vous aimais tant, que je ne songeais pas à vous exprimer mon amour : j'étais si sûr du vôtre que je ne pensais pas avoir besoin d'aucun effort pour l'entretenir et le conserver. Insensé que j'étais ! Vous avez bien souffert, n'est-ce pas, pauvre enfant ? Vous avez compté bien des heures de tristesse et d'ennui ? Vous nous avez caché bien des larmes ?

— Oui, murmura-t-elle d'une voix étouffée, oui, monsieur, bien des larmes ! Insensée que j'étais moi-même, car enfin j'étais bien heureuse.

— Heureuse, non ! Il est des malheurs qui, pareils

à la foudre, nous frappent et en même temps nous éclairent. Heureuse ! Je sais bien à cette heure que vous ne l'étiez pas. J'ai fait sur le passé un retour impitoyable ; j'ai médité sérieusement sur notre position ; je l'ai envisagée sous toutes ses faces, dans le présent et dans l'avenir. Ne nous le dissimulons pas, cette position est affreuse. Nos blessures ne se fermeront pas en un jour : le pardon est aisé, l'oubli est moins facile. Mais ne pleurez pas ainsi : trop de désespoir vous calomnierait, et d'ailleurs, le remords, l'attendrissement et les larmes ne nous seront d'aucun secours dans l'œuvre que je suis venu vous proposer. Cette œuvre sera rude : vous sentez-vous le courage de l'entreprendre et de l'accomplir ?

— Je ne reculerai devant aucune expiation, répondit humblement Marianna qui, pour la première fois peut-être, se sentait dominée par la parole de son mari.

Au reste, M. de Belnave était beau en parlant de la sorte ; il eût été difficile de n'être point frappé de la noble tristesse de son maintien et de la dignité de son langage. Sa voix était lente et grave, et sur ses traits resplendissait je ne sais quel caractère de grandeur, auréole que la douleur fait rayonner au front de ses élus. Il n'est point rare de rencontrer de pareilles natures, qui, assez vulgaires dans le commerce habituel de la vie, se transforment par la souffrance, et déploient dans les crises imprévues des qualités qu'on était loin de leur supposer et dont elles n'avaient peut-être pas conscience elles-mêmes.

12

— Je vous l'ai dit, continua M. de Belnave, ce sera une rude tâche. C'est une vie nouvelle à édifier sur les ruines d'un passé douloureux. C'est un nouvel essai de bonheur à tenter avec l'expérience d'un premier bonheur évanoui. Longtemps la foi trahie se plaindra dans mon cœur : des années s'écouleront peut-être avant que la paix soit rentrée dans votre âme. Nous aurons bien des jours mêlés de doute et de contrainte. Nous aurons à souffrir, vous dans votre orgueil, moi dans ma confiance. J'aurai beau pardonner, vous douterez souvent de la sincérité de mon pardon ; vous aurez beau revenir à m'aimer, souvent je douterai du retour de votre tendresse. Vous vous effrayerez de mes souvenirs ; je m'alarmerai des vôtres. Encore une fois, vous sentez-vous le courage de subir ces dures épreuves pour tendre avec moi, d'un commun effort, vers le but de notre destinée ?

— Je suis prête à tout, répondit Marianna ; j'irai où vous voudrez me conduire.

— Nous irons ensemble et nous aidant l'un l'autre, répondit M. de Belnave.

— Et vous arriverez au bonheur, ajouta Noëmi ; et ce bonheur vous sera d'autant plus cher que vous l'aurez acheté par plus d'efforts et de sacrifices. Ah ! croyez-moi, la destinée vous garde encore de beaux jours. Mon frère, Marianna, ayez foi dans l'avenir, nous serons heureux encore ! Éprouvée par la douleur, votre union aura quelque chose de plus saint et de plus auguste. Votre tâche est pénible, sans doute ; mais en prévoir les difficultés et ne point reculer devant elles, c'est déjà l'avoir accomplie. Vous l'accomplirez, c'est mon cœur qui me le dit. Quelque dures que soient les épreuves qui vous sont réservées, vous en triompherez, ayez bonne espérance. Vous arriverez à la confiance et à la joie, par l'échange de vos découragements, de vos doutes et de vos tristesses. Vous, mon frère, vous porterez le fardeau de Marianna; toi, ma sœur, celui de ton époux. Et moi, je serai près de vous pour vous encourager, au besoin pour vous soutenir.

— C'est ainsi que j'entends mes devoirs, dit M. de Belnave; vous, Marianna, comprenez-vous ainsi les vôtres ?

— Je comprends vos devoirs comme des dévouements sublimes, les miens comme de trop justes expiations : j'accepte les uns et les autres, répondit-elle avec dignité.

— Relevez-vous donc, dit M. de Belnave en lui tendant la main ; tant qu'une autre image que la mienne pourra se placer entre vous et moi, je n'oserai pas vous appeler sur mon cœur.

— Monsieur, dit Marianna sans se relever et en baissant la tête, il ne m'appartient pas de vous imposer des conditions; oserai-je cependant implorer de vous une dernière grâce, sans laquelle toutes les autres ne seraient rien?

— Je vous écoute, répondit-il; j'ai tant de foi en votre honneur, que je ne sais rien, même à cette heure, que je puisse vous refuser.

Elle rougit, hésita longtemps; puis, faisant un pénible effort sur elle-même :

—Monsieur, promettez-moi, dit-elle, de ne jamais vous rencontrer avec le complice de mon égarement. Promettez-moi, comme je vous le promets, de ne jamais le chercher. S'il vous tuait, je me tuerais ; si vous le tuïez, je ne vous verrais de ma vie.

La figure de M. de Belnave s'assombrit et il demeura silencieux.

—Vous n'avez pas à vous venger, mon frère, dit Noëmi d'une voix timide et suppliante.

—Je vous le promets, dit-il enfin, je vous le jure. Et maintenant relevez-vous, car dès à présent notre tâche commence et votre place n'est plus à mes genoux.

Il lui tendit de nouveau la main. Elle la prit, la baisa. Comme elle restait dans la même attitude, M. de Belnave la souleva ; et, sans le vouloir, en se relevant, Marianna se trouva dans ses bras ; s'en arrachant aussitôt avec honte, elle y poussa doucement Noëmi.

Ainsi se passa cette scène : grave, sérieuse, sans vaines récriminations, sans attendrissement puéril. Madame Valtone couvrit Marianna du voile de son innocence. Elle étouffa le cri d'une conscience noble, mais imprudente ; elle prévint les aveux de sa sœur ; elle trompa M. de Belnave pour les sauver tous deux. Marianna fut touchée sans doute de la conduite de son mari, et son orgueil dut s'humilier devant une vertu si grande. Sans doute, en voyant quelle âme elle avait outragée, elle comprit l'énormité de ses fautes ; en cédant à la voix de son époux, elle obéit au mouvement de son propre cœur. Mais, sans doute aussi, ce cœur superbe aurait rejeté avec indignation le mensonge de Noëmi, et, renonçant à tout espoir de pardon, se serait accusé impitoyablement lui-même, s'il n'eût tremblé pour la vie de M. de Belnave, et pour une autre vie non moins chère.

M. Valtone, qui, par discrétion, s'était abstenu de paraître à la première entrevue, arriva quelques heures après. Durant la route, les deux amis s'étaient tout confié l'un à l'autre. M. Valtone avait pris connaissance de la lettre de George Bussy ; M. de Belnave, en arrivant à Paris, savait que Noëmi l'y avait devancé. Tous deux étaient venus avec des idées de vengeance : seulement M. de Belnave avait considéré la vengeance comme un espoir éloigné, comme le dernier parti qu'il lui resterait à prendre, dans le cas où tout serait perdu pour lui ; M. Valtone, au contraire, l'avait envisagée comme le but direct, comme la conséquence obligée de ce voyage, et, à vrai dire, il n'avait suivi M. de Belnave que pour l'assister dans la rencontre qu'il regardait comme inévitable. Il serait difficile de peindre l'étourdissement de l'honnête M. Valtone, lorsqu'il apprit que toute cette affaire était terminée à l'amiable, et qu'on retournerait, sans coup férir, à Blanfort. Il crut d'abord que M. de Belnave voulait détourner les soupçons de Noëmi et de Marianna, il le prit à part et l'entraîna dans l'embrasure d'une fenêtre.

—Tu as raison, lui dit-il, de parler ainsi devant ces femmes ; mais le temps presse, il faut agir. Je vais de ce pas chez notre homme, pour m'entendre avec lui sur l'heure et le lieu du combat. Tu as le choix des armes ; tu te battras à l'épée et tu le tueras ; sinon, je m'en charge, et de toute manière tu seras vengé.

— Merci, mon bon Valtone, merci ; répliqua M. de Belnave en lui serrant la main. Je te l'ai dit, nous partons demain, je ne me battrai pas. Viens, ajouta-t-il en le ramenant vers Noëmi, je te raconterai cela plus tard.

M. Valtone pensa que M. de Belnave était fou, car il le savait brave. Sa figure s'allongea singulièrement, et sans doute il n'eût pas épargné ses réflexions à son ami, si Noëmi ne lui eût pris le bras, en le priant de l'accompagner à son hôtel. Les deux ménages se séparèrent, après être convenus de se réunir le lendemain, à l'heure du départ.

La journée était belle. M. Valtone connaissait Paris. Les deux époux revinrent à pied par le boulevard. Ils marchèrent d'abord silencieux. Noëmi était souffrante : tant d'émotions l'avaient épuisée. M. Valtone allait d'un pas boudeur, et de temps en temps son humeur se manifestait par une espèce de grognement sourd, accompagné d'un geste énergique. Il avait l'air d'un ours mécontent.

— Qu'as-tu donc ? lui demanda enfin Noëmi.

— Ce que j'ai ? répondit-il brusquement ; j'ai qu'il se passe ici d'étranges choses.

— Voyons, que se passe-t-il ? demanda-t-elle d'un air résolu.

— Rien de ce qui devrait se passer, répliqua M. Valtone ; les femmes perdent la tête et les hommes le cœur. Mort de ma vie ! quand je pense que ce blanc-bec de Bussy n'a plus qu'à nous mettre en voiture et à se frotter les mains, j'enrage et je rougis pour de Belnave et pour moi-même.

— Nous y voilà ! s'écria Noëmi, tu trouves qu'il n'y a pas assez de mal comme cela. Pour compléter ta joie, il faudrait que M. de Belnave affichât sa femme et que la mort d'un homme s'ensuivît. Marianna déshonorée, M. Bussy tué d'un coup d'épée, ou notre frère frappé d'une balle, tu daignerais être satisfait, rien ne manquerait à ton bonheur. Mort de ma vie ! quand j'entends un homme de sens comme M. Valtone raisonner et parler de la sorte, j'enrage et je rougis pour lui et pour moi-même.

— Ma chère amie, il faut bien te mettre dans l'esprit que les femmes n'entendent rien à ces sortes d'affaires. En raison de votre pusillanimité naturelle, vous avez sur les exigences de l'honneur des idées excessivement étroites.

— Dans tout ce qui regarde l'honneur et la délicatesse, répondit Noëmi, nous sommes meilleurs juges que vous. Moi qui te parle, j'aimerais mieux te voir tué sous mes yeux, que d'entendre dire que tu as commis une lâcheté. Pour ce qui est de notre pusillanimité naturelle, il faut bien te mettre dans l'esprit, mon cher ami, que nous avons plus de courage dans le petit doigt qu'aucun de vous dans sa rapière.

— Non, non, mille fois non ! Les femmes sont des femmes et les hommes des hommes, que diable !

Je souffre autant que toi de la position dans laquelle
nos amis se trouvent engagés. Qu'y faire? il faut
subir ce qu'on ne saurait empêcher. Je souhaiterais
que Marianna n'eût point agi comme une folle; mais,
ventrebleu! je ne voudrais pas que de Belnave se
conduisît comme un enfant. Si j'étais à sa place.....

— Tu ferais de belles choses !

— Je me souviens qu'au régiment...

— Je te conseille de t'en souvenir! tu dois avoir
de jolies prouesses à raconter.

— Tu ne sais pas, Noëmi, ce que c'est que le
régiment.

— Ni ne veux le savoir.

— Tu as tort, Noëmi, très-grand tort. C'est là
qu'on se forme l'esprit et le cœur, là qu'on apprend
à se conduire, là qu'on se fait sur le point d'honneur des idées larges et sévères. Il fallait voir de
mon temps comme on tirait l'épée pour peu de
chose ! C'était admirable.

— C'était horrible, s'écria Noëmi ; veux-tu bien
ne pas parler ainsi !

— C'était beau ! Il ne manque à de Belnave que
quelques mois de garnison. Que ne se bat-il pour sa
femme ? Je me souviens d'avoir, à Nantes, embro-
ché un lieutenant de dragons, pour une maîtresse
qui n'en valait certes pas la peine.

— N'as-tu pas honte de rappeler de semblables
exploits ? Mon ami, n'est-ce donc rien que d'avoir à
se reprocher la mort d'un homme ! Sais-tu si tu n'as
pas tranché du même coup plus d'une existence ? si
tu n'as pas plongé dans un éternel désespoir quelque

mère qui n'avait qu'un fils ? Sais-tu si chaque jour,
à toute heure, il ne s'élève pas, de quelque âme na-
vrée, une voix pour t'accuser et te maudire? Je
veux croire que tu t'es calomnié en croyant te vanter;
car, autrement, il me semblerait toujours sentir
quelque chose de froid entre ton cœur et le mien.

— Allons, allons ! dit M. Valtone qu'avaient un
peu calmé ces paroles sévères, il ne faut pas ainsi
prendre au sérieux des histoires pour rire. Et puis,
au bout du compte, chacun entend l'honneur à sa
façon. Seulement, je me permets de dire qu'à la
place de Belnave...

— Je me permets de te dire, moi, qu'à la place de
M. de Belnave tu n'aurais fait que des sottises. J'a-
joute que mon beau-frère s'est conduit en galant
homme, en homme d'esprit et de cœur, et qu'il aurait forcé mon estime aujourd'hui s'il ne l'eût pas
depuis longtemps acquise.

— Décidément, voilà qui est bien ; le tout est de
s'entendre. Qu'il plaise au premier freluquet venu
de boire notre vin, de s'asseoir à notre table, de
ronfler sous notre toit, et, pour prix de l'hospitalité
reçue, de prendre notre femme, nous sommes trop
heureux. Ne te semble-t-il pas que de Belnave aurait
dû demander pardon à M. Bussy, pour être venu si
brusquement l'interrompre dans son bonheur ? En
vérité, notre beau-frère s'est conduit avec la dernière inconvenance.

— Pauvres maris, dit Noëmi, que vous méritez
bien tout ce qui vous arrive ! Votre rôle serait si beau,
si vous vouliez une fois le comprendre. Tiens, Va!

tone, je vais te poser un raisonnement bien simple. Comment s'y est pris M. Bussy pour se faire aimer de Marianna ? Par quels maléfices est-il parvenu à surprendre son cœur ? Il s'est contenté de se montrer plus tendre, plus passionné et plus aimable que M. de Belnave. C'est ainsi que s'y prennent tous les amants. Eh bien, vous, messieurs nos maris, pourquoi ne disputeriez-vous pas vos femmes avec les mêmes artifices ? Pourquoi n'emploieriez-vous pas, pour les conserver, les ruses qu'on met en jeu pour vous les ravir ? Vous vous emportez au premier soupçon ; quand vous devriez redoubler de soins et de tendresse, vous devenez plus insupportables que jamais. Il semble que vous ayez, en vous mariant, renoncé à plaire et à charmer. Qu'arrive-t-il ? L'amant profite de vos maladresses ; et vous, pour les couronner, vous sautez sur votre grand sabre, et vous voilà partis pour vous venger ! Eh ! vengez-vous, mais laissez votre sabre dormir dans le fourreau. Le cœur d'une femme se conquiert par d'autres armes, et vous n'entendez rien à l'amour.

Tout en causant de la sorte, les deux époux arrivèrent à l'hôtel de la rue Jean-Jacques Rousseau. Noëmi n'en pouvait plus : cette longue course au soleil du printemps avait achevé d'épuiser ce qui restait en elle de force et d'énergie. Elle se jeta sur un lit et ne tarda pas à s'endormir. Elle dormit d'abord d'un sommeil agité et intermittent ; son pouls était vif et rapide, sa respiration brûlante. M. Valtone demeura près d'elle. Au bout de quelques heures, le sommeil était plus calme ; les symptômes de fièvre

avaient disparu, et Noëmi reposait paisiblement.
M. Valtone n'était pas homme à rester les bras croisés dans une chambre, à regarder dormir sa femme.
Une fois rassuré, il ouvrit doucement la porte, la
referma sans bruit ; et, après avoir recommandé
qu'on respectât le repos de madame Valtone, il mit
ses mains dans ses poches et se prit à marcher au
hasard.

Il marchait à grands pas, sans direction et sans
but. Il n'avait pas osé exprimer toute sa pensée devant Noëmi ; dès qu'il fut seul, il lâcha les rênes à son
mécontentement. Il allait par les rues, grognant, ges-
ticulant et s'ouvrant, comme un boulet de canon, un
passage à travers la foule. Il arriva qu'au lieu de s'apai-
ser, son humeur s'exalta. Plus vous remuez le vase,
plus la lie monte à la surface. Au bout d'une heure,
M. Valtone se trouvait dans un état véritablement maladif. Toutes ses notions sur l'honneur étaient bou-
leversées. L'impunité de Bussy l'indignait, la longanimité de M. de Belnave le révoltait. Il avait ressenti
vivement l'injure faite à son ami ; il souffrait dans
son orgueil, il était humilié dans son amitié. Et
puis, dans les sentiments qui l'agitaient, il y avait
quelque chose de personnel. Il ne pouvait se dissimuler qu'il avait été, lui aussi, le jouet de George
Bussy, et il eût donné tout au monde pour un prétexte de vengeance. Ce prétexte, il aurait pu le
chercher au besoin dans la lettre qu'avait surprise
M. de Belnave ; mais où M. de Belnave s'abstenait,
pouvait-il, lui, M. Valtone, agir sans mauvaise grâce ?
Que dirait Noëmi ? que dirait M. de Belnave lui-

même ? Ces réflexions le ramenèrent sur le boulevard. Il pouvait être quatre heures du soir ; la
journée avait été magnifique, la foule se pressait
encore dans les allées. M. Valtone marchait toujours
au pas de course. On se rangeait pour le laisser passer : il passait comme une avalanche. Mais, en face
de Tortoni, un promeneur, moins complaisant,
l'attendit de pied ferme, le reçut sans broncher, et
du choc de ces deux astres jaillirent, en manière
d'étincelles, deux effroyables jurements. La scène
menaçait de devenir tragique ; et déjà les flaneurs
se groupaient autour des champions, quand soudain, après s'être envisagés un instant, ils tombèrent
dans les bras l'un de l'autre, et il y eut de féroces
embrassements et de terribles serrements de main.

— Mort de ma vie, c'est le capitaine Gérard !
— Mille tonnerres, c'est le brave Valtone !
— Embrassons-nous encore et allons dîner, s'é-
crièrent-ils tous deux avec attendrissement.

Le capitaine Gérard était un grand diable
d'homme qui avait une grande redingote bleue
croisée sur la poitrine, de grandes moustaches rou-
ges qui menaçaient le ciel, et de grands coquins
d'éperons qui montraient les dents aux passants. En
garnison à Niort, il avait profité d'un semestre pour
venir étudier à Paris les arts et la littérature. C'était
un de ces capitaines de la vieille roche, impitoyables
sur le point d'honneur, jouant leur vie pour un mot
et faisant intervenir la pointe de leur épée dans
toutes les discussions. M. Valtone et lui se seraient
nécessairement allongé quelques coups de rapière,

si la Providence, avant de permettre qu'ils s'entre-
choquassent sur le trottoir du boulevard Italien,
n'eût pris soin de les unir par le lien sacré de la
garnison. Ils avaient servi dans le même régiment
et bivouaqué dans les mêmes villes : une grande
similitude de goûts et de caractère les avait faits
frères d'armes. Je laisse à penser leur joie de se revoir après de longues années de séparation. Que de
questions échangées coup sur coup! Quel feu roulant de demandes et de réponses ! M. Valtone surtout
ne se sentait pas d'aise. En embrassant le capitaine
Gérard, il avait retrouvé son drapeau. Les jours
passés lui revenaient en foule. Il entendait sonner la
diane, il voyait les casques reluire au soleil : les
moustaches du capitaine avaient produit sur lui
l'effet des armes d'Ulysse sur Achille. Il marchait la
tête haute, les narines gonflées, faisant résonner sur
le pavé des éperons imaginaires, et caressant parfois
de la main gauche la garde invisible d'une épée
absente. Après avoir brûlé une demi-douzaine de
cigares et s'être abreuvés d'absinthe, nos deux fils
de Mars, s'étant acheminés vers le Palais-Royal,
s'attablèrent vaillamment dans un cabinet particu-
lier du café de Périgord; et là, entourés de flacons
et puisant dans le vin une mémoire nouvelle, ils
s'abandonnèrent tous deux au charme de leurs
souvenirs. Souvenirs charmants, en effet! On but
aux vieilles amitiés, aux anciennes amours : au capitaine Flambart! au lieutenant Malytourne! à
Rose! à Clarisse! au brave des braves! à la belle
des belles! Le vin d'Aï petillait, les bouchons co-

nonnaient le plafond et bondissaient dans la salle.
Puis, on but à la gloire des armées françaises, à
l'affranchissement de la Pologne, à l'émancipation
du monde. On but aussi à Napoléon. — Puissent
les cendres du grand homme reposer un jour sous
la colonne ! s'écria le capitaine Gérard en noyant
une larme dans son verre. — Le bon M. Valtone
trépignait d'enthousiasme : il y avait si longtemps
qu'il n'avait assisté à pareille fête ! Celui qui serait
venu lui parler des forges de Blanfort l'aurait surpris d'une façon étrange. Il avait complétement oublié Blanfort, et les forges, et sa femme. Il n'avait pas
oublié Bussy cependant ; mais ce n'était plus qu'une
pensée confuse qui lui apparaissait dans les vapeurs
du vin, comme un réverbère à travers le brouillard.
Au dessert, les convives devinrent plus gais et plus
expansifs. On servit le café, les liqueurs, les cigares ; nos deux braves s'étendirent sur un divan
de forme circulaire, et là, au milieu d'un nuage de
fumée, pareils aux héros d'Ossian, ils se mirent à
chanter leurs prouesses. Ils passèrent en revue leurs
amours et leurs duels, leurs duels surtout ; j'aime à
croire, pour le repos de leur conscience, que, de
tous les gens qu'ils exterminèrent de soir-là, il en
est plus d'un qui se porte bien à cette heure.

Ces mœurs querelleuses, ces habitudes fanfaron-
nes, qui ne sont plus aujourd'hui celles de l'armée,
étaient fort à la mode durant les premières années
de la Restauration, époque à laquelle M. Valtone
avait abandonné le service. Les officiers qui avaient
traversé l'Empire, ou seulement assisté au déclin de

cette période militaire, durent s'acclimater difficilement dans le repos. Du tumulte des camps aux
loisirs de la paix la transition avait été trop brusque. Pour ces hommes élevés au milieu des chances
de la guerre, amoureux des dangers, qui avaient eu
longtemps l'Europe entière pour garnison, ce dut
être d'abord une horrible existence que celle qui les
condamnait à parader sur les places publiques, à
fumer dans les estaminets, et à traîner sur le pavé
de nos villes leurs sabres désœuvrés. Aussi les vit-
on chercher, dans des luttes individuelles, les émotions qu'ils ne trouvaient plus sur les champs de
bataille. Ajoutez que ces aimables conquérants
avaient rapporté de leurs campagnes certaines façons
d'agir, hautaines et dominatrices, qui ne plaisaient
pas à tout le monde et qui trouvèrent dans la jeunesse une opposition vigoureuse. Limoges, Poitiers et d'autres cités gardent encore un douloureux
souvenir des rixes fréquentes qui les ensanglantè-
rent, pendant ces temps de lente fusion entre le civil
et le militaire. Aujourd'hui, tout est bien changé ;
seulement il reste par-ci par-là quelques grognards,
comme le capitaine Gérard et M. Valtone, qui re-
grettent le temps passé.

M. Valtone raconta l'histoire du dragon embro-
ché, cette fameuse histoire que Noëmi avait refusé
d'entendre. Il en raconta bien d'autres ! De son côté,
le capitaine était prompt à la riposte et ne restait
pas en arrière. Rien n'était plus touchant que de
les voir déterrer leurs morts et s'en faire réciproquement honneur. Comme il arriva nécessairement

dans toute conversation de ce genre, nos deux compagnons renchérissaient à l'envi l'un sur l'autre.
Toutefois, il arriva un instant où M. Valtone ayant
vidé le sac de sa mémoire, — de son imagination
peut-être, — force lui fut de brûler silencieusement
son cigare et d'écouter l'ami Gérard, qui n'était pas
au bout de son rôle. L'ami Gérard, en homme habile, avait gardé ses plus belles histoires pour la fin,
si belles en vérité, que l'ami Valtone, en les écoutant, ne put réprimer un sentiment de jalousie,
d'autant plus vif, que l'ami Gérard assaisonnait son
discours de plaisanteries excessivement spirituelles
sur les bourgeois, qu'il appelait des pékins. Car il
en était encore là, l'ami Gérard ! Il professait un
profond mépris pour tout ce qui n'était pas militaire, et n'imaginait pas que le courage et l'honneur
pussent être indépendants de l'uniforme. Ces récits
exaltaient l'ardeur de M. Valtone, en même temps
qu'ils le piquaient à l'endroit de son amour-propre.
Par instants, il était le jouet d'hallucinations étranges. Comme au festin de Balthazar, il croyait voir
sur les murs de la salle une main mystérieuse, re-
produisant en caractères gigantesques les railleries
auxquelles il avait servi de but dans la lettre de
George. Il lui semblait entendre Bussy lui-même
qui lui ricanait aux oreilles. Le hasard voulut que
parmi les nombreuses épopées du capitaine il s'en
trouvât une si frappante d'analogie avec la position
où se trouvait M. Valtone, que celui-ci put la prendre aisément pour un apologue. Voici l'histoire en
deux mots. — C'était à Poitiers. Le capitaine Gé-

rard avait pour son colonel une amitié qu'il poussait
jusqu'au fanatisme. Ce colonel était vieux et laid,
sa femme était jeune et belle. Le prestige de l'uniforme commençait à s'évanouir ; pour être admis
dans le cœur de la beauté, l'épaulette et le shako
n'étaient déjà plus de rigueur. La femme du colonel
se laissait courtiser par un jeune homme de la ville :
nous en étions à la réaction de la toge contre l'épée.
L'époux était sans défiance, mais le diable de capitaine veillait sur l'épouse avec la sollicitude du chien
qui garde la porte de son maître. Il ne tarda pas à
découvrir la liaison des deux amants.

— Oui, Valtone, oui, mille tonnerres ! s'écria-t-il
en jetant avec indignation le bout de son cigare,
ils s'adoraient, les traîtres ! Cette femme aimait un
pékin ; la femme de mon colonel ! Et quel colonel !
Tu l'as connu, Valtone : un colonel de la grande
armée, une vieille moustache blanche ; un homme
perclus de rhumatismes, souvenirs glorieux de la
Russie ! un guerrier criblé de blessures ! un pied
gelé au passage de la Bérésina ! cinq coups de sabre
sur le crâne, trois décorations sur la poitrine ! un
vieux brave, un vieux lapin ! Eh bien , sa femme le
trahissait ! Pour qui ? pour un mirliflore de vingt
ans ! pour un beau fils à la taille de guêpe, au visage rose, aux mains blanches et parfumées !

— Le beau sexe est volage, dit M. Valtone, et
plein de contradictions de ce genre.

— C'est possible ; tu dois savoir cela mieux que
moi, puisque tu es marié. Je doutais encore du malheur de mon colonel, quand le hasard fit tomber

entre mes mains une lettre du muscadin à la belle.
Avant de l'ouvrir, mon premier mouvement fut de
remettre le poulet au mari ; mais le rôle de délateur
n'est pas le fait du soldat français. Mon second mouvement fut d'aller trouver l'amant et de lui passer
mon sabre au travers du corps ; mais de quel droit
et à quel titre ?

— Oui, répéta M. Valtone, de quel droit et à quel
titre ?

— Je ne sais quel démon me poussant, j'ouvris la
lettre et je la lus. Quel style, Valtone! quel style !
Des niaiseries, des fadaises, comme n'en écrirait pas
le trompette du régiment. Je dois convenir pourtant
que le gaillard mettait assez bien l'orthographe. Je
bâillais à la quatrième ligne ; j'allais dormir à la hui-
tième, lorsqu'au milieu des *ange de mes rêves, âme
sœur de mon âme, rosée du ciel, soleil de mes jours,
étoile de mes nuits,* et autres fariboles, j'aperçus le
nom du capitaine Gérard. Tu comprends que j'eus
la fantaisie de savoir ce que je faisais en si belle
compagnie.

— Oui, sans doute, s'écria M. Valtone vivement
intéressé, que diable faisais-tu là ?

— Mon cher, reprit le capitaine après avoir lampé
un verre de rhum, j'étais là comme la crème fouettée
après le rôti, comme le vin de Champagne au dessert, comme la petite pièce après la grande. On s'a-
musait à mes dépens ; on se raillait de ma vigilance. On avait cru jusqu'alors que Cerbère gardait
les enfers et non les champs Élysées. Tu comprends,
Valtone? Une allégorie : les champs Élysées, c'é-

tait elle ; Cerbère, c'était ton serviteur. J'étais aussi
le dragon qui veillait à la porte du jardin des Hespérides. Quelle bévue ! moi qui n'ai jamais servi que
dans les hussards !

— Au fait ! dit M. Valtone, au fait !

— A quoi bon ? Je pouvais venger d'un seul coup
l'honneur de mon colonel et le mien. Puisque me
voici, le reste se devine.

— Tu t'es battu ? s'écria M. Valtone.

— Comment, si je me suis battu ! Le grand saint
Georges, qui ne détestait ni les coups d'épée ni les
calembours, a dit : — Ne manquons point ceux
qui nous manquent.

— Tu t'es battu ? répéta M. Valtone d'un air
préoccupé.

— Ah çà ! Valtone, qu'est-ce à dire ? As-tu laissé
la raison au fond de ton verre ? ou, depuis que tu fabriques du fer, ne sais-tu plus t'en servir ? Si je me
suis battu, mille diables ! Un blanc-bec qui volait
l'épouse de mon ami, et qui, par-dessus le marché,
me mettait de planton devant la grille du jardin des
Hespérides ! Un drôle qui m'appelait Cerbère ! Je me
suis battu, et l'ai tué comme un chien. Ainsi, justice a deux fois été faite ; et, comme j'étais seul dans
le secret de cette double vengeance, le monde n'a
rien su, l'honneur de mon colonel a été sauvé,
la réputation de sa femme est demeurée intacte.
Remarque bien, Valtone, que c'est là le beau de
l'affaire.

— Et la femme est morte de chagrin, dit M. Valtone en secouant la tête.

— En voilà bien d'une autre! s'écria le capitaine.
Morte de chagrin? Interroge les archives de la mé-
decine : il est des femmes qui meurent de la poitrine, d'autres du foie, d'autres de l'estomac; il en
est qui meurent en couche; il en est d'autres que
la fièvre enlève; il en est, hélas! qui meurent de
vieillesse; de chagrin? aucune. Ce n'est pas à un
vieux renard comme moi qu'on fait avaler de pareilles couleuvres. Morte de chagrin! Je l'ai vue au
dernier bal de la préfecture : blanche comme un lis,
mon cher, et fraîche comme une rose!

M. Valtone n'écoutait plus. Après avoir gardé
quelques instants un silence rêveur, il se leva et se
prit à marcher de long en large dans la chambre.
Le capitaine avait allumé son dixième cigare et
s'amusait à suivre d'un regard nonchalant les ondu-
lations de la fumée autour du globe de la lampe. Il
allait entamer un nouveau chant du poëme de son
existence, lorsqu'il remarqua l'air sombre et pensif
de son compagnon.

— Qu'est-ce donc, Valtone? demanda-t-il aussitôt : tu as le vin triste, cher ami? Au régiment tu
n'étais pas tel après boire. Aussi, pourquoi nous
as-tu quittés? Abandonner la noble profession des
armes pour celle de forgeron, c'est fâcheux, Valtone,
c'est éternellement regrettable.

M. Valtone ne répondit pas.

— Voyons, parle, qu'as-tu? Es-tu gêné dans tes
affaires? Tu sais que j'ai toujours mon petit domaine de la Roche. Es-tu blessé dans ton honneur?
Voici mon bras. Es-tu malade? Voici du rhum.

— Et tu l'as tué ! s'écria M. Valtone en se croisant les bras.

— Qui ? quoi ? que veux-tu dire ? demanda le capitaine.

— Ami, dit M. Valtone, sans t'en douter, tu as mis le doigt sur mon mal ; à ton insu, tu m'as indiqué le remède. Viens, il est temps de le guérir.

— Quel mal ? quel remède ? Ton visage est sombre et ton langage n'est pas clair.

— Viens, te dis-je, il se fait tard ; nous n'avons pas un instant à perdre : je t'expliquerai tout en allant.

— Mon pauvre Valtone, dit M. Gérard avec onction, est-ce que ta femme ?...

— Tais-toi ! interrompit violemment M. Valtone, et viens.

— Où allons-nous ?

— Que t'importe ?

— Mais encore...

— As-tu peur ?

— Sacré mille carabines ! en avant ! Je te suivrai partout, dusses-tu me conduire jusqu'au fond des enfers !

---

## CHAPITRE X.

A l'heure où M. Valtone et le capitaine Gérard

sortaient du café de Périgord, George était dans sa
chambre, occupé à écrire. Couché sur le divan, un
blond et frêle jeune homme le contemplait en silence, d'un air mélancolique et doux. Parfois,
George tournait vers lui un regard affectueux qu'il
accompagnait d'un triste sourire. Alors le jeune
homme souriait plus tristement encore, et tous deux
échangeaient une muette pression de main. Quand
George eut achevé d'écrire, il prit sur son bureau
deux lettres sous enveloppe, les scella de son cachet,
et les présentant à son jeune ami :

— Henry, lui dit-il, l'une de ces lettres renferme
mes dernières dispositions, l'autre...,

Ici, deux grosses larmes roulèrent dans les yeux
de l'enfant, et, tombant des cils abaissés, tracèrent
sur les joues deux sillons humides.

— Allons, dit Bussy avec humeur, voilà que tu
vas pleurer comme une femme. Tu m'avais promis
d'avoir du courage. Voyons, essuie tes yeux et sois
homme, sinon tu m'obligerais à invoquer une autre
assistance que la tienne. Pourquoi t'effrayer d'a-
vance ? Il en est des duels comme de la guerre : on
en revient. Songe donc que chacun de nous a par
jour vingt chances de mort ; les jours de duel, il y a
une chance de plus, voilà tout. Tu pleures, parce
que tu prévois que je me battrai demain ; qui te dit
que dans une heure le plafond de cette chambre
n'aura pas croulé sur nos têtes ? D'ailleurs, il n'est
pas sûr que je me batte : la journée s'achève, personne encore ne s'est présenté ; et, quoi qu'il arrive,
Henry, à la garde de Dieu et de mon épée ! Voyons,

essuie tes yeux, répéta-t-il en s'asseyant près de lui.
Prends ces deux lettres. L'une renferme les dispositions que j'ai prises relativement à ma fortune.
L'autre est adressée à madame de Belnave. Écoute-
moi donc tranquillement! S'il y a lieu, tu remettras
cette lettre à madame de Belnave avec les papiers
que voici, ajouta-t-il en tirant d'une boîte de cèdre
les lettres de Marianna réunies sous une même enveloppe. Ce dépôt que je te confie, tu le remettras
toi-même à elle-même. Tu la verras; tu verras
qu'elle est belle! aussi noble que belle, Henry! Dis-
lui, ah! dis-lui bien que ma dernière pensée a été
pour elle, que mes lèvres se sont fermées en mur-
murant son nom. Dis-lui que je l'ai bien aimée.
Dis-lui que je n'ai pas cru trop payer de ma mort
le bonheur de ma vie. Que ma mémoire lui soit
chère! Que mon souvenir lui soit doux! J'ignore,
hélas! quel avenir lui réserve le sort. Si j'ai brisé sa
destinée, dis-lui de pardonner; si mon amour a
passé comme la foudre sur sa jeunesse, dis-lui de
pardonner encore. N'est-ce pas, Henry, tu lui diras
tout cela? Qu'elle ne se reproche pas ma mort, que
sa conscience n'en soit pas troublée; ajoute que je
lui dois de m'être éteint dans la fraîcheur de mes
illusions renaissantes, et que mieux valait s'éteindre
ainsi que de survivre à une seconde ruine.

— George, s'écria le jeune homme, vous voyez
bien que vous allez mourir.

— Et tu la consoleras, Henry; tu auras pour elle
des paroles bonnes et tendres. Si elle a besoin d'appui, tu la protégeras; tu seras son frère et son ami.

Je te prie pour elle, je l'ai priée pour toi, car vous êtes à vous deux toute ma tendresse et toute ma sollicitude. Bien que vous ne vous connaissiez pas, je vous confie l'un à l'autre : il m'est doux de penser que vous garderez longtemps l'un pour l'autre un reflet de l'ami qui ne vivra plus qu'en vous.

Sans laisser à Henry le temps de répliquer, il lui passa son bras autour du col, et le contemplant avec une ineffable expression de tendresse :

— Je t'aime, lui dit-il d'une voix caressante. Il y a autour de toi un charme que je ne saurais exprimer, un parfum du sol natal qui réveille en mon cœur toutes les sensations du jeune âge. Parfois, en t'examinant, il me semble que mon être est double : l'un au matin de la vie, l'autre au déclin de toutes choses ; et celui-ci, las et découragé, sourit tristement au premier, rempli d'ardeur et d'espérance. Je me demande souvent si ce n'est pas moi que j'aime en toi, j'ai peur d'être égoïste en t'aimant. Mais comment ne t'aimerais-je pas ? Tu ressembles tant à ta mère ! Son regard était doux comme le tien, sa voix douce comme la tienne. Regarde-moi : l'azur de tes yeux réfléchit les joies de mon passé. Parle-moi : ta voix est l'écho des mélodies de mon enfance.

Et il le pressait doucement sur son sein. A les voir tous deux ainsi, l'un dans la fleur de ses grâces natives, adolescent au front virginal, au regard limpide, à la taille mince et flexible, heureux enfant, pour qui l'existence n'avait encore eu que des sourires ; l'autre, éprouvé par la douleur, au visage déjà sillonné : on eût dit un jeune bouleau près d'un chêne frappé de la foudre.

On n'a pas oublié que George nourrissait pour Henry une vive affection. Habituellement fraternelle, l'expression de cette amitié était, ce soir-là, passionnée. Ce soir-là, George avait reconquis toute l'énergie de ses facultés. Ce n'était plus l'homme de la veille. Il avait vingt ans, il aimait ; il aimait sans effort, comme on aime à vingt ans. Il y avait en lui un débordement de tendresse qui l'inondait de toute part. Son âme, longtemps engourdie, frémissait et secouait ses ailes. Il reprenait à la vie par tous les nobles sentiments. Cette vie qu'il avait tant de fois blasphémée, il la bénissait à cette heure. Il surprenait mille secrets de bonheur qu'il avait jusqu'alors ignorés. Il découvrait mille perspectives nouvelles, toutes charmantes, toutes imprévues ; des solitudes embaumées, des asiles aimés du ciel, où des voix heureuses remerciaient Dieu d'avoir donné à l'homme la verdure, les fleurs et le soleil. Près de nous échapper, la vie est si riante et si belle ! Quand il faut mourir, on a toujours vingt ans, et George sentait qu'il allait mourir. N'espérant pas que M. de Belnave s'abusât sur l'étendue de son malheur, ne comptant même pas sur la chance des armes pour tromper la justice du ciel, il était prêt à laver de son sang l'honneur qu'il avait outragé. Il attendait, calme et résigné. Seulement, près de se voiler à jamais, l'existence se parait pour lui de ses plus riches atours ; l'avenir, près de se fermer, lui révélait tous ses trésors ; le

14

passé lui reprochait les joies dont il n'avait pas su jouir, et le regret des jours mal employés se mêlait dans son cœur au pressentiment de sa destinée.

Il se leva, ouvrit une fenêtre et se prit à regarder les nuages blancs qui couraient dans le ciel. Henry se leva à son tour, et s'appuya sur l'épaule de George.

— Là-bas, dans notre vallée, sous le coin de ciel qui nous a vus naître, la soirée doit être belle, dit Bussy d'un air préoccupé.

— Oui, répondit le jeune homme. La lune se lève derrière les grands peupliers ; le rossignol chante dans nos traînes ; la brise s'éveille, le feuillage s'agite ; les concerts de la nuit commencent. C'est l'heure où nous allions tous deux, vous déjà grand, moi encore enfant, nous promener dans les prés fleuris. Quand nous avions perdu de vue la flèche du clocher de la ville, nous nous couchions dans les hautes herbes ; et là vous m'enteteniez de vos rêves, de vos espérances et déjà de vos souvenirs. Au tintement de l'*Angelus*, nous revenions par le bord de l'eau. Nous marchions lentement, escortés de nos chiens qui gambadaient autour de nous. D'un côté, la rivière coulait paisiblement sous un tapis de nénufars ; de l'autre, les prairies, baignées d'une blanche vapeur, se déroulaient au loin en nappes argentées. Bientôt, nous apercevions, à travers la chevelure bleuâtre des saules, nos deux toits qui nous attendaient, et nous nous disions que le bonheur était là, que c'était là qu'il nous fallait vivre ensemble et mourir, dans ces lieux où reposait la cendre de nos mères.

— Je me souviens qu'un soir, dit George en souriant, nous rencontrâmes un fol essaim de jeunes filles de la ville. Leurs voix fraîches et joyeuses éclataient en notes perlées dans le silence de la nuit, et nous, blottis derrière une haie d'églantiers, nous écoutions ce que disaient ces voix charmantes. Rappelle-toi leur frayeur de nymphes surprises au bain, quand nous nous dressâmes, comme deux fantômes, au-dessus de la haie. Les belles effarouchées prirent aussitôt leur volée comme une compagnie de perdreaux ; et nous restâmes, tout ébahis, à suivre du regard leurs robes blanches qui fuyaient à travers la feuillée. Dis-moi donc ce que sont devenues ces compagnes de mon jeune âge, toutes ces blondes ou brunes têtes qui me faisaient déjà triste et rêveur ?

— Toutes mariées, dit Henry, toutes heureuses. Vous les rencontreriez à cette heure, se promenant sur le bord de l'eau, appuyées sur le bras de leurs époux et tenant par la main des enfants beaux comme elles.

— Oui, dit Bussy avec tristesse, oui, c'est là qu'était le bonheur, là qu'il fallait vivre et mourir. Ah ! si le ciel me rendait les jours que j'ai perdus ! Si je pouvais revenir sur mes pas et me retrouver au matin du départ, avec l'expérience des sentiers parcourus ! Je ne vous quitterais pas, domaine où je suis né ! Ah ! j'ai mal vécu, j'ai mal usé des biens que j'avais reçus en naissant. J'ai vécu dans les coupables amours, dans les vaines agitations. Pourquoi, hélas ! pourquoi ? car j'étais fait pour les affections durables, pour les joies de la famille, pour les chas-

tes délices du foyer domestique. J'aurais aimé les
longues veillées autour de l'âtre, les causeries du
soir, les enfants jouant à mes pieds ou suspendus au
col de leur mère. En me faisant un cœur pour ces
félicités, le ciel les avait semées autour de mon berceau ; il les avait placées sous ma main, comme une
grappe de fruits mûrs. Quel fatal génie m'a poussé
hors de ma voie ? Pourquoi, sourd à mes instincts
et rebelle à mes goûts, ai-je méconnu le but de ma
destinée et follement dissipé les dons du Créateur ?
Pourquoi, lorsqu'en m'asseyant sur le seuil de ma
porte j'aurais pu trouver le bonheur, suis-je allé
chercher au loin la satiété, l'ennui et le dégoût ?

Il demeura quelques instants encore à contempler mélancoliquement le ciel ; puis, quittant brusquement le ton de l'élégie, il s'étendit sur les cous-
sins, et attira Henry à son côté.

— C'est qu'en vérité, s'écria-t-il gaiement, je
n'étais pas né le moins du monde pour être un héros de roman. Les orages du cœur n'étaient pas
mon élément, et je ne sais, ma foi, pas ce que je
suis allé faire dans cette maudite galère. Quel démon m'a poussé ? Je l'ignore. Si j'avais obéi à ma
nature, je serais à cette heure bon père et bon
époux ; j'aimerais ma femme, je prendrais plaisir à
voir grandir mes enfants, je planterais des peupliers,
je visiterais mes métairies, et je chasserais le renard.
J'étais né pour cette vie-là. Et au bout du compte,
Henry, nous sommes jeunes ; il est temps encore de
réaliser les rêves de notre enfance. Partons, fuyons
Paris. Allons revoir les prés fleuris, allons vivre

dans notre village. Qu'es-tu venu faire ici, mon pauvre enfant ? Tu ne sais pas les désenchantements qui t'attendent. Partons ! J'ai conservé là-bas quelques débris de ma fortune. Viens, nous avons devant nous un long avenir d'heureux jours. Nous nous marierons, Henry : nous aurons de bonnes petites femmes qui égayeront notre ménage, de joyeux petits drôles qui nóus grimperont aux jambes. Nous aurons des chevaux, des chiens, des fusils, des cigares. Nous boirons avec nos métayers, nous danserons avec leurs filles ; nous parlerons politique avec le garde champêtre. Je serai maire de la commune, tu seras mon adjoint, et nous ferons des rosières. Voyons, tout cela ne t'agrée-t-il pas ?

Un sourire effleura les lèvres du jeune homme.

— Tu ne sais pas, poursuivit George, ce que Paris te réserve de douloureux et d'amer. Crois-en ma vieille expérience. A l'heure du départ, nous avons tous la prétention d'échapper à la loi commune et de frayer des routes nouvelles ; à peine au milieu de la course, nous reconnaissons, hélas ! que nous cheminons dans l'ornière. Viens ; là-bas, du moins, nous marcherons sur l'herbe de nos prés et sur la mousse de nos bois. Ici, que ferais-tu ? Ton droit achevé, iras-tu grossir la tourbe des médiocrités bavardes qui étourdissent la province ? Non, tu resteras sur le grand théâtre. Tu voudras tenter l'amour, la fortune et la gloire. Eh bien, tu te perdras, Henry, tu te perdras ! Ah ! viens ! enfant, partons ! La gloire est menteuse, la fortune ne rachète pas les illusions ; il n'est point d'éternelles amours.

Tu verras quelle bonne vie nous mènerons dans notre chère vallée, et comme nos jours couleront dans une paix charmante !

— La gloire me sourit peu, dit le jeune homme, la fortune encore moins, et l'amour est partout. Le voulez-vous ? partons.

— Tu consens ! s'écria George avec transport, Tu consens ; nous partons ! Ah ! je sens que je vais reverdir avec nos bois, au premier souffle du printemps. Je sens germer en moi une seconde jeunesse, toute prête à s'épanouir au soleil qui chauffa mon berceau !

Comme il disait, un coup sec retentit à la porte. Henry pâlit, George se leva. M. Valtone et le capitaine Gérard entrèrent. Il y eut un instant de silence et d'hésitation, durant lequel ces quatre personnages s'examinèrent mutuellement.

— Messieurs, dit enfin Bussy, veuillez vous asseoir. Personne n'est ici de trop, vous pouvez parler sans crainte.

— Monsieur, dit M. Valtone, je serai bref. On m'a communiqué une lettre de vous ; dans cette lettre, je me trouve insulté. Vous êtes trop galant homme pour ne pas me faire raison. Nous nous battrons demain matin, à cinq heures, au bois de Vincennes ; je vous laisse le choix des armes.

— Monsieur, répondit Bussy, vous seul êtes juge de votre propre honneur. D'ailleurs il n'est pas dans mes habitudes de refuser réparation à l'homme de cœur qui me la demande. Permettez, toutefois, que j'ajourne notre rencontre. Une personne que vous connaissez a sur vous droit de priorité ; cette personne satisfaite, croyez, monsieur, que je serai tout à votre disposition.

— Mille tonnerres ! voilà qui est parler ! s'écria le capitaine Gérard. Si vous aviez ici des cigares et du rhum, nous pourrions achever agréablement la soirée.

George offrit au capitaine un porte-cigare d'une rare élégance ; celui-ci l'ouvrit et en tira une cigarette mince et fluette comme un brin de chaume. Après l'avoir examinée avec un air de mépris mêlé de curiosité, il la fit dédaigneusement rentrer dans son étui de paille de Manille.

— Monsieur, répliqua M. Valtone, tout ajournement est inutile. La personne que nous connaissons ne se battra pas ; je vous en donne ma parole.

— Vous m'assurez, dit Bussy, que je puis jouer ma vie, sans risquer de frustrer une vengeance inscrite avant la vôtre ?

— Très-bien ! s'écria le capitaine Gérard, d'un ton d'approbation paternelle.

— Je vous le jure, répondit M. Valtone.

— Songez, monsieur, que s'il en était autrement, nous disposerions l'un et l'autre d'un bien qui ne nous appartiendrait pas.

— Bravo ! s'écria le capitaine.

— Monsieur, je vous ai donné ma parole, dit froidement M. Valtone en appuyant sur chaque mot.

— Demain donc, monsieur, à cinq heures du matin, au° bois de Vincennes. Il sera fait ainsi que vous le désirez.

— Vos armes?

— Seront les vôtres.

— L'épée.

— C'est entendu.

M. Valtone et son compagnon se levèrent.

— Monsieur, dit celui-ci s'adressant à George, je vous tiens pour un brave. Si vous êtes tué, vous emporterez là-haut l'estime du capitaine Gérard; cela ne vous nuira pas dans l'opinion du Père éternel. Ce petit bonhomme est monsieur votre fils? ajouta-t-il en désignant Henry, dont la tête reposait sur un coussin du divan.

— Mon ami, mon témoin, dit George.

— Au besoin votre second, ajouta le jeune homme.

— Mon petit ami, répliqua M. Gérard, si demain le soleil est trop chaud, vous pourrez vous mettre à l'ombre sous mes moustaches.

Henry se retourna nonchalamment vers le capitaine, et lui jeta, pour toute réponse, un regard si dédaigneux, que le capitaine se sentit mal à l'aise devant cet enfant. M. Valtone l'entraîna.

— Où donc en étions-nous, dit George, quand ces messieurs sont venus si mal à propos nous interrompre?

— Nous retournions à notre village, répondit tristement Henry.

— Eh bien, ajouta George avec gaieté, nous y retournerons à la manière des héros antiques. Comme eux, nous quitterons le glaive pour la charrue; et le soir, au coin du feu, nous raconterons nos batailles.

## CHAPITRE XI.

Après sa glorieuse expédition, M. Valtone se sépara du capitaine Gérard et se rendit à son hôtel. Il entra dans la chambre de sa femme. L'aspect de Noëmi, reposant paisiblement, le ramena subitement à des idées plus calmes. Madame Valtone, s'éveillant à demi, lui tendit la main et l'attira doucement à elle. Il la baisa au front : ce baiser le dégrisa. Il se retira dans une chambre voisine et ne tarda pas à s'endormir avec la conscience qu'il avait fait une sottise. Il n'en dormit pas moins du sommeil du juste. Il avait laissé ses fenêtres ouvertes; l'air frais du matin le réveilla. Il se leva brusquement, comme poursuivi par un mauvais rêve. Il crut, en effet, que c'était un rêve; mais, en rassemblant ses souvenirs, il se trouve face à face avec la réalité. Les fumées du vin s'étaient dissipées, avec elles les belliqueuses influences du capitaine Gérard; et, bien qu'il lui restât au cœur un vif ressentiment de l'impunité de Bussy, il se demanda si Dieu lui avait confié le soin de sa justice, ou M. de Belnave celui de sa vengeance. Il en était à regretter son échauffourée, lorsque le capitaine entra. Quand même M. Valtone eût été décidé à retirer sa provocation, l'amour-propre l'aurait nécessairement ramené à sa résolution de la veille. Une voiture attendait à la porte; ils sortirent à pas étouffés, afin de ne pas éveiller Noëmi. M. Valtone tenait sous son manteau les deux épées qu'il avait apportées de Blanfort. Ils montèrent en voiture et se firent conduire au bois. George et Henry les attendaient à la porte de Saint-Mandé. Tout se passa de la façon la plus convenable.

Au bout de quelques heures, M. Valtone était de retour auprès de sa femme. Tous deux s'acheminèrent vers la demeure de leurs amis. Ils trouvèrent Marianna seule : M. de Belnave était sorti de grand matin. Les deux sœurs s'embrassèrent. M. Valtone avait l'air contraint. Quand Marianna lui tendit la main, il se troubla et n'offrit pas la sienne. Marianna pensa que c'était mépris, et son cœur se gonfla.

Quelques instants après, M. de Belnave rentra. M. Valtone évita de lui parler et mit un étrange empressement à hâter l'heure du départ; mais il était écrit là-haut que Marianna ne partirait pas.

On servit le thé; le déjeuner fut silencieux. M. Valtone ne mangea pas : il était sombre et préoccupé. Noëmi en ayant fait tout haut la remarque, il se leva avec humeur et s'approcha de la fenêtre pour voir si les chevaux de poste arrivaient.

Enveloppée de son châle, Marianna se tenait assise, les bras croisés, pâle et immobile; on eût dit la statue de la Douleur. Elle attendait, prête et résignée, sûre en même temps que son départ ne s'accomplirait pas. Quel obstacle, quelle barrière devait surgir tout à coup entre elle et Blanfort? Elle l'ignorait; mais cette organisation nerveuse frissonnait sous le vague pressentiment de sa destinée.

Cependant le pavé de la cour résonnait sous le

pas des chevaux. Les postillons sifflaient en attelant et faisaient claquer leurs fouets. M. de Belnave, M. Valtone et Noëmi s'étaient levés ; Marianna seule n'avait pas changé d'attitude. Elle était toujours à la même place, le regard fixe, le corps immobile, comme étrangère à ce qui se passait autour d'elle. Ils demeurèrent longtemps à la contempler avec tristesse, sans oser la rappeler au sentiment de l'heure présente. Sa respiration devenait inégale et rapide ; son visage s'allumait ; ses yeux brillaient d'un éclat maladif.

— Ma sœur, dit enfin Noëmi en s'appuyant tendrement sur elle, nous partons, nous retournons à Blanfort.

— A Blanfort ? demanda Marianna d'un air distrait. Ah ! oui, ajouta-t-elle, — où l'on pleure. Te rappelles-tu, Noëmi, que le matin, en allant aux champs, nous trouvions une larme à chaque brin d'herbe ? C'est que, la nuit, j'avais passé par là.

Madame Valtone lui prit la main et s'aperçut qu'elle avait une fièvre assez ardente.

M. de Belnave s'approcha de sa femme et lui dit :

— Ne vous sentez-vous plus la volonté de revenir avec ceux qui vous aiment ? Je vous supplie de ne pas désespérer du bonheur : j'ai besoin de tout mon courage.

— Ami, répondit Marianna sans le regarder et comme se parlant à elle-même, ami, vous êtes bon, vous êtes un noble cœur. Ah ! le ciel m'est témoin que je n'en ai jamais douté. Je n'étais pas digne de vous. La destinée vous devait une com-

gne meilleure : la destinée est souvent injuste. Je
prierai Dieu pour qu'il vous récompense de tout ce
que vous avez souffert à cause de moi. Oh ! oui, vous
êtes un noble cœur. Ma sœur aussi est bonne ; c'est
un ange, ma sœur ! C'est l'épouse qu'il vous fallait.
Vous êtes bons tous trois, vous valez mieux que
moi. Et pourtant, je ne suis pas méchante : vous
savez bien que je vous aime. Vous rappelez-vous
qu'à Blanfort j'étais votre enfant? Tous trois vous
m'appeliez ainsi : votre enfant, votre enfant bien
triste !

— Allons allons! s'écria brusquement M. Valtone, les postillons sont en selle, la route est longue,
nous aurons le temps de causer.

— Vous serez toujours notre enfant bien-aimée,
dit M. Belnave. Venez, nous tâcherons de vous
guérir.

— Oh ! oui, je guérirai, dit-elle avec un mélancolique sourire. Soyez sûr que je guérirai. Mais
pourquoi les chevaux ne marchent-ils pas? Il me
semble que la voiture est toujours à la même place.
Dieu! que le soleil est brûlant ! Le ciel est embrasé;
une mer de feu nous entoure. Je sais une vallée où
l'air est si frais et si pur !

— A Blanfort où nous allons, ma sœur, dit
Noëmi, qui cherchait à la ramener au sentiment de
ses devoirs.

— Plus loin, plus loin ! s'écria Marianna : là-bas,
où j'ai goûté la vie, aux lieux où la vie est si belle!
Regarde, Noëmi, ne vois-tu pas blanchir à l'horizon
les cimes couronnées de neige? Écoute, c'est le

bruit des cascades. Viens t'asseoir près de moi, sur a bruyère en fleur : j'ai tant de choses à te dire !

M. de Belnave et Noëmi échangèrent un regard de découragement. Il se fit un long et pénible silence.

— Renvoyez les chevaux, dit enfin M. de Belnave. Marianna n'est pas en état de partir aujourd'hui.

— Ce n'est rien, absolument rien ! s'écria M. Valtone avec impatience : un peu de fièvre que le mouvement de la voiture dissipera ; partons.

En effet, le pouls de Marianna devenait moins rapide, sa main moins chaude, son regard moins ardent.

— Oui, partons, dit-elle en reprenant ses sens.

Elle essaya de se lever ; mais, ses forces trahissant son courage, elle retomba sur son siége.

Au même instant, un étranger entra dans la chambre et demanda à haute voix madame de Belnave. Marianna tendit la main : il y déposa une lettre et sortit.

M. Valtone pâlit ; M. de Belnave, par discrétion, s'était éloigné de quelques pas.

Une vive anxiété se peignait sur la figure de Noëmi.

Marianne rompit précipitamment le cachet ; avant de déplier la lettre, elle appuya fortement une main sur sa poitrine, comme si elle eût craint que son cœur n'en brisât les parois.

Au bruit que firent les feuillets en s'ouvrant, chacun de ces quatre personnages sentit un frisson courir dans ses os.

Cette lettre était celle que George avait écrite, la veille, à madame de Belnave, alors qu'il attendait la provocation du mari. C'étaient ses derniers adieux à Marianna, ses derniers adieux à la vie : car il jurait de respecter les jours de M. de Belnave. Au bas de la dernière page, en post-scriptum, se trouvaient les lignes suivantes :

« Madame,

« Mortellement blessé, George voudrait vous voir « avant d'expirer. Hâtez-vous.

« Henry F. »

Marianna lut chaque feuillet d'un seul regard. Ce fut l'affaire d'une seconde : moins rapide est la lueur de l'éclair. Elle se leva d'un bond, l'œil enflammé, la bouche tremblante. Elle marcha, comme une lionne, sur M. de Belnave, et, le saisissant par le bras :

— Vous l'avez tué ! s'écria-t-elle. Un homme sans défense, un homme que vous aviez promis d'épargner, que vous aviez juré de ne jamais revoir.... vous l'avez tué ! Ah ! vous êtes infâme ! Pour qui donc consentais-je à vous suivre ? Pour qui retournais-je à Blanfort ? Pour qui me résignais-je à reprendre ma chaîne ? Était-ce pour vous ou pour lui ? Eh ! que me fait à moi votre Blanfort où l'on meurt ? En retournant à vous, c'était lui que j'aimais. Eh bien, nous sommes quittes ! Vous l'avez tué trop tard, j'avais pris soin de vous absoudre. Vous me trompiez, je vous trompais aussi. J'usurpais votre pardon, vous ne rameniez sous votre toit qu'une épouse flétrie. Nous étions dignes l'un de l'autre. Et maintenant, adieu ! Il était le seul lien qui m'attachât à vous. Je vous suivais pour le sauver ; pour le sauver, lui, mon sang, lui, ma vie, je m'abaissais jusqu'à vous abuser sur ma pureté et sur mon repentir. Car, si je vous trompais, ne croyez pas que ce fût lâcheté, remords ou retour de tendresse ! Je n'étais lâche que pour lui. Mon seul remords était de le quitter. En le quittant, je lui laissais toute mon âme. Maintenant que vous l'avez tué, je ne vous crains ni ne vous aime : je ne vous connais plus !

Elle sortit sans que personne songeât à la retenir. M. de Belnave demeura à la même place, sans voix, sans mouvement, atterré, foudroyé, changé en pierre. Noëmi se crut un instant le jouet d'un horrible rêve ; mais, ayant tourné les yeux vers M. Valtone, elle comprit tout aux traits bouleversés de son mari, et se frappant la poitrine avec désespoir :

— Ah ! malheureux, s'écria-t-elle, c'est toi qui nous as tous perdus !

---

## CHAPITRE XII.

George ne mourut pas. La blessure était grave, mais non mortelle. Ses jours furent en danger ; le zèle éclairé de la science, et mieux encore la solli-

citude d'Henry et de Marianna, le rappelèrent à la
vie. Ce fut à son chevet qu'ils se virent pour la première fois. Ces deux cœurs, qui jusqu'alors avaient
vécu étrangers l'un à l'autre, se fondirent dans un
même sentiment de désespoir et de tendresse; ils
se rencontrèrent dans Bussy. Tous deux se disputèrent la gloire de le sauver, et tentèrent de se dérober
mutuellement leur part de dévouement. Vainement Henry supplia madame de Belnave de se
reposer sur lui du soin de veiller sur leur ami, vainement Marianna insista pour que cet enfant se
retirât parfois et prît quelque sommeil : ni l'un ni
l'autre ne consentit à céder sa place près du lit du
blessé.

Durant les premiers jours, tout leur être fut exclusivement absorbé par d'inexprimables angoisses.
Ils échangèrent à peine quelques paroles, de furtifs
regards de terreur. Madame de Belnave ne songeait
même pas à se demander quel était ce jeune homme
qui partageait avec elle le douloureux bonheur de
veiller son amant : Henry, de son côté, ne s'inquiétait pas de savoir si Marianna était jeune et belle,
et digne de l'amour qu'elle avait inspiré. Leur vie
tout entière semblait suspendue au souffle d'un
mourant. Cependant les symptômes alarmants dis-
parurent; l'inflammation s'éteignit; la blessure se
ferma. Un rayon d'espoir éclaira ces deux âmes qui
ne se connaissaient encore que pour s'être nourries
silencieusement de la même douleur. Dès lors, elles
s'observèrent l'une l'autre avec intérêt; échappées
au même danger, elles se reconnurent pour sœurs

au jour de la délivrance, et ne tardèrent pas à se
répandre en fraternels épanchements.

La convalescence de Bussy fut longue. Henry et
Marianna passèrent ensemble à son chevet bien des
nuits sans sommeil. Une fois rassurés sur le sort
d'une tête si chère, ils trouvèrent à ces longues
veillées mille charmes qui en abrégeaient les heures
et en allégeaient la fatigue. Quand George reposait
doucement, et que sa respiration, paisible et mesu-
rée, permettait à ses deux amis l'espérance et la
sécurité, retirés dans un coin de la chambre, à la
lueur voilée de la lampe, tous deux s'entretenaient
à voix basse et mêlaient leurs confidences dans le silence de la nuit. Marianna aimait tout ce que disait
Henry ; car les discours de ce jeune homme étaient
pleins du nom de Bussy, et l'image adorée y revenait sans cesse. Elle aimait à le voir remonter le
cours de ses années ; à chercher avec lui, sur chaque
rivage, les traces que George y avait laissées. Elle
se plaisait aux suaves récits des joies de leur enfance. Elle lui faisait raconter l'histoire de leur intimité ; et cette histoire, Henry ne la racontait pas, il
la chantait comme un poëme : car il était encore à
cet âge où le cœur épanche dans l'amitié l'amour
sans but qui le tourmente. Marianna écoutait avec
ravissement le langage exalté de cette tendresse.
Intérieurement, elle remerciait Henry d'exprimer ce
qu'elle n'eût pas osé dire elle-même. Elle s'entendait
parler en l'écoutant. Et puis, dans l'affection passionnée de cet enfant pour l'homme qu'elle aimait,
n'entrevoyait-elle pas en même temps la justifica

tion de sa faiblesse? N'était-il pas digne de tant
d'amour, cet homme qui savait inspirer des sentiments si nobles et si chevaleresques? Était-elle donc
criminelle en l'aimant? Et, sans y songer, elle ramenait Henry sur les mêmes détails, le suivant pas
à pas, heureuse, enivrée d'orgueil, et comme suspendue à ses lèvres.

Puis venait son tour de parler. Elle disait comment elle avait rencontré George à Bagnères, par
quel attrait irrésistible elle s'était sentie attirée vers
lui, quelles chastes délices avaient présidé aux premiers jours de cette liaison. Elle disait aussi les
sombres tristesses qui l'avaient consumée avant de
le connaître; qu'elle avait voulu mourir, et qu'enfin
il était venu lui révéler la vie. Elle disait toute son
âme; et quand parfois elle s'effrayait des suites de
son égarement, elle cherchait une excuse dans le
cœur d'Henry : bien sûre de trouver un encourage-
ment, elle demandait si George ne méritait pas le
sacrifice d'une existence tout entière. Et parfois
alors elle feignait le doute, pour se laisser combattre;
elle s'accusait, pour qu'on la justifiât; de son confident elle faisait un complice.

Henry l'écoutait avidement et buvait déjà aux
sources amères. Marianna était si belle et si étrange!
si prompte à l'enthousiasme, si soudaine en ses affections! Il y avait si bien en elle tout ce qui peut
émouvoir et troubler une imagination de vingt ans!
D'autant plus dangereuse, que chez elle la passion
absorbait le sexe, et qu'elle se livrait avec un incroyable abandon à tous les mouvements de son

cœur, déjà elle appelait Henry du doux nom de
frère; elle l'associait à tous ses rêves d'avenir. A
cette âme longtemps comprimée l'être aimé ne suffisait pas. Il lui fallait en même temps une âme d'é-
lection dans laquelle elle pût aimer une seconde fois
son amant. Elle aurait voulu que le monde entier
fût Bussy, tant elle sentait en elle-même un amour
profond, immense, un amour à contenir le monde.
D'ailleurs, il lui semblait qu'entre elle et George
Henry serait un lien de plus, et que, gardien de leur
tendresse, il en nourrirait la flamme. Il aurait sa
part de leur bonheur; il s'assoirait, comme un
hôte, au banquet de leurs félicités; en partageant
leurs joies, il les compléterait.

Henry s'abandonnait sans défiance au charme
de ces entretiens; mais, à son insu, il y perdait déjà
la sérénité de sa jeunesse. Il sentait éclore en lui
des désirs sans but; déjà, il se demandait d'où pouvait venir cette inquiétude sans nom qui l'agitait
parfois.

Il arriva qu'une nuit madame de Belnave, épuisée
d'insomnie, succomba; ses paupières se fermèrent,
sa tête se pencha doucement sur son épaule, le sommeil la prit ainsi et l'enveloppa de ses invisibles
ailes. Son pâle visage, qu'éclairait la clarté mate de
la lampe, reposait au milieu des boucles épaisses
de sa chevelure. De ses lèvres entr'ouvertes un souffle pur s'exhalait; son sein se soulevait et s'abaissait tour à tour, comme la vague mollement bercée
par la brise. Une de ses mains étreignait les doigts
amaigris de George; sur l'autre, son front s'inclinait

chargé de fatigue, mais encore rayonnant d'amour.
George était plongé dans une léthargie protonde.:
Henry veillait seul. Tant que dura le sommeil de
Marianna, cet enfant demeura debout à les contempler avec un indéfinissable sentiment de souffrance,
se disant que cette femme était bien belle, cet homme
bien heureux, et que ce n'était pas trop d'un coup
d'épée dans la poitrine pour payer un si grand bonheur.

Une autre nuit, Henry s'était endormi sur le divan. Vers le matin, l'air fraîchissant, Marianna jeta
sur lui son châle et l'en couvrit comme d'un manteau. Par je ne sais quelle perception, Henry, en
s'éveillant, devina, sans le voir, le frêle tissu qui
l'enveloppait. Il frissonna des pieds à la tête, et
feignit de dormir encore, pour cacher son trouble
et s'enivrer en même temps du mystérieux parfum
qui le pénétrait. En effet, ce fut d'abord une sensation enivrante ; mais par degrés son sang s'alluma,
ses artères battirent à coups redoublés, une chaleur
dévorante lui monta du cœur au cerveau. Il lui semblait avoir revêtu la robe de Déjanire. Sans rien
comprendre à ce malaise, il se dégagea violemment
et se leva d'un air effaré. Marianna lui ayant demandé la cause de ce brusque réveil, il répondit,
en rougissant, qu'il avait fait un mauvais rêve.

La convalescence de George fut pour les trois
amis un temps de sécurité, d'illusion et de confiance.
George était dans cet état, plus doux que la santé,
où l'âme, affaiblie par la douleur, n'a de facultés
que pour se sentir vivre, et vit tout entière dans le

sentiment de sa conservation. Il ne chercha pas à se
rendre compte de la présence de Marianna ; ce fut
pour lui comme un rayon de soleil à son chevet.
Lorsqu'on lui expliqua la rupture de madame de Belnave avec son mari, il accepta cet événement sans
en prévoir les conséquences, sans se rappeler que,
quelques jours auparavant, il avait tout fait pour le
conjurer. De son côté, madame de Belnave vivait
tout entière de la vie de son amant. La guérison de
Bussy remplissait si bien ce cœur, que le remords
n'y trouvait pas de place. Elle savait que son mari
n'était point coupable du sang répandu : les lettres
de Noëmi, aussi bien que les discours d'Henry,
avaient tout révélé. Mais il n'était plus temps de revenir sur un fait accompli ; et, dans le mystère de
ses pensées, peut-être Marianna s'applaudit-elle
alors d'une erreur qui l'avait autorisée à briser pour
jamais les liens qui l'eussent enchaînée à Blanfort.

M. de Belnave, M. Valtone et Noëmi avaient quitté
Paris sans qu'elle eût consenti à les revoir. Quelques
jours après leur départ, elle écrivit à son mari une
lettre pleine de dignité ; la réponse fut plus digne
encore. La séparation des deux époux s'accomplit
librement, d'un mutuel accord, sans l'intervention
scandaleuse de la loi. Avec la liberté, M. de Belnave
restituait à sa femme la dot et toute la fortune qu'elle
avait apportée à la communauté, se réservant seulement, dans l'intérêt de Marianna, l'administration
de ses biens, et s'engageant à lui en servir le revenu.
De si nobles procédés ne s'adressaient pas à une âme
ingrate, et Marianna fut touchée sans doute ; mais

l'étourdissement et l'ivresse de la passion lui permi-
rent à peine de les apprécier dignement. Elle profita des premiers loisirs que lui laissa la santé de
Bussy pour s'occuper de son installation. Elle choisit
sur le quai, non loin de l'hôtel qu'habitaient George
et Henry, un petit appartement qu'elle fit disposer
elle-même avec un goût exquis. Mariette était demeurée avec sa maîtresse, moins à la sollicitation de
Noëmi qu'à l'instigation de son propre cœur. C'é-
tait une fille de la Creuse ; élevée à Vieilleville
avec les deux sœurs, elle avait conservé pour la plus
jeune un attachement véritable, et, sans s'informer
des desseins de Marianna, elle l'aurait suivie aveuglément jusqu'au bout du monde.

Il semblait qu'avec la vie George eût retrouvé la
jeunesse. Faible encore et languissant, il souriait
aux projets que lui soumettaient ses deux amis. Il
se laissait bercer par leurs douces paroles ; souvent
il y mêlait les siennes, et c'était un touchant spectacle que l'association de ces trois âmes unies par
tout ce que Dieu a mis de plus saint dans sa créature, par l'amour et par l'amitié. Mais il n'est pas
donné à l'homme de se reposer dans un pareil bonheur. Ce bonheur est au ciel, la terre n'en a que
le rêve.

L'heure du désenchantement devait sonner pour
Bussy. Cette heure arriva, et George entrevit nettement la position dans laquelle il était engagé. Ses
yeux se dessillèrent; son égoïsme, un instant assoupi,
se réveilla en poussant un cri de révolte. Mais vainement il s'agita dans le cercle inflexible qui le pres-

sait de touté part ; Bussy comprit bien vite qu'il était
aux prises avec l'irréparable : il se soumit, il accepta
avec courage la position qu'il ne pouvait éluder sans
honte.

Ce courage lui fut d'abord aisé : la vanité pansa
les blessures de l'égoïsme. Les dernières aventures
de George avaient eu, dans un certain monde, quelque retentissement. On savait vaguement qu'une
femme jeune et belle avait tout sacrifié pour le suivre. Cette histoire se racontait diversement ; mais, de
quelque façon qu'on la racontât, chaque récit mettait au front de Bussy, une auréole poétique. Les
femmes, qui sont si indulgentes pour les faiblesses
voilées, ne pardonnent pas aux fautes éclatantes qui
semblent dénoncer leur sexe à la défiance. Elles blâ-
maient hautement Marianna ; mais George éveillait
en elles de mystérieuses sympathies. Un intérêt romanesque s'attacha bientôt à son nom : on s'entretint de ses voyages, de ses duels et de ses amours.
George accepta par amour-propre le rôle que lui
imposait le monde. Il fut amené par l'orgueil à le
prendre lui-même au sérieux. Ainsi, Marianna put
croire à la réalisation de ses rêves, et les premiers
jours furent resplendissants de bonheur.

Henry ne tarda pas à s'éloigner de ses amis. Le
bonheur et l'amour sont si essentiellement égoïstes,
que les deux amants remarquèrent à peine les chau-
gements qui s'opérèrent alors dans ce jeune homme.
Cependant, madame de Belnave le questionna plusieurs fois avec la tendresse d'une mère. Mais l'enfant savait-il ce qui se passait en lui ?

Les jours heureux se comptent vite. George fut
bientôt las de son rôle; bientôt son cœur s'affaissa
de découragement, de fatigue et d'ennui. Cet homme
fut justement puni. L'amour, cette source divine de
dévouements et de sacrifices, n'avait été pour lui
qu'un puits d'orgueil et d'égoïsme : quand ses lèvres
voulurent y boire, elles ne trouvèrent que du gra-
vier. Mais Marianna, grand Dieu! que devint-elle,
lorsqu'elle vit pâlir ce bonheur auquel elle avait
tout sacrifié? Que devint-elle, hélas! lorsqu'elle
sentit la tendresse de George se glacer et que ni ses
baisers ni ses larmes ne purent la ranimer? Elle
crut que le soleil s'éteignait dans le ciel et que la
terre lui manquait sous les pieds.

George tenta de longs efforts pour tromper Marianna. Dans les âmes épuisées, mais honnêtes, il
survit à la passion un instinct de loyauté tout aussi
impérieux que la passion même. Mais ce n'était pas
Marianna qu'on pouvait abuser de la sorte. Les
cœurs qui n'aiment pas sont les seuls qui se prennent aux semblants d'amour. Nul ne saurait dire le
désespoir de Bussy lorsqu'il comprit qu'il ne pouvait plus rien pour la destinée qu'il avait brisée;
nul ne saurait dire ce qu'il endura de remords, avec
quelle rage il se débattit sous le sentiment de son
impuissance. Que de fois, dans l'amertume de ses
pensées, il regretta de n'avoir pas succombé à sa
blessure! Que de fois il blasphéma les soins qui l'a-
vaient sauvé! Que de fois il répéta avec une sombre
tristesse ces paroles qui lui étaient échappées un
soir : — Mieux vaut s'ensevelir dans la fraîcheur de

ses illusions renaissantes que de survivre à une seconde ruine !

Au lieu de ménager par une tendresse indulgente
cette âme fatiguée, madame de Belnave acheva de
l'épuiser par d'imprudentes exigences. Sa passion
inexpérimentée consuma en quelques mois les derniers débris de cette nature appauvrie. Ses espérances trompées s'exhalèrent en emportements.
Pleine d'ardeur, de séve et de jeunesse, pouvait-elle
comprendre que le cœur vieillit, s'use et meurt
comme toute chose ici-bas ?

George supporta d'abord patiemment ces révoltes
d'un esprit justement irrité ; mais bientôt son caractère s'aigrit, son humeur s'altéra. La douleur de
Marianna lui devint odieuse ; l'ennui le rongea jusqu'aux os. Il faut que cet ennui, qui naît de l'obses-
sion d'une affection non partagée soit quelque chose
de bien atroce, puisqu'il pervertit les plus nobles
instincts, et qu'il étouffe même, dans l'âme qu'il
étreint, tout sentiment de pitié, de convenance et
de délicatesse. Sans admettre qu'il pût jamais se séparer de madame de Belnave, Bussy se montra dur,
colère, acerbe, impitoyable. Marianna pleurait et se
retirait chaque jour avec la mort dans le cœur, mais
aussi avec l'espoir que George l'aimerait le lendemain. Parfois, en effet, George semblait reprendre à
l'amour ; parfois encore, comme des rayons de soleil à travers la pluie, de beaux jours luisaient sur
leur vie tourmentée : lueurs passagères qui s'étei-
gnaient dans de nouveaux orages, et la lutte recom-
mençait.

Ce fut alors qu'Henry se rapprocha de ses amis :
leur bonheur l'avait éloigné, leur malheur le rappela. Marianna répandit tout son cœur dans celui
de ce jeune homme ; et, s'il est vrai qu'à son insu
Henry fût épris déjà de madame de Belnave, son
amour, qui se serait effarouché de son propre aveu,
put grandir tout à son aise sous le manteau de la
pitié.

Entre les deux amants, la position devenait de
moins en moins tenable. L'idée de la séparation
finit par se présenter à l'esprit de Bussy, mais il la
repoussa avec horreur. Pouvait-il, sans se condam-
ner à un remords éternel, abandonner lâchement
madame de Belnave dans la voie funeste où il l'avait
entraînée ?

Cependant George comprit qu'il en avait décidément fini avec l'amour ; que l'amour n'est pas la
vie tout entière, et que l'heure était arrivée pour lui
de diriger ses facultés vers un autre but. Il sentit
que Marianna était une entrave qu'il fallait briser à
tout prix. Ce serait sans doute une action mauvaise,
mais la nécessité justifie tout. Il rassura sa conscience
alarmée : madame de Belnave souffrirait moins d'une
rupture que d'une liaison d'où s'était retiré tout
espoir, et mieux valait en finir d'un seul coup que
de prolonger un si cruel martyre. Il se dit qu'il y
avait un monstrueux égoïsme à torturer ainsi cette
femme, et que, ne pouvant rien pour elle, il devait
la rendre à la liberté. Il se dit aussi que madame de
Belnave se trouvait dans une position de fortune
indépendante, qu'elle était assez jeune encore pour

se refaire úne vie nouvelle, qu'elle le bénirait plus
tard de l'avoir délivrée d'une passion fatale où se
consumait sa jeunesse. D'ailleurs, il se promettait
bien de demeurer pour elle un frère et un ami. Leur
affection, en changeant de nature, n'en serait pas
moins éternelle; le fond en resterait le même. Il
veillerait sur Marianna; sa sollicitude pour elle ne
connaîtrait point de bornes : l'amitié tiendrait les
serments de l'amour. Ainsi modifiée, leur union
rapporterait plus de bonheur. En perdant le droit
d'être exigeante, Marianna apprécierait davantage la
tendresse de George. Affranchie du devoir, la tendresse de George deviendrait plus douce et plus
expansive. Enfin, il écouta toutes les voix qui le
poussaient à rompre sa chaîne. Il fit si bien, qu'il arriva à trouver l'excuse du coup qu'il méditait dans la
conduite même de Marianna vis-à-vis de M. de Belnave. Il se dit que si Marianna n'était pas coupable
pour s'être séparée d'un mari qu'elle n'aimait pas,
il ne saurait être plus criminel lui-même en se sé-
parant d'une maîtresse qu'il n'aimait plus.

Décidé à rompre, il mit tout en œuvre pour hâter
l'heure de sa délivrance. Cette heure se fit longtemps
attendre. Plus George se détachait de Marianna,
plus l'infortunée se cramponnait à son idole. La
chaîne se tordait, mais ne se brisait pas. L'amour est
opiniâtre et ne sait pas mourir. Brisée, meurtrie,
foulée aux pieds, Marianna se relevait avec le sourire
sur les lèvres; elle baisait la main de son amant;
elle pleurait aux genoux de George. Les scènes de
désolation se renouvelaient chaque jour. Enfin, par

une nuit sombre, dans la chambre de Bussy, alors que le vent sifflait tristement et que la pluie fouettait les vitres, une scène éclata qui les résuma toutes, et ce fut la dernière.

Dénoûment si facile à prévoir, que nous n'avons pas craint de le placer en tête de ce livre, comme une lueur sinistre destinée à en éclairer les pages!

On se souvient qu'après avoir dit un dernier adieu à Bussy, après l'avoir prié de pardonner le mal qu'elle avait pu lui faire, — car, en amour, c'est toujours la victime qui s'accuse et qui s'humilie, — madame de Belnave sortit, appuyée sur le bras d'Henry. Elle s'offrit avec une joie sauvage au vent humide et froid du matin. Elle marchait la tête haute, enivrée de ses pleurs, exaltée par son sacrifice. Mais, à peine entrée dans sa chambre, elle sentit tomber sur ses épaules l'air glacé de la solitude. Son cœur se serra et ses forces l'abandonnèrent. Alors, elle se rappela son village; elle se rappela son époux, Noëmi, son beau-frère, ces trois nobles âmes qu'elle avait délaissées. Un horrible désespoir s'empara d'elle, sa poitrine se souleva et elle éclata en sanglots.

— Ah! ma pauvre maîtresse, dit Mariette qui lui embrassait les genoux, nous étions plus heureuses à Blanfort.

— Va-t'en! s'écria Marianna en la repoussant, va leur dire qu'ils sont bien vengés! Va leur dire que j'ai tout perdu, qu'il ne me reste plus qu'à mourir!

— Nous mourrons ensemble, madame, dit Mariette en pressant Marianna sur son sein...

Henry prit la main de madame de Belnave et la porta silencieusement à ses lèvres.

— Cher enfant ! dit-elle en levant vers lui ses yeux baignés de larmes, que Dieu vous garde de pareilles douleurs !

——————

## CHAPITRE XIII.

Le soir du même jour, George était assis au coin de son feu, moins préoccupé de la destinée qu'il venait de faire à Marianna que de celle qu'il avait, sans le vouloir, préparée à son jeune ami. Henry le trouva plongé dans ses réflexions. Il entra d'un air grave, prit place devant le foyer, et se mit à remuer silencieusement la braise, dont les reflets rougeâtres éclairaient seuls la chambre. Ils demeurèrent longtemps sans échanger une parole.

— Tu m'as trouvé bien dur et bien cruel, dit enfin Bussy. C'est que, jeune et plein d'illusions, tu crois avoir assisté à quelque exception malheureuse. Puisses-tu ne jamais comprendre que le drame qui s'est joué devant toi est un abrégé de l'histoire de la passion ! Ce que Marianna souffre, avant elle je l'avais souffert ; Marianna se vengera plus tard. Ah ! si tu savais de combien de douleurs je fus abreuvé, tu me pardonnerais peut-être ; si tu pouvais savoir ce que mes yeux ont versé de larmes, tu t'étonnerais moins de les trouver secs et arides. Toi, cher Henry,

tu seras plus heureux. Le malheur de tes amis n'aura
pas été stérile : tu auras l'expérience de leurs maux ;
ta raison germera, fécondée par leurs pleurs ; le
souvenir de leurs tortures réprimera en toi cette
bouillante impatience d'aimer qui tourmente toute
jeunesse. Aimer est chose difficile : pour l'aborder,
crois-moi, ce n'est pas trop de toute l'énergie d'une
virilité puissante. Garde-toi surtout de ces liaisons
funestes où tout n'est que désordre et déchirement.
Ne jette pas les trésors de ton âme au vent de l'a-
dultère ; à ce vent qui flétrit tout ce qu'il touche, qui
passe, comme le feu du ciel, sur la famille, la dispersant ou semant dans son sein la honte, le désespoir et les plaies cachées qui le rongent. Réserve-
les pour une affection sainte et durable, pour la
femme que tu pourras un jour aimer et protéger à
la face du monde. Insensés que nous sommes, nous
avons fait du mariage une fin misérable que nous
tâchons d'éluder sans cesse, comme s'il n'était pas,
au contraire, le but vers lequel doivent tendre toutes
les facultés, toutes les ambitions de l'homme !

— Mon cher George, répondit Henry en souriant,
prenez-vous votre fauteuil pour une chaire ? Je ne
vous avais encore vu ni si prêcheur ni si ennuyeux.

— C'est que tu m'inquiètes, Henry ; c'est que, sachant la vie, je voudrais t'épargner la peine de l'apprendre. L'expérience me serait moins amère si
je pouvais la faire servir à diriger tes pas. Oui, tu
m'inquiètes. Te voilà déjà bien triste et bien rêveur !
Tu fuis tes amis, tu recherches la solitude. Que se
passe-t-il en ton âme ? Méfie-toi de ces vagues tris-

tesses qui finiraient par t'énerver. Résiste au dangereux penchant qui t'entraîne à la rêverie; travaille,
mûris-toi dans l'étude, et que je puisse revivre en
toi une seconde vie, plus utile, mieux remplie,
moins tourmentée que la première.

— En vérité, s'écria Henry, si vous aviez la
barbe blanche de Mentor, je me prendrais pour
Télémaque. Poursuivez, éloquent vieillard : la sagesse parle par votre bouche.

— Je crois que tu te moques de moi, dit Bussy :
parlons sérieusement. Depuis six mois tu ne fais
rien. Cependant, il serait prudent de songer à ton
avenir. Cette année est la dernière de ton séjour à
Paris...

— Pourquoi donc la dernière ? interrompit brusquement le jeune homme.

— Il me semble, reprit George, que ton droit
s'achève cette année.

— Eh bien ? demanda Henry.

— Eh bien, ton droit achevé, tu retourneras au
pays. Ne m'as-tu pas dit vingt fois que ton père te
destinait l'étude de maître Planet; et, dernièrement
encore, qu'il ne t'avait envoyé à Paris que sous la
condition expresse que tu reviendrais, au bout de
trois ans, cultiver la procédure dans l'étude du
maître, en attendant le jour où tu pourrais le remplacer ?

— Dans un an, je serai majeur, dit Henry avec
assurance et d'un air presque mutin.

— Oui, tu auras l'âge de raison, répliqua Bussy,
et tu en profiteras pour faire une sottise. Mais je

connais ton père ; le cher homme ne consentira pas
à t'entretenir plus longtemps à Paris. Il te coupera
les vivres et te prendra par la famine.

— Et la fortune de ma mère ?

— Ta mère était pauvre comme la mienne.

— Et mes bras ? et mon cœur ? et ma tête ?
N'est-ce donc rien que tout cela ? Je travaillerai ; je
ferai comme tant d'autres qui ont souffert et combattu, et qui n'ont pas succombé dans la lutte.
Allez, j'ai bon courage. Pensez-vous que la misère
m'effraye ? Mieux vaut vivre ici misérable que d'aller
s'enterrer là-bas, dans l'antre de la chicane. Que
l'année s'achève, je ne partirai pas.

— Tu n'as pas toujours parlé ainsi, dit George.
Je t'ai connu plus modeste dans tes ambitions, plus
docile à la volonté paternelle. D'où te vient cette
sainte horreur de la province, ce violent amour de
la capitale ? Te voilà bien changé, Henry !

— C'est possible, répondit le jeune homme en
rougissant. Mais vous-même, Bussy, vous ne m'a-
vez pas toujours tenu ce langage. Que de fois ne
vous ai-je pas vu sourire, lorsque je vous entrete-
nais de l'avenir que me réservait mon père !

— Écoute, Henry ! dit George en élevant la voix
et d'un ton solennel. Ta mère, qui fut aussi la
mienne, ta sainte mère, au lit de mort, me confia le
soin de ta destinée. Je n'étais alors qu'un enfant ;
mais je n'ai pas oublié ses paroles. Quand je paraî-
trai devant elle, j'aurai à lui rendre compte du dépôt qu'en mourant elle m'a donné à garder. C'est
donc en même temps de ton bonheur et du mien

qu'il s'agit à cette heure. Le parti que tu prendrais contre toi-même, tu le prendrais aussi contre moi. Nous sommes responsables l'un de l'ature. Eh bien, si tu m'aimes, tu renonceras aux folles idées qui te perdraient, tu reviendras à des intentions plus sages. En persistant dans ta funeste résolution, tu me laisserais le remords éternel d'avoir poussé pour toi l'indulgence jusqu'à la faiblesse. Tu ne voudras pas me faire repentir de t'avoir trop aimé, Henry ?

— Mais, George, s'écria celui-ci, vous savez bien vous-même que le bonheur ne m'attend point là-bas !

— Je sais que le malheur est ici qui t'attend. Ah ! tu ne les connais pas, ces luttes que défie ton ardeur ! Tu revêts la misère d'imaginations poétiques, et tu t'écries avec enthousiasme que la misère ne t'effraye pas. La misère est affreuse, Henry ! C'est un monstre hideux qui flétrit lentement le cœur qu'il étreint de sa main de glace. Tu as foi en ton courage ; mais sais-tu seulement si tu as du courage ? Parle : jusqu'à présent, quels combats as-tu soutenus ? Quels mauvais jours as-tu traversés ? A quelles épreuves t'a soumis le sort ? Tu n'as encore rencontré sur ta route que des visages amis et des regards bienveillants. Disparaisse le charme de jeunesse qui t'environne, arrive l'heure où tu te sentiras seul, sans autre appui que toi-même, aux prises avec la nécessité, corps à corps avec le destin, et nous verrons alors si tu as vraiment du courage ! Va, pauvre enfant, de plus forts que toi ont succombé sans profit et sans gloire. C'est qu'il faut de

robustes épaules pour s'ouvrir un passage au travers de la foule, une volonté de fer pour écraser les
obstacles et conquérir une place au soleil. Et combien de ceux-là qui, après l'avoir conquise au prix
du repos, ont trouvé leur soleil bien pâle et se sont
tournés avec regret vers le champ de leurs pères !
La médiocrité est bonne : heureux trois fois le cœur
modeste qui sait la comprendre et l'aimer !

— George, dit Henry d'un ton pénétré, vous avez
été pour moi le plus tendre des frères. L'âme de
ma mère doit être satisfaite. S'il m'arrive malheur,
je serai seul coupable. Je vous aime, George, et
Dieu sait qu'il m'en coûte de me montrer rebelle à
vos conseils. J'apprécie vos intentions prudentes,
mais je ne saurais m'y soumettre. Mon parti est irrévocablement pris : je ne partirai pas.

Bussy se leva et se mit à marcher dans la chambre. Henry demeura à la même place, le front appuyé contre le marbre de la cheminée.

— Henry, dit George après un long silence,
est-il vrai que tu m'aimes ? Puis-je compter sur ton
affection en échange de toute la mienne ?

— George, vous le pouvez.

— Eh bien, Henry, je suis triste, chagrin, en-
nuyé ; l'hiver est long, Paris est sale. Je t'ai toujours
connu avide et curieux de voyages. Partons, allons
chercher le soleil sous des cieux plus indulgents.
Tiens, ajouta-t-il en lui jetant une carte du monde,
tout le globe est à nous : Grenade, Florence, Ve-
nise, et la Grèce où tant de fois ont voyagé nos songes. Parle, ordonne, choisis ; à la voiture qui doit

nous emporter attelle ton caprice. Je te suivrai partout.

Et comme Henry restait muet :

— Que réponds-tu à cette proposition, jadis sollicitée par toi avec une si vive impatience ?

— Mais, George, y songez-vous ? dit le jeune homme d'un air contraint. Si vous souffrez, Marianna souffre aussi ; ses blessures sont toutes vives, et ne serait-il pas cruel à moi, seule consolation qui lui reste, de la délaisser à cette heure ? Vous-même n'y consentiriez pas.

— Ainsi, répliqua Bussy, tu prends parti pour elle contre moi ?

— Me conseilleriez-vous de me décider pour la force contre la faiblesse ?

— Et tu refuses de m'accompagner ?

Henry ne répondit pas.

— Tu refuses de m'accompagner, moi ton ami, moi, ton frère ; moi, ton vieux camarade, qui, pour t'épargner un chagrin, irais à pied au bout du monde ! Comment veux-tu que je parte sans toi ? Et toi-même, Henry, comment vivras-tu durant mon absence ? Nous nous sommes fait l'un de l'autre une si longue et si douce habitude ! Ah ! viens, ne nous séparons pas. Pense donc au bonheur de visiter ensemble quelqu'une de ces belles contrées aimées du ciel et des poëtes !

Et comme Henry restait muet :

— Ainsi, tu m'accompagnes ? dit George avec hésitation.

Henry ne répondit pas.

— Aussi bien, poursuivit George, si la pitié seule te retient, crois-moi, tu peux partir sans remords. Le temps seul guérit les plaies de l'amour, et la vraie pitié se tient à l'écart.

— Merveilleux système pour absoudre l'égoïsme impitoyable ! s'écria le jeune homme avec ironie.

— Moins merveilleux que le tien pour servir la passion hypocrite ! répliqua froidement Bussy.

Ces deux phrases jaillirent et se croisèrent comme deux glaives. A la lueur que jetait le foyer, George et Henry se regardèrent l'un l'autre avec effroi.

— Ah ! tu pleures sur Marianna ! s'écria Bussy avec emportement. Va, va, garde tes larmes ; tu les retrouveras plus tard. Ah ! tu pleures sur Marianna ! répéta-t-il. Va, ce n'est pas elle qu'il faut plaindre, mais bien le jeune insensé qui lui apportera son cœur en holocauste. C'est celui-là que je plains ; c'est lui que je voudrais sauver. Car il ne sait pas ce que l'avenir lui réserve ; il ne sait pas que j'ai tari la source où tendent ses lèvres avides. Il ignore, le malheureux, que j'ai semé la mort dans son sein, et que c'est lui qui la recueillera ; qu'elle l'abreuvera de tout le fiel dont je l'ai abreuvée ; qu'il souffrira tout ce qu'elle a souffert ; qu'elle sera sans pitié pour lui, comme j'ai été sans pitié pour elle. Il ne sait rien, te dis-je ! A ce fatal amour il laissera sa jeunesse, comme les troupeaux leur laine aux buissons. Il y perdra tout orgueil et toute dignité. Il en sortira meurtri, flétri, brisé ; il aura des jours où il se déchirera la poitrine avec ses ongles, où il maudira les flancs qui l'ont porté. Ses joies mêmes auront été mê.ées d'amertume; le souvenir de ses douleurs s'étendra sur le reste de sa vie comme un crêpe funèbre. Ah ! pauvre enfant, que de tristesse ! que ta croix sera lourde à porter, ton calvaire rude à gravir ! Que de fois, les pieds en sang et le visage en sueur, tu te rappelleras avec désespoir les cris que l'expérience aura vainement poussés pour t'arrêter !

Après avoir essuyé d'un air impassible ces paroles de Bussy, Henry se leva gravement, prit un flambeau, et se retira en silence.

George demeura quelques instants immobile, le regard attaché sur la porte par laquelle il était sorti.

— Aime et souffre, dit-il enfin; accomplis ta destinée : c'est celle des nobles âmes.

— Puis, s'accoudant sur une table : — O poëte ! tu l'as dit, s'écria-t-il, l'amour est le mal de la jeunesse, mais la guérison est encore plus amère. Jeunesse, amour, printemps et soleil de la vie ! je vous dis un dernier adieu. L'éternel hiver et l'éternelle nuit ont commencé pour moi; et tu me restes seule, ô liberté ! inutile trésor que je ne perdrai plus.

---

## CHAPITRE XIV.

Je ne sache pas qu'il y ait au monde une plus grande douleur que celle de l'amour délaissé. J'ai

assisté bien des misères, et j'ai pu me convaincre
qu'il n'est pas de plus grand désespoir. Il faut avoir
pleuré les vivants, pour comprendre qu'il peut être
doux de pleurer les morts. Oui, c'est une incom-
mensurable douleur. Madame de Belnave y creusa
sa tombe, et s'y enferma pour mourir. Suivie de
Mariette qui ne voulut jamais consentir à l'abandonner, elle partit au bout de quelques jours et se
dirigea vers les côtes de la Bretagne. On l'avait souvent entretenue de la mélancolie de ces grèves désertes, et la plainte éternelle de l'Océan l'attirait par
d'ineffables sympathies. Henry l'accompagna jusqu'à la voiture. A l'heure du départ, il voulut lui
baiser les mains ; elle l'appela sur son cœur.

— Cher enfant, lui dit-elle, vous avez été bon
pour la pauvre délaissée !

— Nous nous reverrons bientôt, répondit le jeune
homme.

— Bientôt ? répéta Marianna en secouant la tête
d'un air de doute. Vous êtes bien jeune pour me
suivre où je vais, dit-elle.

Les chevaux s'élancèrent au galop. Madame de
Belnave ouvrit le vasistas et se pencha pour envoyer à Henry un dernier adieu. Il était à la même
place, sombre et le regard attaché sur la diligence
qui semblait emporter sa vie tout entière.

Fut-il jamais créature plus misérable ! Jusqu'à
ce moment suprême, Marianna, dût-on l'accuser de
folie, avait douté de son désastre. Est-il besoin de
dire ce que l'infortunée n'avait pas osé s'avouer à
elle-même ? Ce départ était un dernier essai, une

dernière épreuve à laquelle elle avait voulu soumettre l'ingrat qui la dédaignait. Elle s'était confusément flattée qu'il n'aurait pas la cruauté de laisser
s'accomplir un si horrible martyre. Comme le
condamné, au pied de l'échafaud, elle avait attendu
sa grâce. Près de partir, ses yeux cherchèrent Bussy
dans la foule des voyageurs. Tant que la voiture
roula sur le pavé de Paris, il lui sembla que George
allait, à chaque détour de rue, se jeter à la tête des
chevaux, la ramener triomphante, ou s'enfuir heureux avec elle. Quand elle eut franchi la barrière,
quand elle n'entendit plus les rumeurs de la ville,
qu'elle vit les horizons s'élargir et se dérouler, comprenant, seulement alors, que tout était fini pour
elle, elle se cramponna convulsivement à sa place,
et serra son mouchoir entre ses dents pour ne pas
éclater en sanglots.

Oui, tout était fini ! Et pourtant, quand une chaise
de poste filait, comme un trait, sur la route, pourquoi donc y plongeait-elle un avide regard ? Pourquoi son front s'illuminait-il d'un rayon de folle
espérance ?

Il est, sur la côte de Bretagne, un petit hameau
du nom de Sainte-Marie. Ce ne sont, à vrai dire,
que quelques pauvres maisons groupées autour
d'une église rustique. Tous les habitants y vivent
de la mer. Les femmes récoltent le varech ; les
hommes transportent sur leurs chaloupes, les grains,
le bois et l'engrais, qui s'échangent entre les îles
voisines et les côtes. Pornic est la ville la plus pro-
chaine : encore n'est-ce qu'un gros bourg où le

bruit de la civilisation ne pénètre guère avant la saison des bains. L'aspect de ces rivages est d'une tristesse profonde. Les champs sont nus et stériles; de maigres troupeaux y tondent un rare gazon, imprégné des exhalaisons salines. La grève est hérissée de noirs rochers, anfractueux, creusés par la vague. On n'entend que le mugissement des flots. D'une part, l'onde, tantôt unie comme une glace, tantôt furieuse et roulant des monts; de l'autre, un terrain désolé où croissent seulement les ajoncs et les bruyères. Parfois, quelques voiles blanchissent à l'horizon; un goëland égratigne la lame du bout de ses longues ailes; dans le sentier qui longe la plage, un cheval, conduit par un enfant, passe chargé de sable ou de goëmon.

Le hasard conduisit madame de Belnave dans ces parages. Ces lieux offrirent une patrie à son désespoir. Il y a des âmes pour qui la douleur n'est qu'un prétexte de distractions. Il faut à leur tristesse des rives bénies du ciel, à leur exil les merveilles des arts et le luxe de la nature. Elles vont exhaler leurs soupirs sous les orangers de la rivière de Gênes, confier leurs plaintes aux échos de Parthénope ou de Tibur. Ce sont de faibles âmes et de lâches douleurs. Résolue à s'ensevelir dans ce pauvre hameau, madame de Belnave trouva, pour elle et pour Mariette, un asile chez une femme, dont le fils et le mari s'étaient embarqués récemment, sur un brick nantais, pour une navigation de long cours. Marianna se réserva la chambre du fils : véritable chambre de matelot ! La couchette était dure, les

meubles grossiers, les murs blanchis à la chaux :
mais qu'importait à Marianna ? Elle ne cherchait
qu'une tombe.

Elle souffrit d'un cœur vaillant, qui aime son mal
et veut en mourir. Ce mal est encore de l'amour :
elle s'y plongea avec volupté. Elle déchira ses blessures de ses propres mains : elle s'abreuva tout à
loisir de son sang et de ses larmes. O vanité de la
douleur! En présence de la mer, Marianna ne s'hu-
milia pas devant cette grande désolée, qui remplit
ses rivages de lamentations éternelles. Elle crut entendre une âme répondre aux sanglots de la sienne.
Bientôt, en effet, ce fut comme deux âmes conver-
sant et se comprenant l'une l'autre. Il s'établit entre
elles je ne sais quelles communications mystérieuses. Quand les vagues soulevées bondissaient en
fureur,—cavales à la blanche crinière,—pâle, échevelée, elle allait sur la grève; et là, pareille à l'Esprit de la Tempête, elle mêlait ses cris aux clameurs
de l'ouragan. — Bien ! disait-elle en marchant contre la lame; bien ! tourmentée comme moi, c'est
ainsi que je t'aime ! — Et s'offrant avec une sombre
joie à l'écume glacée que le vent lui jetait au visage,
elle croyait recevoir le baiser de la sœur de son désespoir. Quand l'onde miroitée reposait au soleil,
elle s'étendait sur le sable; ou bien, assise, comme
une mouette, sur un des rochers de la rive, elle
écoutait le langage des flots. Alors, comme les flots
caressant la plage, les souvenirs du bonheur venaient
baigner son cœur apaisé. Elle suivait du regard les
voiles qui glissaient à l'horizon, comme des rêves

de son passé. Elle disait à la mer ses joies éteintes, ses félicités évanouies. Elle appelait George avec amour et se plaignait doucement à lui, tout en le pressant sur son sein. Elle passait ainsi des journées entières, et que de nuits, accoudée sur sa fenêtre ouverte, à contempler, dans de douloureuses extases, les vagues dont la lune blanchissait la crête !

Cette perpétuelle contemplation de l'Océan, jointe à l'exaltation de la douleur, avait fini par exercer sur madame de Belnave une fascination étrange. Parfois, assise sur la grève, le regard fixé sur la mer, elle se sentait invinciblement attirée par la lame, et, pour ne pas céder à cette attraction magnétique, elle était obligée de se cramponner aux aspérités du rivage.

Alors, frappée d'épouvante, il lui semblait que chaque vague prenait une voix pour la rassurer.

— Viens ! disaient ces voix caressantes, viens mêler tes douleurs aux nôtres. Nous sommes des âmes désolées comme toi ; comme nous, condamnée à une plainte sans fin, viens pleurer avec tes sœurs. Que ferais tu sur la terre ? La terre fleurit et chante : nous autres, nous gémissons toujours. Tu manques à nos concerts. Nous avons des grottes d'azur, toutes humides de nos larmes : nous t'y porterons mollement sur nos seins gonflés de soupirs. Viens, livre-toi sans crainte à celle d'entre nous qui s'avance vers toi sur la grève. C'est la plus douce de nos compagnes. Ne la vois-tu pas qui relève, pour t'emporter, la frange d'argent de sa robe ?

Et la lame, déferlant sur la plage, venait agacer les pieds de Marianna, se creusait pour la recevoir, se retirait en l'invitant, revenait pour l'inviter encore. Fascinée, immobile, les mains enfoncées dans le sable, Marianna la suivait d'un œil ardent. — Viens ! répétaient les voix mélodieuses ; que ferais-tu sur la terre ? La terre fleurit et chante : nous autres, nous gémissons toujours.

C'était le suicide qui lui apparaissait, paré de toutes ses séductions. Mourir ainsi devint pour madame de Belnave une préoccupation de tous les instants. Vainement elle essaya de la repousser : la mer était toujours là, et toujours les vagues murmuraient leur refrain plaintif. Marianna finit par le dire à son tour. Qu'attendait-elle de la vie ? Que lui restait-il en ce monde ? Le seul asile qu'elle se fût réservé en s'exilant de Blanfort, Bussy ne venait-il pas de le lui fermer à jamais ? Elle se tourna vers le refuge que lui offrait l'Océan. Ce ne fut pas toutefois un projet froidement conçu, nettement arrêté, devant s'exécuter à jour fixe ; mais une confuse espérance, la seule qui lui restât dans son malheur. L'instinctive certitude de pouvoir en finir à son heure fit descendre en elle un peu de calme et de silence. Son désespoir s'assoupit ; ses larmes coulèrent avec moins d'amertume. Bientôt elle s'habitua à regarder la mer comme une amie qui lui ouvrait son sein ; elle se familiarisa avec les tentations que lui offraient les flots ; elle n'opposa plus aux agaceries de la lame que les répugnances de l'amante qui lutte encore dans sa faiblesse et ne cède qu'en

résistant. Elle pensait sérieusement que son âme se
souviendrait de sa douleur, et se plaindrait éternellement sur ces bords. Elle se disait aussi que sa
mort la ferait vivre dans le cœur de George, et que
le cruel la pleurerait peut-être.

Dès qu'elle eut compris que chaque jour qui se
levait, pouvait ne pas s'achever pour elle, madame
de Belnave s'occupa de ses dernières dispositions.
Avant de quitter Paris, elle avait écrit à sa sœur
qu'elle partait pour un long voyage ; pour un long
voyage, en effet ! Près de l'accomplir, elle voulut re-
nouveler ses adieux à Noëmi : cette fois, les adieux
éternels ! Elle écrivit aussi à son mari : M. Valtone
ne fut pas oublié. Elle assurait le sort de Mariette et
faisait don de toute sa fortune à M. de Belnave. On
imaginera sans peine ce que durent être toutes ces
épîtres. Il est juste de dire que son cœur ne s'y répandit pas en de lâches regrets. Elle acceptait intrépidement jusqu'au bout son orageuse destinée.
L'expérience qu'elle venait de faire ne l'avait pas
ramenée au sentiment des félicités domestiques. Les
tortures du martyre ne lui avaient pas arraché l'ab-
juration de ses croyances. Elle mourait dans la religion de l'amour, sans l'outrager ni le maudire
convaincue qu'en dehors il n'est point de bonheu
ici-bas, heureuse d'en mourir, après avoir vainement essayé d'en vivre. Elle s'était trompée d'âm
voilà tout : son erreur, c'était George, et non l'a-
mour.

Elle écrivit à Bussy et lui pardonna tout le mal
qu'elle avait souffert ; puis sa pensée se porta vers

Henry. Depuis son départ de Paris, elle songeait à lui pour la première fois, l'ingrate ! Comme autrefois dans sa joie, elle s'était enfermée dans sa douleur : elle y avait vécu pour elle seule. Elle s'accusa de l'avoir si longtemps négligé dans son cœur. Sans qu'elle cherchât à s'expliquer pourquoi, l'image de cet enfant lui revint, environnée de charmes qu'elle n'avait jamais soupçonnés jusqu'alors. Longtemps elle rêva au souvenir de cette blonde tête, qu'elle avait si souvent pressée sur son sein, aux heures de désespoir. Peut-être, en retrouvant dans sa mémoire ce qu'il avait été pour elle, devina-t-elle confusément ce qui s'était passé en lui ? peut-être se demanda-t-elle avec inquiétude, dans quelle âme irait s'épanouir cette fleur, qu'à son insu elle avait fait germer sous ses larmes ? Je ne sais : mais sa sollicitude s'alarma pour tant de jeunesse et d'inexpérience. Elle lui écrivit une longue lettre, pleine de sages avertissements, et telle qu'avant d'expirer la mère d'Henry aurait pu l'écrire elle-même ; seulement, le nom de George y revenait sans cesse, et si George n'eût pas dû la lire, la lettre aurait été moins longue.

Tous ces écrits ne devaient arriver à leur adresse qu'après le départ de Marianna pour un monde meilleur. D'ailleurs, elle n'avait confié qu'à Bussy la fin qu'elle méditait. Pour les autres, sa mort serait un accident ; pour lui seul, un fait volontaire. A défaut de regrets, elle voulait lui laisser un remords.

Ces devoirs accomplis, madame de Belnave s'abandonna au courant de sa destinée. Elle était calme : ses journées passaient en promenades solitaires.

Mariette qui la voyait paisible et résignée, ne la suivait plus, comme aux premiers jours. Elle sortait le matin et ne rentrait guère qu'à la nuit tombante. Dans le pays, on s'était habitué à la voir. Les habitants disaient que c'était une âme en peine : leur curiosité n'allait pas au delà. Elle n'eut jamais à se plaindre de l'importunité d'aucun d'eux. Les enfants eux-mêmes se détournaient de son sentier. On montre à Sainte-Marie le rocher sur lequel elle passait, chaque jour, de longues heures, l'œil immobile, fixé sur l'horizon, comme s'il eût épié le retour de quelque voile désirée. On raconte encore, à la veillée, qu'on la voyait, aux marées basses, s'aventurer sur les récifs que la mer, en se retirant, laisse à découvert; et que plus d'une fois le garde-côte, craignant qu'elle ne se laissât surprendre par la marée montante, la rappela de ses cris sur le rivage. Elle se plaisait, en effet, à ces excursions périlleuses. Quand l'Océan quittait ses bords, elle aimait à poursuivre le flot qui s'enfuyait, et à le voir revenir sur elle. Alors, elle fuyait à son tour, mais c'étaient toujours la même fascination et le même vertige. Elle fuyait, mais pas à pas, d'un pied qui ne cède qu'à regret et voudrait se laisser atteindre. Il est vrai que plus d'une fois les cris du garde-côte l'arrachèrent aux étreintes de la vague près de la dévorer : mais une sollicitude plus assidue veillait sur elle et la protégeait.

Huit jours à peine avaient passé, depuis l'apparition de madame de Belnave à Sainte-Marie, et la nouvelle ne s'en était pas encore répandue dans le

pays, lorsque, par un soir de tourmente, un voyageur
descendit à Pornic, à l'auberge du Cygne-Blanc.
Son manteau était transpercé par l'orage ; les bords
de son chapeau, rabattus par la pluie, lui cachaient
à demi le visage ; le cheval qui l'avait amené fumait
à la porte, le col tendu, la tête basse, souillé de boue
jusqu'au poitrail. L'auberge du Cygne-Blanc est
le rendez-vous habituel des matelots du port. Ils s'y
réunissent, le soir, pour fumer et boire du grog. Le
voyageur jeta négligemment sur une table son manteau et son chapeau ruisselants ; puis il tomba, harassé de fatigue, sur une chaise, au coin de l'âtre.
Son air jeune et souffrant attira d'abord les regards.
Mais, ce soir-là, les gens du port avaient des sujets
de préoccupation autrement graves ; et, après avoir
offert à l'étranger une pipe et un verre qu'il refusa
également, ils l'oublièrent pour reprendre la conversation que son arrivée avait interrompue.

Il ne s'agissait de rien moins que de la chaloupe
du capitaine Martin, partie la veille pour Noirmoutiers, avec promesse d'en repartir le lendemain, et
de rentrer le jour même à Pornic. Quand la mer est
belle et le vent favorable, c'est un trajet de quelques
heures ; mais la mer, assez calme au matin, était devenue tout à coup furieuse, et on craignait que la
chaloupe, surprise par le grain, n'eût été jetée sur
la côte. Une vive anxiété se peignait sur toutes les
figures ; des paroles sinistres circulaient : on se rappelait que, l'année précédente, à pareille époque,
un chasse-marée, parti de l'Ile-Dieu, s'était brisé
sur les falaises. L'entrée triomphante du capitaine

Martin, qui parut tout à coup escorté de ses deux mousses, changea cette inquiétude en une joie bruyante. Surpris en effet par la tempête, le frêle esquif, près de sombrer, s'était vu poussé dans l'anse de Sainte-Marie, où la vague, sans plus de dommage, l'avait couché sur un lit de sable. Le fait tenait du miracle, et fut célébré comme tel ; les marins se découvrirent, et l'eau-de-vie coula à pleins bords en l'honneur de Notre-Dame de Bon-Secours.

Le voyageur seul ne prenait point part à la commune joie. Silencieux et sombre, le front appuyé sur la main, il répondait à peine aux questions qu'on lui adressait moins par curiosité que par sollicitude : car il semblait délicat comme une jeune fille ; sa taille mince se courbait sous un air de souffrance, comme un arbuste sous le vent. La finesse de ses traits et la blancheur de son visage que voilaient, sans le cacher, des cheveux blonds encore tout humides, contrastaient singulièrement avec la rudesse des habitués du Cygne-Blanc. Pour la première fois, l'auberge de Pornic justifiait son enseigne : on eût dit, en effet, un cygne blessé, souffrant en silence, le col reployé sous son aile.

Il n'avait pas changé d'attitude, quand soudain, à quelques mots qui le frappèrent comme une commotion électrique, il releva brusquement la tête ; et, rejetant ses cheveux en arrière, il attacha un œil brillant sur le capitaine Martin, qui se faisait en cet instant l'Homère de son Odyssée ; et, à mesure que celui-ci parlait, la pâleur de l'étranger se colorait, son front s'illuminait, son regard rayonnait d'un azur plus chaud et plus vif.

Le capitaine racontait, en prose médiocrement homérique, qu'il avait vu, durant la tempête, une femme de mise élégante courir échevelée sur la côte, descendre sur la grève, tremper ses pieds dans l'écume, puis aller s'asseoir sur un rocher battu des flots, et s'y tenir malgré la pluie et la tourmente. Quelle était cette femme? Un colporteur de livres pieux et de noëls assura l'avoir rencontrée la veille, s'avançant imprudemment sur les récifs; il ajouta qu'il l'avait avertie, par ses cris, de se garer de la marée montante. Il prétendait, de plus, qu'elle habitait Sainte-Marie; et que le douanier garde-côte, qu'il avait questionné, avait répondu que c'était une pauvre folle.

Le colporteur ajoutait encore qu'en revenant de Sainte-Marie il s'était trouvé face à face avec elle, et que, folle ou non, elle était grande dame, et dame jeune et belle.

—Folle d'amour! dit, en branlant la tête, une jeune fille qui, depuis une heure, tenait sur l'étranger ses deux grands yeux noirs immobiles.

—Qu'est-ce que cela, Sainte-Marie? demanda celui-ci d'une voix ardente.

—Sainte-Marie, mon gentilhomme? répondit un des matelots; c'est un village sur la côte : vous pourriez en voir d'ici le clocher, pointu comme une aiguille qui semble vouloir percer le ciel.

—A quelle distance?

—Vingt minutes par terre ; dix par les brisants, à

la marée basse ; cinq par mer, bon vent et marée haute : voilà !

— C'est bien ! dit le voyageur.

Il se leva, prit son manteau et se fit donner une chambre.

Le lendemain, à la pointe du jour, il sortit et suivit le sentier qui mène à Sainte-Marie. De retour à la ville, il s'occupa de chercher un logement dans une maison particulière. Il n'est guère de maison à Pornic qui n'ait quelque coin en réserve pour la saison des bains ; c'est là le revenu le plus clair de l'endroit : car, en été, les baigneurs s'y disputent un grenier au prix de Baden. En hiver, c'est autre chose, et l'étranger n'eut qu'à choisir. Il trouva ce qu'il cherchait au château même de la ville ; le propriétaire lui offrit, dans la tourelle inhabitée, une chambre, qu'il accepta. Quel était ce voyageur ? on ne le sut jamais au pays. On s'y entretient encore de son humeur sauvage et de ses façons étranges. Durant son séjour, il vécut solitaire, inaccessible à toutes relations. Vainement les habitants du lieu tentèrent de l'attirer ; il ne répondit à leurs prévenances que par une froide réserve. Chaque matin, au crépuscule, il sortait, enveloppé de son manteau, ne rentrait qu'aux heures des repas, et, chaque repas pris à la hâte, il s'éloignait de nouveau jusqu'au soir, encore ne revenait-il au gîte que fort avant dans la nuit. On eut bientôt remarqué que ses promenades suivaient toujours le même chemin ; on pensait généralement que l'étranger de Pornic et l'étrangère de Sainte-Marie étaient deux âmes en peine ; et que, pour sûr, l'une d'elles était en peine de l'autre.

On touchait aux derniers jours d'hiver. Un matin, à son réveil, madame de Belnave sentit courir autour d'elle les tièdes brises du printemps. L'alouette chantait dans les sillons ; l'air était doux et parfumé. A voir la marge du sentier, on eût dit que, pendant la nuit, il avait neigé des fleurs. Marianna passa toute la journée dans sa chambre. Jamais l'existence n'avait pesé sur elle d'un poids plus terrible ni plus lourd ; jamais son désespoir n'avait pris un caractère plus âpre ni plus farouche. Durant tout le jour, elle insulta à grands cris à sa destinée ; elle se roula sur son lit, qu'elle baigna de ses pleurs et qu'elle mordit avec rage. Vingt fois elle blasphéma le nom de George : vingt fois elle appela la mort. Hélas ! la douleur ne tue point : elle est si bien faite, au contraire, pour le cœur de l'homme, qu'elle semble le ranimer et lui prêter une vie nouvelle.

Le soir la trouva plus calme ; mais ce n'était que la lassitude qui succédait à de si rudes assauts. Après un assoupissement de quelques heures, elle se réveilla, triste, découragée, s'indignant de voir qu'on pût survivre à tant de déchirements. Elle ouvrit sa fenêtre ; la lune se levait, l'Océan montait vers sa mystérieuse amante. Marianna sortit et alla s'asseoir, bien avant en mer, sur un rocher, couvert de varech, qui semblait taillé tout exprès pour la recevoir.

La nuit était radieuse ; sur la terre, tout était si-

lence, tout était mélodie sur les flots. La lune mettait une aigrette d'argent à la cime de chaque lame;
les étoiles se miraient dans les flaques d'eau que la
marée, en se retirant, avait laissées dans les inéga-
lités des récifs. Jamais madame de Belnave ne s'était
sentie plus détachée des choses d'ici-bas; jamais elle
n'avait tendu d'un effort plus ardent vers le monde
d'oubli.

La contemplation de la mer exerçait sur elle de
merveilleuses influences. Au bout d'une heure, les
orages de son cœur s'étaient apaisés; bientôt, ce ne
fut plus dans son âme qu'un murmure confus, pareil au bruit lointain qui la berçait.

Elle demeura longtemps ainsi. Mariette ne l'avait
pas vue sortir, et la croyait retirée dans sa chambre.
Tout reposait au village; madame de Belnave veillait seule. Elle était toujours à la même place, lorsque le bruit lointain se rapprocha. La lune descendait toute rouge à l'horizon : l'orient blanchissait;
l'aube naissante traçait de lumineux sillons sur la
couche huileuse des flots. Les flots montaient, et
madame de Belnave les entendait piaffer au loin et
envahir successivement leur domaine. Elle les écoutait sans effroi. Bientôt elle put les voir se dérouler
en larges nappes, et s'allonger, souples et gracieux
comme un serpent, pour l'enlacer.

Et jamais les vagues n'avaient dit leur refrain
d'une voix plus charmante.

Elle était toujours dans la même attitude, sans
souffle, sans mouvement, semblable à l'oiseau fas-
ciné par le regard de la vipère. Le soleil se levait,

les goëlands volaient autour d'elle, et les flots montaient toujours.

Madame de Belnave crut voir les cieux s'entr'ouvrir pour la recevoir. Elle crut entendre d'autres concerts se mêler aux chants des sirènes.

— Viens, disaient des voix qui descendaient du ciel ; nous avons été des âmes désolées comme toi, comme toi, nous avons aimé, nous avons pleuré, nous avons bien souffert ; mais la mort nous a délivrées, et nous avons trouvé l'amour, vainement cherché sur la terre. Viens ! ici le bonheur est sans fin et la jeunesse est éternelle. Viens aimer avec tes sœurs.

Les flots montaient, montaient. Déjà leurs lèvres humides venaient baiser les pieds de Marianna. Déjà la vague, déferlant sur elle, enflait les plis de son manteau. Il y eut un instant où l'une d'elles, heurtée par la lame qui s'en retournait, la ramena violemment sur la grève, et sauta, comme une hyène, sur madame de Belnave, qu'elle enveloppa tout entière. Elle poussa un cri, et, l'instinct de la conservation s'éveillant, elle essaya de se débattre sous ces terribles caresses ; mais les lames piétinaient sur son corps, et soulevaient son pâle visage, pareil à ces belles fleurs que nos rivières étalent sur leurs eaux. C'en était fait de Marianna, quand, tout à coup, deux bras vigoureux la soulevèrent et la déposèrent évanouie sur le rivage.

Au bout de quelques instants, un souvenir confus de ce qui s'était passé lui traversa l'esprit : elle sentit ses vêtements mouillés, elle appuya ses

18.

mains sur son front comme pour fixer ses pensées ; puis, regardant autour d'elle, elle aperçut
Henry qui la contemplait.

## CHAPITRE XV.

Le soir du même jour, tous deux se promenaient
sur la côte. Madame de Belnave marchait appuyée
sur le bras du jeune homme.

— Ainsi, disait-elle, vous m'avez suivie dans mon
triste pèlerinage. Ange invisible de ma destinée,
vous étiez là, près de moi, respectant ma solitude,
et veillant sur elle à toute heure ! Mais qui vous a
révélé le lieu de mon exil ? comment avez-vous
trouvé la trace de mes pas ? dites aussi comment,
sur ces grèves désertes, dans ce pauvre hameau,
vous avez pu tromper mon regard et me cacher
votre présence.

— Trouver vos traces me fut bien facile, et plus
facile encore de me dérober à vos yeux, ajouta-t-il
avec un triste sourire, car vous ne me cherchiez
pas.

— Vous étiez là, près de moi, chaque jour, à
toute heure ! répétait madame de Belnave avec un
doux étonnement.

— Aviez-vous donc pensé, répondit Henry d'un
ton de reproche affectueux, que je vous laisserais

partir seule, livrée aux conseils de votre désespoir ?
avez-vous oublié les jours où vous me mêliez fra-
ternellement à tous vos rêves d'avenir ? L'avenir
était riant alors, et vous me faisiez une place dans
votre bonheur. Convive des jours heureux, n'ai-je
pas droit à ma part de vos infortunes ? Oui, je vous
ai suivie; oui, j'étais là, près de vous, sans cesse :
car j'avais bien compris, cruelle, que vous méditiez
quelque funeste dessein.

— Cher enfant ! mais pourquoi m'avoir laissé
ignorer qu'une affection si tendre veillait auprès de
moi ?

— Quand vous avez quitté Paris, vous n'espériez
pas me retrouver sur les côtes de la Bretagne.

— Je n'espérais rien que la mort; et quelque
douce à mon cœur que soit votre présence, si vous
m'eussiez consultée, Henry, je n'aurais pas accepté
l'offre de votre dévouement.

— Rassurez-vous, répondit le jeune homme; jusqu'à ce jour, je n'ai pas été pour vous un compagnon bien importun : il en sera toujours ainsi. Vous
ne me verrez pas, seulement vous saurez que je suis
près de vous; quand la solitude vous sera trop
amère, vous m'appellerez, je viendrai. Dites, ne le
voulez-vous pas ? Ne suis-je plus votre ami, votre
frère ? N'est-ce pas ainsi que vous m'appeliez autrefois ?

— Toujours, ah ! toujours ainsi ! s'écria madame
de Belnave d'une voix émue, en pressant le bras
d'Henry contre son sein.

— N'avez-vous pas des heures où l'isolement

vous accable, des heures de tristesse et d'ennui, où
votre cœur voudrait s'épancher ? Ne vous serait-il
pas doux parfois de pouvoir parler des bons et des
mauvais jours ? N'est-il pas des souvenirs qui vous
oppressent ? un nom que vous aimeriez à dire et à
entendre ? Ce nom cher et maudit, nous le dirons
ensemble. Je serai l'écho de vos douleurs.

— Vous m'auriez bien aimée, vous ! dit Marianna
avec mélancolie. Oui, cher enfant, oui, ajouta-t-elle,
j'ai des heures où la solitude pèse sur moi, comme
un manteau de plomb ; des heures horribles où je
crie mon désespoir aux nuages, aux vagues, aux
rochers du rivage ; des heures où ma pauvre tête
s'égare, où je crains, où je sens, où je vois la
folie ! Oui, vous me seriez doux alors et bienfai-
sant. Mais partez, Henry, je le veux, il le faut !
J'aurais honte et remords à prolonger un si généreux sacrifice. Partez, et que ma destinée s'a-
chève.

— Je ne vous ai rien sacrifié.

— Vos travaux, vos plaisirs.

— Mes travaux, je suis jeune ; mes plaisirs, je ne
les connais pas.

— Et que puis-je donner en échange d'une amitié si noble et si dévouée ? pas même l'espoir de me
laisser consoler par elle.

— Je ne demande que le droit de vous aider à
souffrir.

— Ah ! n'êtes-vous pas rassasié de mes larmes ?

— Non, dit Henry, pleurez.

La malheureuse pleurait en effet.

— Pourquoi m'avez-vous sauvée ? s'écria-t-elle
en quittant le bras qui la soutenait ; pourquoi m'a-
vez-vous arrachée à la mort ? Sans vous, sans votre
cruelle pitié, je reposerais à cette heure. Que voulez-vous que je fasse ici-bas ? Je n'attends plus rien
de la vie : que ne me laissiez-vous mourir !

— J'ai vu George avant mon départ, dit le jeune
homme d'un air distrait.

— Vous l'avez vu ! dit Marianna reprenant avec
empressement le bras qu'elle avait repoussé. Eh
bien, Henry, que se passait-il en lui ? ne souffrait-il
pas un peu de mon absence ? ne lui manquais-je
pas un peu ? Car enfin, j'étais bien quelque chose
dans son existence ! Où trouvera-t-il une affection
comme la mienne ? Ah ! dites, n'avait-il pas quelque pitié de sa victime ? quelque souci de ce lugubre
voyage, que j'accomplissais seule, et la mort dans
le sein ? Ne vous a-t-il pas confié pour moi quelques regrets, quelques paroles de tendresse ? N'est-
ce pas lui qui vous envoie ? Dites, ah ! dites, Henry,
sait-il du moins comment je l'aimais ? sait-il bien
qu'il aura été mon premier, mon dernier amour ?
ne se plaint-il jamais de moi ? lui aurai-je laissé
quelques chers souvenirs ?

Ils avaient, en causant, suivi le sentier qui conduit à Pornic. Ils se trouvèrent, sans y songer, devant la tour, qui veille, comme une sentinelle, sur
la plage, au pied de la ville. C'est une tour crénelée,
s'évasant, par une courbe gracieuse, du sommet à
la base, et laissant pendre de ses flancs des touffes.

de pariétaire. C'était là, dans la partie la plus élevée, que le jeune homme avait loué une chambre, qu'il disputait aux chouettes et aux orfraies. Cette chambre, madame de Belnave eut fantaisie de la visiter. Tout reposait dans la petite cité. Ils passèrent sur le pont-levis et pénétrèrent dans le donjon. La lampe, qui chaque soir attendait Henry, brûlait sur la première marche. Il la prit, et, à la lueur vacillante de la mèche qui crépitait dans l'humidité, tous deux gravirent l'escalier de pierre. L'appartement d'Henry était plus que modeste : une couchette, d'un aspect dur et froid, une table boiteuse et deux chaises en composaient tout l'ameublement ; quelques livres apportés de Paris, de l'encre, du papier et des plumes, étaient dispersés sur la table.

— Eh quoi ! dit Marianna en promenant un triste regard autour des murs nus et glacés, est-ce donc là que vous avez passé de longues nuits d'hiver ? Tant d'amitié me décourage : Henry, vous humiliez l'amour.

— Ne me plaignez pas, répondit le jeune homme, et dites si le palais d'un roi a jamais enfermé plus de luxe et de magnificence.

A ces mots, il ouvrit la fenêtre ; et tous deux, appuyés sur la barre de fer, contemplèrent le plus beau spectacle qui puisse s'offrir au regard de l'homme. La lune dormait sur un banc de nuages ; on n'entendait que le bruit des vagues qui s'enlaçaient avec amour ; et, comme un phare perdu dans l'immensité, la tour dominait une mer sans rivages.

## CHAPITRE XVI.

Madame de Belnave insista sérieusement pour qu'Henry retournât à Paris; mais elle s'abandonnait, à son insu, au charme de le sentir près d'elle, et le voir chaque jour, à toute heure, devint bientôt une habitude à laquelle elle n'eût pas renoncé sans déchirement. Il faut s'être nourri des larmes de la solitude pour savoir tout ce qu'il y a de doux à pleurer sur des mains amies. Et puis, quelle tendresse se montra jamais plus ingénieuse et plus dévouée que celle de ce jeune homme ? quelle âme plus délicate, quel cœur plus désintéressé ? Si madame de Belnave accepta follement la présence d'Henry, sans soupçonner que tant d'abnégation pût avoir un autre mobile qu'un sentiment calme et serein, c'est qu'elle était, elle aussi, une nature généreuse, à la hauteur de tous les dévouements; pour les comprendre, elle n'avait besoin de recourir qu'aux nobles instincts qui vivaient en elle. Dans la fièvre d'exaltation qui avait consumé sa jeunesse, elle avait rêvé des amitiés chevaleresques, des sacrifices surhumains. Elle s'était promis de s'immoler sur l'autel de toutes ses affections; aux affections les plus paisibles elle avait prêté les allures turbulentes de la passion. Elle s'était familiarisée de bonne heure avec l'héroïsme; son imagination le lui avait représenté comme une menue monnaie d'un cours facile et journalier.

Aussi, loin de s'étonner de la conduite d'Henry, n'y trouva-t-elle rien que de simple et de naturel. Elle aurait fait pour lui ce qu'il faisait pour elle : ils étaient quittes.

Leur vie fut grave et solennelle comme les lieux qui la recélaient. Chaque matin, aux premiers rayons, Henry sortait de Pornic et se dirigeait vers Sainte-Marie. Il était bien rare qu'il ne trouvât pas madame de Belnave errant déjà sur la côte. Aussitôt qu'il paraissait au détour du chemin, elle l'appelait du geste ou de la voix, et tous deux allaient, à pas lents, le long des falaises. L'or des ajoncs pâlissait; de petites fleurs blanches et roses riaient entre les fentes des rochers; le soleil, à l'heure de midi, chauffait le sable de la grève. Ils allaient, s'entretenant des anciens jours : elle, ne se lassant jamais d'en redire les joies et les tristesses; lui, ne se lassant pas de l'entendre. Il déroulait lui-même, d'une main habile et patiente, le fil qui les guidait tous deux à travers les ruines du passé. Il connaissait, aussi bien qu'elle, les sentiers chers à son désespoir; loin de chercher à l'en détourner, il l'y ramenait sans cesse, et l'arrêtait à chaque illusion qu'elle avait ensevelie derrière elle. Il avait de merveilleux secrets pour entretenir dans cette âme désolée la source des épanchements, pour ouvrir, chaque jour, de nouvelles issues aux souvenirs qui l'oppressaient; il perçait, pour ainsi dire, autour d'elle de mystérieux canaux qui les laissaient s'échapper goutte à goutte, comme l'eau d'un réservoir. Il s'abstenait de lui

offrir le baume irritant des consolations vulgaires :
il ne la consolait pas. Il l'encourageait, au contraire,
dans cette sainte croyance, qu'il respectait, qu'il
partageait peut-être, qu'elle souffrait d'un mal sans
remède, et que sa douleur n'aurait pas de fin. Ainsi,
tous deux cheminaient lentement, se perdant l'un
et l'autre en d'interminables élégies. Il est sur cette
côte de petites baies naturelles, formées par les an-
fractuosités du roc. Ce sont, pour la plupart, des
grottes tapissées de plantes marines, où les vagues
viennent mourir sur un sable fin et doré. Vers le
milieu du jour, quand le soleil brûlait la plage, et
que Marianna sentait ses forces épuisées, ils allaient
demander à l'un de ces asiles la fraîcheur, l'ombre
et le repos. Ils passaient là des heures silencieuses ;
elle, à contempler d'un air mélancolique le jeu des
lames qui chatoyaient sous l'azur du ciel ; lui, assis
auprès d'elle, triste et rêveur aussi : mais son regard ne cherchait pas les flots, et ce n'était pas des
parfums de la mer qu'il enivrait sa muette rêverie.

Madame de Belnave ne tarda pas à subir de salutaires influences. Elle avait fini par puiser dans l'expansion de ses regrets un charme qui la rattachait
insensiblement à l'existence, et lui faisait ajourner
indéfiniment l'exécution de ses funestes projets.
Elle pressait bien encore le départ d'Henry ; mais
d'une voix si faible et d'un si faible cœur, que le
jeune homme pouvait prolonger son séjour sans
craindre de s'exposer au reproche d'importunité.
La douleur est si férocement égoïste, elle se croit si
bien le centre de toutes choses, elle est si pieuse-

ment convaincue que la nature entière se lamente
et pleure avec elle, que Marianna ne s'inquiétait
guère de savoir si son compagnon n'avait pas un
autre rôle à jouer, plus sérieux que celui d'écouter
sur les rives de l'Océan les plaintes d'un amour
malheureux. Henry était devenu pour elle un besoin réel. Elle aimait à le voir poindre, le matin,
sur la côte ; ou, quand la marée était basse, accourir, comme un chamois, par les récifs. S'il tardait,
elle interrogeait d'un regard inquiet le sentier ou les
brisants ; et quand la blonde tête paraissait enfin,
sa poitrine, dégagée d'un vague sentiment de terreur, se soulevait libre et légère, et aspirait l'air
avec joie. Un jour, pourtant, elle avait exigé, dans
une heure de réflexion sévère et désintéressée,
qu'Henry rentrât dans la vie que lui prescrivaient
ses devoirs. Elle avait compris que ce n'était pas là
la place de cet enfant, que d'autres soins le récla-
maient ; que sa destinée, à elle, était accomplie ;
qu'il avait, lui, la sienne à faire, et que c'était un
meurtre enfin d'enchaîner ainsi tout un avenir à un
passé irréparable. Henry, de son côté, avait semblé
céder aux instances de Marianna ; et tous deux s'é-
taient quittés le soir, en échangeant un long adieu,
comme si les jours suivants n'eussent pas dû les
réunir.

— Vous partez chargé de mes bénédictions, lui
avait-elle dit en le pressant doucement sur son sein ;
vous êtes un noble cœur. George m'a porté un rude
coup, et je doute que je m'en relève ; mais, dussé-
je en mourir, je sortirai de ce monde sans amer-

tume et sans colère, avec la pensée consolante qu'il renferme des affections sincères, des sentiments vrais et durables. Adieu ; que mon souvenir vous soit doux, et que la vie vous soit légère !

Elle l'avait conduit jusqu'au pied de la tour. Ils se séparèrent après s'être embrassés tendrement. Henry devait partir le lendemain matin, par la carriole qui fait chaque jour le service de Pornic à Paimbœuf. Marianna demeura longtemps sur la plage à suivre du regard la lampe qui montait lentement d'étage en étage. Au bout de quelques instants, la chambre d'Henry s'illumina, la fenêtre s'ouvrit ; et le jeune homme, se penchant sur la barre, put voir un mouchoir blanc qui s'agitait dans l'ombre, en signe de suprême adieu.

Madame de Belnave avait trop présumé de ses forces et de son courage. Elle s'était fait de la présence d'Henry une trop longue habitude pour pouvoir s'en sevrer impunément. Il lui sembla qu'elle subissait un nouvel abandon. Elle avait cru, jusqu'alors, avoir épuisé la douleur jusqu'à la lie ; elle s'étonna de trouver encore tant de fiel au fond du calice. Le lendemain, elle se leva, découragée du sacrifice de la veille. Dans je ne sais quel espoir qu'elle ne s'avouait pas à elle-même, elle se rendit à la côte ; et, grimpant sur le roc le plus élevé, elle laissa son âme et ses yeux courir vers la ville qui blanchissait aux feux du matin. Le soleil monta dans le ciel, les pêcheurs couvrirent la plage, les voiles sortirent du port : Henry ne parut pas. Elle alla s'asseoir aux lieux où ils s'étaient assis ensem-

ble; elle parcourut les bords qu'ils avaient parcourus tous deux; ses plaintes n'éveillaient plus d'é-
chos, ses larmes tombaient sur la grève aride. Elle
crut que cette mortelle journée n'aurait pas de fin.
Le soir, ayant tourné ses pas vers Pornic, elle s'arrêta devant la tour déserte, où elle avait été l'objet
d'une si vive sollicitude; puis, promenant autour
d'elle un long et douloureux regard, elle reprit, en
soupirant, le chemin de sa solitude. Dans l'amertume de ses pensées, elle accusait Henry, l'injuste!
Elle se disait que ses scrupules l'avaient trouvé bien
humble et bien docile, qu'il était parti bien vite,
et qu'une amitié véritable ne l'eût pas ainsi délaissée. C'était un noble enfant, sans doute, mais d'enthousiasme et de découragement faciles; prompt au
sacrifice, mais sans suite dans le dévouement; une
de ces natures qui manquent de souffle, âmes sans
profondeur, où les affections ne germent qu'à la su-
perficie, tempéraments de paille chez lesquels
l'héroïsme s'éteint aussi rapidement qu'il s'allume.
Il était arrivé, séduit par la poésie de son rôle: il
avait pris follement un caprice d'imagination pour
une exigence de cœur. C'était moins qu'un ami, ce
n'était qu'un poëte: aux prises avec la réalité, il
avait dû succomber à l'œuvre. Ces tristes réflexions
avaient ramené madame de Belnave au village.
Près de rentrer, sur le pas de sa porte, elle trouva
Henry qui l'attendait. Elle craignit d'abord que ce
ne fût une illusion, mais le jeune homme s'était
levé et lui tendait la main; elle la prit, et, par
un brusque mouvement de reconnaissance, elle la

porta à ses lèvres. Arrivé à Paimbœuf, il n'avait pu
se résoudre à poursuivre sa route ; il était revenu
par la voiture du soir.

— Ah ! j'étais sûre que vous ne partiriez pas !
s'écria-t-elle avec effusion.

— Écoutez, lui dit-il, et répondez-moi franchement. Est-ce dans mon intérêt ou dans le vôtre que
vous avez tenté de m'éloigner ? Ma présence vous
est-elle fâcheuse ? Troublé-je votre solitude ? Vous
est-il importun de penser que je respire l'air que
vous respirez ? Peut-être irrité-je vos souvenirs au
lieu de les calmer ? Dites, sans crainte de m'offenser ; et s'il en est ainsi, je partirai et ne reviendrai
plus.

— Henry, dit-elle, ma joie ne vous a-t-elle pas
répondu ?

— Pourquoi donc, sans pitié pour vous-même,
m'avoir si cruellement exilé de votre douleur ?
Vous me parliez de mes devoirs : en est-il de plus
sacrés que ceux que l'affection nous impose ? Ce
n'est pas vous qui consentiriez à fuir le chevet d'un
ami mourant. D'ailleurs, ne devinez-vous pas que
ma tendresse est égoïste, et que je me creuse pour
l'avenir des sources de consolations ? Qui sait ? mon
tour viendra peut-être. Laissez-moi donc vous aider
à vivre. Vous n'êtes pas de ces cœurs que la reconnaissance embarrasse ; je vous prête aujour-
d'hui, vous me rendrez plus tard.

— Henry ! Henry ! s'écriait-elle en lui pressant de
nouveau les mains ; et elle les arrosait en même
temps de larmes d'attendrissement.

19.

Dans l'affreux abandon où George l'avait plongée, il lui semblait doux de se sentir aimée de la sorte ; bien qu'elle fût décidée à ne tenter aucune chance de guérison, elle se cramponnait instinctivement à cette tendresse qui devait la sauver. Bientôt leurs habitudes se mêlèrent et se confondirent. Marianna se plaisait à cette communauté d'existence qui lui rappelait les jours heureux qu'elle avait vécus avec Bussy. Ils prenaient leurs repas ensemble, soit à Sainte-Marie, soit au Porto, soit dans quelque autre hameau qu'ils rencontraient dans leurs excursions sur la côte. A la longue, ces excursions s'étendirent au loin dans le pays. Ils visitèrent la pointe de Saint-Gildas, Noirmoutiers et l'Ile-Dieu. Henry savait intéresser madame de Belnave aux lieux qu'ils parcouraient : il en connaissait l'histoire ; au besoin, il l'eût inventée. Il savait aussi jeter en elle des semences d'espoir et de vie.

— Voyez, lui disait-il un soir, tout meurt, mais tout renaît. La mer quitte ses bords et laisse les carènes couchées sur le flanc, dans la vase : encore quelques heures, les vagues viendront couvrir la plage et balancer sur leur sein les navires soulevés. Les plantes arrachées par l'orage vont refleurir sur un sol meilleur. Il y a, dans un champ de mon père, un arbre frappé de la foudre ; à le voir chargé de feuillage, on dirait que le feu du ciel en a fécondé les rameaux. Voyez, l'hiver a fui : la colline verdoie, la terre s'éveille et chante. Pensez-vous que notre cœur ne soit pas soumis aux mêmes lois que la nature, et que Dieu nous ait traités moins favo-

rablement que le reste de la création ? Rappelez-
vous ces paroles de l'un de vos poëtes les plus
chers : « — Bien souvent on croit que c'en est fait
des belles années et de leurs dons ; on se dépouille,
on se couche au cercueil, on se pleure. Puis, on
oublie, on s'exhale, on se renouvelle. Deux ou trois
années de larmes ne sont qu'une rosée dans la jeunesse ; une matinée meilleure essuie tout, une frat-
che brise nous répare. Le rayon venu, on renaît ; le
cœur fleurit et s'étonne lui-même de ces fleurs faciles et de ces gazons qui recouvrent le sépulcre
des douleurs d'hier. Chaque printemps qui reparaît
est une jeunesse que nous offre la nature, et par laquelle elle revient tenter notre puissance de jouir et
notre capacité pour le bonheur. Y trop résister n'est
pas sage. »

Elle secouait la tête et ne répondait pas, mais elle
ne songeait plus à mourir. La douleur s'use en
se racontant. Déjà celle de Marianna était moins
acérée, chaque jour en émoussait la pointe et le
tranchant. La saison des bains approchait : Pornic
allait être envahi par la foule. Comme deux oiseaux
effarouchés, ils prirent leur volée, et allèrent chercher un nid plus silencieux et plus solitaire. Ils
l'eussent trouvé bien aisément dans cette contrée,
patrie du silence. Mais, à peine installés, Henry
imaginait toujours quelque prétexte pour reployer
leur tente et la porter sur d'autres rivages. Ils explo-
rèrent ainsi toute cette partie de la Bretagne, si riche de beaux sites et de grands souvenirs. Les accidents de cette vie errante distrayaient madame de

Belnave et l'arrachaient forcément à elle-même. Son désespoir se fondait dans la mélancolie du paysage qui se déroulait autour d'elle. Il faut dire aussi que son imagination romanesque s'accommodait volontiers de cette aventureuse existence d'artistes et de bohémiens. Les départs au matin, les haltes sous les grands arbres, les pèlerinages aux châteaux dévastés, les légendes racontées au bord des claires fontaines ou sur le seuil des monastères en ruine, les arrivées, le soir, à l'hôtellerie : tous ces détails charmaient secrètement Marianna et poétisaient sa souffrance. Et puis, Henry avait d'inépuisables ressources pour absorber en elle l'activité du cœur, ou pour la détourner. C'était à la fois un caractère triste et rêveur, un esprit ardent et vif. Il résultait de ce contraste une mobilité de sensations, d'idées et de manières qui tenait continuellement madame de Belnave en action, et rompait avec bonheur la monotonie de leurs entretiens.

Ce fut par une chaude soirée d'été qu'ils découvrirent un des coins de cette terre de France, que le soleil éclaire avec le plus d'amour. Partis le jour même de Mortagne, ils avaient, au carrefour de Torfou, salué la colonne Vendéenne ; la voiture roulait depuis quelques heures sur la route poudreuse, jetée, comme une écharpe, au travers des blés jaunissants et des steppes de hautes bruyères, lorsque, arrivés au sommet d'une côte, ils s'arrêtèrent pour contempler le magique tableau qui s'offrait à leurs yeux. C'était une vallée encadrée par d'étroits horizons ; mais à voir tant d'enchantements réunis dans un espace si borné, il semblait un jardin où la nature aurait étalé tous les échantillons de sa magnificence, afin qu'on pût l'embrasser d'un regard, et, pour ainsi dire, la toucher de la main. Dans le creux du vallon, où descendaient déjà l'ombre et le silence, une rivière, unie comme un miroir, réfléchissait dans ses eaux de cristal le luxe de ses rivages. Les chênes se penchaient sur ces ondes; les saules y baignaient leurs cheveux azurés. Barré de distance en distance par les écluses qui donnaient le mouvement et la vie à d'élégantes fabriques, le courant se brisait en cascatelles écumantes, pour reprendre presque aussitôt son aspect de lac endormi. Sur la rive gauche, au bas de la ville qui s'échelonnait coquettement sur le versant de la montagne, et mirait sa toiture italienne dans le fleuve qui lui mouillait les pieds, un château féodal, pareil lui-même à une ville fortifiée, s'élevait dans sa masse imposante, et racontait les siècles écoulés, tandis que, çà et là, des ruines plus récentes disaient les malheurs de notre âge. C'était un des rares débris qu'a respectés jusqu'à ce jour le monstre aux cent bras qui s'appelle industrie. Mutilé par la guerre, et rongé par le temps, la nature l'avait conservé sous un ciment de fleurs et de verdure. Le lierre grimpait aux murs et en soutenait les assises; les giroflées et la clématite tombaient en touffes odorantes le long des flancs crevassés; les campanules agitaient entre les lézardes leurs clochettes roses et bleues; et, comme le panache d'un casque de géant, au front de chaque tour s'épanouissait un bouquet d'ormes. Les créneaux étaient encore embrasés des feux du couchant ; et cependant, sur l'autre bord, le croissant effilé de la lune, sortant d'un massif de coudriers, brochait de lames d'argent la couche frissonnante de l'onde, et blanchissait, sur la colline, des sentiers tout pleins d'amour et de mystère, qui couraient entre les rochers, et se perdaient furtivement sous le feuillage. Les deux voyageurs restèrent longtemps absorbés dans une contemplation muette. On entendait le bruit des écluses, le bourdonnement des insectes ailés, les cris des martinets qui traçaient autour des bastions des cercles fantastiques, et le son voilé d'un cor qui se plaignait sous les arceaux brisés.

Marianna se laissa prendre au charme de ces lieux. Les ruines, les pins, les cyprès, les mélèzes qui se mêlent au luxe éblouissant de cette splendide nature, y projettent des teintes sombres qui en adoucissent l'éclat et en permettent la contemplation aux yeux fatigués de larmes. Éden enchanté, que protége un nom cher aux arts, nul n'a pu le voir sans l'aimer. Les âmes lassées s'y reposent : telle n'y cherchait que l'oubli, qui sut y trouver l'espérance. Les esprits les plus avides du bruit et des fêtes du monde s'y surprennent à rêver de longs jours de félicité. Les rêves de bonheur y sont plus doux que le bonheur sous d'autres cieux. Heureux donc ceux-là qui, libres de tout soin, au retour de la verte saison, peuvent, le long de ces sentiers, au bord de ces eaux murmurantes, aller poursuivre leur chimère : heureux trois fois si, la voyant un

jour — dût ce jour être sans lendemain — ployer
ses ailes et s'abattre sous ces frais ombrages, il leur
est donné de la saisir, plus belle que leurs plus
belles illusions, et d'emporter de ces rives bénies
des souvenirs embaumés comme elle !

Ce fut une nouvelle vie, moins austère que celle
qu'ils avaient promenée sur les dunes de l'Océan.
Leurs habitudes n'avaient pas changé ; mais le nom
de George ne se mêlait plus à tous leurs discours,
et madame de Belnave ouvrait involontairement
son âme aux brises amollissantes. Le voisinage de la
mer avait déroulé à sa douleur les champs de l'in-
fini : resserrée cette fois par de riants horizons, cette
douleur prit de jour en jour des proportions moins
gigantesques et un caractère moins sauvage. Encore
tout imprégnée des senteurs de la grève, elle se
parfuma de la verdure des bois et des fleurs du
vallon.

Ce petit pays est, aux beaux jours, visité par
tous les sots qui fleurissent à dix lieues à la ronde.
Les archives de la Garenne font foi que l'esprit, s'il
court les rues, ne court guère les grands chemins.
Henry et Marianna cherchèrent les sentiers déserts ;
le parc, où se presse la foule, ne les vit jamais qu'au
matin, quand les merles saluaient le jour et que les
écureuils sautaient gaiement de branche en branche.
Il y a sur l'autre colline, plus inculte et plus pittoresque, des asiles charmants qui, n'étant pas enclos
de murs, sont dédaignés, par cela même, de la
tourbe des visiteurs. C'est là qu'ils allaient s'asseoir,
loin du monde, à l'ombre des frênes, et qu'ils ai-

maient à reprendre leurs chers entretiens, souvent
interrompus par la lecture des poëtes. Madame de
Belnave se plaisait à ces lectures que lui faisait
Henry. C'étaient presque toujours les chants plaintifs de l'amour délaissé, cette éternelle histoire de
l'amour des poëtes. Marianna, en les écoutant,
éprouvait un secret sentiment d'orgueil, comme si
tous ces nobles génies se fussent inspirés de sa
souffrance. Henry savait aussi la captiver aux récits
du passé. Ils foulaient une terre de glorieuse mémoire ; il disait les faits qui l'ont illustrée, les luttes
anciennes, les désastres des guerres récentes ; et,
devant ces hautes infortunes, madame de Belnave
courbait le front et s'humiliait. Ils aimaient, durant
les nuits sereines, à errer, comme deux ombres, à
travers les ruines féodales, ranimant les cendres
éteintes, et relevant par la pensée chaque pierre de
l'édifice. Immobile sur la plate-forme, la sentinelle
veillait, appuyée sur sa hallebarde ; les gens d'armes
se pressaient dans la cour ; les destriers piaffaient à
la porte mauresque ; la dame suzeraine, le faucon
sur le poing, passait, escortée de ses pages. Marianna s'oubliait à ces jeux d'imagination poétique.

Il était bien vrai qu'elle se rattachait chaque jour
à la vie par quelque invisible lien. Suspendue au
bras d'Henry, elle se surprenait parfois marchant
d'un pas léger, d'un cœur presque joyeux ; ou bien,
couchée sur le coteau, elle s'enivrait des parfums et
des harmonies du paysage. On eût dit alors que son
âme réfléchissait, comme un lac limpide, la nature
qu'elle contemplait. Partout, autour d'elle, la vie

fleurissait sur la mort : les saules mêlaient leur tendre verdure aux noirs rameaux des cyprès ; l'hirondelle gazouillait sous les arceaux ruinés ; le violier pendait aux murailles. Ainsi, dans cette âme brisée, la jeunesse triomphait du néant ; le sourire se mariait aux pleurs, l'espérance aux regrets, et de nouveaux gazons germaient sur la tombe des illusions.

Toutefois, elle avait encore des heures où elle sentait retomber sur elle le poids écrasant de sa destinée, où ses plaies se rouvraient et saignaient toutes vives. Dans ces recrudescences de désespoir, Marianna blasphémait la tendresse qui l'avait sauvée ; elle s'accusait elle-même de faiblesse et de lâcheté ; et, repoussant Henry avec colère, elle s'échappait pour aller pleurer à l'écart. Pareille à une biche blessée qui traîne à son flanc le trait mortel, elle allait par les sentiers qui côtoient la Sèvre, folle, égarée, déchirant ses pieds aux cailloux, son visage aux ronces des buissons ; puis, épuisée et n'en pouvant plus, elle finissait par tomber inanimée au revers du chemin. Mais l'indulgente nature veillait sur elle et lui venait en aide. Les arbres l'enveloppaient d'ombre et de fraîcheur, les menthes embaumaient sa couche, les brises caressaient son sommeil, et, pour la regarder, les liserons de neige se penchaient sur les haies. Ainsi, la paix et le silence filtraient goutte à goutte en son âme. A son réveil, elle souriait aux bienfaits de la création : le souvenir d'Henry lui revenait, plus suave que l'air qu'elle respirait, plus parfumé que les plantes de la rive, plus virginal que les fleurs qui la regardaient ; et, s'accusant d'in-

justice et d'ingratitude, elle allait chercher sa grâce
dans le cœur qu'elle avait repoussé. Henry se prêtait avec douceur à tous les caprices de cette humeur tendre et farouche ; mais qui pourra dire
jamais ce qui se passa dans ce jeune homme durant
ce temps d'apparente résignation !

Aussi imprudente dans l'effusion de ses regrets
qu'autrefois dans l'expansion de son bonheur, Marianna ne soupçonnait rien et ne songeait jamais à
s'enquérir si le lac, qu'elle voyait calme et limpide
à la surface, ne dormait pas sur un lit tourmenté.
Elle n'avait pas encore imaginé qu'il pût y avoir
sous le ciel une autre douleur que la sienne ; et celui
qui serait venu lui dire qu'il était une créature souffrant d'une blessure pour le moins aussi cuisante
que le mal qui la consumait, n'eût éveillé peut-être
en elle qu'un mouvement d'incrédulité. Elle aimait
Henry cependant : elle l'aimait, à l'insu d'elle-
même, d'une affection plus vive que celle qu'entraîne la reconnaissance. Elle aimait en lui les qualités qu'elle ne retrouvait déjà plus en elle, les grâces
de la jeunesse, le naïf enthousiasme des esprits
inexpérimentés, la poésie des sentiments que n'a
pas encore déflorés l'existence. Il la reportait aux
jours de son printemps, à ces jours si rapidement
envolés, où elle s'épanouissait, elle aussi, aux promesses de l'avenir. En l'écoutant, elle se demandait
avec irritation pourquoi le ciel ne lui avait pas envoyé, au lieu de l'âme épuisée de Bussy, cette âme
neuve et fraternelle ; parfois alors tout prenait une
voix pour lui dire, avec le poëte, que ces jours n'é-

taient pas envolés sans retour, et qu'il est en nous
des gerbes d'amour toujours prêtes à s'ouvrir au
premier souffle caressant. Il y avait des instants où
des flots de tendresse affluaient subitement à ses
lèvres sans pouvoir s'échapper; d'autres où ses
joues se mouillaient de larmes qui jaillissaient de
sources ignorées, mais non plus de sources amères.
Il y avait des soirées enivrantes où, s'abandonnant
mollement au bras qui la soutenait, elle allait, rêveuse et troublée, s'oubliant en de longs silences.
D'autres fois son affection pour Henry prenait un
caractère ardent et passionné. Et que de fois aussi,
dans la tristesse de ses pensées, comparant ce qu'a-
vait été George et ce qu'était Henry pour elle, elle
se demanda, avec une préoccupation secrète, quels
feux n'allumerait pas l'amour dans un cœur où
l'amitié brûlait d'une si belle flamme! Comment se
serait-elle défiée du charme qui se formait tout à
l'entour de cet enfant? Elle croyait ne chercher en
lui qu'un souvenir vivant d'un passé toujours adoré.
Ainsi qu'il arrive dans toute intimité, George et
Henry s'étaient fortement imprégnés l'un de l'autre :
Henry surtout, cire plus virginale, avait reçu l'empreinte de Bussy. Madame de Belnave pouvait donc,
sans faillir à la religion des regrets, obéir aux séductions qui l'attiraient vers ce jeune homme. Il lui
rendait les gestes, les attitudes, les inflexions de voix
et jusqu'aux expressions que George affectionnait :
c'était George traduit en une jeune et gracieuse
image; et quand ils allaient tous deux, par les nuits
étoilées, à travers les prés qu'inondaient les clartés

célestes, si, près de lui, elle sentait remuer dans son sein de vagues désirs, s'allumer d'inquiètes ardeurs, elle s'y livrait sans méfiance, prenant les premières lueurs de cette aube nouvelle pour les derniers reflets du soleil évanoui.

C'était par ces pentes insensibles que madame de Belnave descendait à pas lents le calvaire de sa douleur. Le jour n'était pas éloigné où elle devait s'avancer d'un pied plus rapide et plus sûr dans la voie de sa délivrance. Ce jour arriva : ce fut celui où l'orgueil, se dégageant, dans son sein, de l'amour qui l'avait opprimé, s'agita et tendit à remonter à la surface. Le véritable amour est humble, patient, résigné, et ne craint pas de s'abaisser ; il s'exalte dans son abjection et se glorifie dans sa honte ; dans l'âme qu'il possède, il domine l'orgueil et le tient, sous lui, terrassé. Le véritable amour est à lui-même toute sa gloire ; il survit à l'abandon, n'accuse que lui seul, et bénit longtemps la main qui l'a frappé. Cependant, tout abattu qu'il est, l'orgueil veille en silence : aussitôt que l'amour découragé chancelle — reflet de l'amour divin, ce n'est qu'en Dieu qu'il peut trouver un aliment sans cesse renaissant, et brûler d'une ardeur éternelle : égaré sur le front de la créature, il vient une heure où le rayon pâlit, — l'orgueil humain dresse la tête. Longtemps encore, entre ces deux éléments, destinés tour à tour à s'absorber l'un l'autre, subsiste une lutte secrète ; mais, pareil à la force élastique, qui se relève avec d'autant plus d'énergie qu'elle a été plus énergiquement comprimée, l'orgueil triomphe ;

et lorsque enfin il a pu regagner le faîte, et que, tout saignant, tout meurtri, il mesure l'abîme où l'amour l'avait précipité, il pousse un cri terrible, et dès lors les rôles sont changés. C'est là, du moins, ce qui arriva dans le cœur de madame de Belnave. Il vint un jour où sa fierté outragée se plaignit, où sa mémoire se fit moins indulgente, où son mal lui devint moins cher et moins précieux. Elle entrevit le degré d'abaissement où George l'avait plongée, tout son sang se révolta à la pensée des humiliations qu'elle avait dévorées. Elle négligea les doux souvenirs, pour s'acharner aux souvenirs amers. Les images caressantes s'évanouirent devant le cortége des vanités blessées. En repassant dans son esprit ce qu'elle avait essuyé d'affronts, elle se méprisa dans sa patience et dans sa longanimité : les injures qu'elle avait ensevelies dans sa tendresse se réveillèrent en jetant un cri de vengeance. Il en est des blessures de l'amour comme de celles qu'on reçoit au milieu de la mêlée : on ne les sent qu'après la chaleur de l'action, le lendemain de la bataille. La rudesse de George, sa dureté, son ingratitude, ce qu'elle avait été pour lui, ce qu'il avait été pour elle, son langage acerbe, son front d'airain, sa figure inexorable, alors qu'elle baisait toute en pleurs les mains et les pieds du bourreau : tous les détails de ce long martyre lui apparurent dans leur poignante réalité, et mille voix s'élevèrent en elle pour protester contre le passé. Dès lors madame de Belnave entra en pleine convalescence : quand les plaies de l'amour-propre s'ouvrent, celles de l'amour sont près de se fermer.

**20.**

Et à mesure qu'elle se détachait de Bussy — toujours à son insu, car elle prenait pour le mal d'amour le mal d'orgueil qui lui succédait, — elle se rapprochait de son compagnon d'exil. Déjà elle l'observait avec intérêt, l'étudiant dans ses goûts, dans ses projets, dans ses espérances, et commençant à s'inquiéter sérieusement de cette destinée qui semblait s'oublier elle-même. Elle aimait à l'entendre parler de l'existence qu'il abordait à peine, le provoquait aux épanchements ; rallumait, pour ainsi dire, le flambeau de ses illusions à cette flamme que n'avaient encore assaillie ni l'orage ni les vents contraires. Il y avait longtemps qu'elle avait remarqué en lui ces rêveuses tristesses, brumes du matin de la vie, qui flottent sur les âmes nouvellement écloses ; en l'examinant avec plus d'attention, elle ne tarda pas à soupçonner un mal réel caché dans les plis de ce jeune cœur. Un jour, elle était allée seule sous les aunes qui bordent la rivière ; en revenant par le sentier qui serpente le long du coteau, elle aperçut Henry qui ne la voyait pas. Accoudé sur le roc, le front appuyé sur la main, les doigts enfoncés dans ses cheveux qu'ils tordaient par un mouvement convulsif, il se tenait debout contre un des blocs de granit qui hérissent le flanc de la colline ; son air était souffrant, son regard était sombre, je ne sais quel sentiment étouffé relevait ses lèvres et gonflait ses narines. Marianna le surprit dans cette attitude. Après être restée quelques instants à le contempler, elle lui mit doucement une main sur l'épaule, et d'une voix affectueuse :

— Henry, dit-elle, vous souffrez : qu'avez-vous ?

Henry se retourna brusquement ; et comme il essayait de sourire, se préparant à tromper Marianna par quelque pieux mensonge :

— Vous souffrez, reprit-elle aussitôt d'un accent impérieux et tendre ; et ce qu'il y a de plus affreux, Henry, c'est que, pour souffrir, vous vous cachez de moi. Ai-je mérité cet outrage ? Vous ai-je refusé une place dans ma douleur ? N'avez-vous pas eu votre part de mes larmes ? Depuis longtemps je vous observe, et je sais bien que vous aussi vous avez votre mal. Ce mal, ne sauriez-vous le dire ? Suis-je indigne de votre confiance ? Hélas! ne puis-je rien pour vous ?

Henry s'efforça de rejeter bien loin les appréhensions de madame de Belnave, mais elle demeura convaincue que ce cœur recélait un secret douloureux. Elle puisa pour lui, dans cette conviction, un sentiment plus vif et plus profond, une affection plus inquiète et plus assidue. Ce fut son tour de l'entourer de soins vigilants, de se délaisser pour celui qui s'était délaissé pour elle. Cette sollicitude nouvelle acheva de la détourner de la contemplation d'elle-même, et hâta l'heure de sa guérison. Elle respecta la réserve de ce mal ignoré qui s'obstinait au silence, mais elle s'en préoccupa intérieurement, elle en chercha la cause avec une discrète ardeur. En réfléchissant sur l'avenir d'Henry, en méditant ce qu'elle lui avait entendu raconter de lui-même, elle comprit que c'était une de ces âmes condamnées à traverser solitairement la vie, ou bien

à se briser contre l'égoïsme du monde : âmes d'é-
lite, si richement douées pour le bonheur, qu'on
peut leur prédire à coup sûr de grands malheurs et
de longues traverses. En regardant autour de lui,
elle le vit isolé, sans autre appui que l'amitié de
George, et elle recula devant l'idée de livrer aux
influences de ce vent du nord cet arbuste qui ne
demandait qu'à fleurir dans une atmosphère de
tendresse. Dès lors, le sentiment de la protection,
sentiment tout nouveau pour elle, s'éveilla dans
son sein et lui déroula de nouveaux horizons; elle
se promit de rendre à cet enfant la mère qu'il avait
perdue, de l'aider de son expérience, d'être pour
lui comme un phare lumineux qui l'attirerait aux for-
tunés rivages. C'est presque toujours par ces voies
détournées que le second amour se glisse dans le
cœur de la femme. Il est si doux de se venger, par
le bonheur qu'on donne, du bonheur qu'on n'a pas
rencontré ! Et puis, c'est une prétention commune
à tous les êtres qui ont gâté leur destinée, que de
vouloir, en expiation de leurs égarements, se char-
ger du soin d'une destinée étrangère. Une fois pénétrée de son rôle, madame de Belnave calcula
froidement les intérêts de la vie qu'elle venait d'ajouter à la sienne. Bien qu'Henry lui eût toujours
présenté sa position comme beaucoup plus indépendante qu'elle ne l'était en effet, elle sentit que c'était
assez de jours perdus dans les champs stériles des
regrets et de la rêverie; elle s'arma de courage, et
déclara qu'elle se croyait assez sûre d'elle-même
pour pouvoir rentrer à Paris sans danger. Soit qu'il

redoutât pour elle le retour aux lieux où elle avait souffert, soit qu'il le redoutât pour lui-même, soit plutôt qu'il prévît trop bien le sort qui l'attendait à Paris, Henry insista pour prolonger leur absence jusqu'à la fin de la saison. Marianna céda une fois encore : mais un incident étrange devait précipiter leur départ.

Il y a sur ces bords aimés du ciel, par delà le coteau qui domine la rive gauche, un hameau du nom de Madeleine, qui ne s'est pas relevé des fureurs de nos guerres civiles. A chaque pas on y rencontre de funèbres vestiges ; car, sur cette terre de Vendée, le fer et la flamme ont écrit l'histoire en caractères ineffaçables. Écroulées à demi, la plupart des maisons y montrent leurs flancs nus, tout noirs encore de l'incendie ; les ronces croissent sur les seuils brisés, le vent et la pluie s'engouffrent par les vitraux ouverts, l'aspic et la couleuvre sont les seuls hôtes du foyer. Quelques blanches habitations, tapissées de pampre, se dressent çà et là, comme de pâles ressuscitées ; mais l'église n'a point dépouillé ses vêtements de proscrite et de désolée ; le lierre, ce linceul des ruines, l'enveloppe des pieds à la tête ; l'herbe a recouvert les marches de l'autel, la cloche est muette, la nef est déserte, les troupeaux paissent sur le parvis, le lézard dort au soleil sur le front des saints mutilés. Non loin de là s'élève le château seigneurial pareillement abandonné ; et c'est un spectacle devant lequel la pensée s'incline et médite, que ces deux grandes puissances du passé, l'église et le château, tombées le même jour

et sous le même coup, qui semblent se contempler
l'une l'autre et se confier leur douleur.

Ce n'est plus l'aspect solennel et terrible des ruî-
nes orgueilleuses qui règnent sur le vallon, mais
quelque chose de tendre et de voilé qui parle moins
à l'imagination, et va plus directement au cœur.
Là, tout est modeste, doux et triste à la fois : tout
respire l'humilité du malheur, la résignation de la
défaite. Le château n'a rien de la fière attitude ni
des allures guerrières de son frère aîné ; il n'a pas,
comme celui-ci, porté l'écu, le casque et la ban-
nière. C'est un bonhomme de castel, bourgeoi-
sement assis sur une petite éminence, avec une
girouette fleurdelisée au front, et regardant d'un air
mélancolique les blés onduler à ses pieds et les
herbages pousser dans son enceinte. Le poëte n'y
rêvera pas de chevaliers aux éperons d'or, de tour-
nois, de fêtes royales ; de gracieuses images, plus
fraîches et moins turbulentes, s'éveilleront à ses
souvenirs. Se reportant aux jours heureux qui pré-
cédèrent ces désastres récents auxquels ont assisté
nos pères, il rendra le seigneur au château, et le
prêtre à l'église ; il verra, le long dès épis dorés,
le pasteur cheminant en lisant son bréviaire ; dans
la cour du château, par quelque soirée sereine, une
femme au noble maintien, à ses côtés des enfants
beaux comme elle, le précepteur s'entretenant avec
l'époux ; et cependant l'Angelus tintera au temple
rustique, les bestiaux rentreront en mugissant aux
étables, les chiens aboieront à leur poursuite, et les

pâtres armoricains chanteront d'une voix lente les
airs graves de leur pays.

Madame de Belnave avait fait de ce coin silencieux le but accoutumé de ses rêveries les plus
chères. Dans cette âme sans cesse occupée d'elle-
même, qui cherchait partout d'insaisissables rap-
ports avec sa destinée, les débris séculaires du
château féodal n'excitaient aucune sympathie ; entre
ces murs épais, flanqués de tours et de bastions,
sous ces voûtes colossales qui semblent n'avoir
abrité que des familles de géants, sa douleur se sentait petite et mal à l'aise ; mais là, tous les accidents
du paysage s'harmonisaient avec les dispositions de
son cœur : la majesté de l'histoire n'écrasait pas
le drame de sa vie, la voix des siècles n'étouffait
pas celle de ses regrets. Aussi s'était-elle fait de ce
lieu un refuge de prédilection. Elle s'y rendait,
chaque soir, à l'heure du crépuscule ; mais, sur les
derniers temps, elle y portait bien rarement les
préoccupations des premiers jours.

Par un soir d'automne, elle était seule, assise
sur un tertre vert, en face du château, qu'enveloppaient encore les vapeurs dorées du couchant. Ce
n'était plus Bussy qui la tenait ainsi rêveuse. Elle
avait vu, durant tout le jour, Henry sombre et préoccupé ; elle avait creusé ce chagrin sans pouvoir en
trouver la source, et elle était sombre elle-même,
inquiète, agitée ; elle s'interrogeait avec anxiété et
s'accusait dans sa tendresse inhabile à guérir et à
consoler. Comme elle était plongée dans ces réflexions, Henry vint s'asseoir auprès d'elle.

La soirée était calme. Quelques feuilles que le
vent détachait des rameaux, le cri des hirondelles
qui s'attroupaient autour de l'église pour se con-
sulter sur le jour du départ, une petite fille qui
chassait devant elle une vache au poil roux, le bat-
toir des lavandières qui retentissait au loin, troublaient seuls le silence de l'air et l'immobilité du
paysage. Bientôt tous ces bruits s'évanouirent, on
n'entendit plus que le frémissement des brises au-
tomnales dans les arbres dont elles avaient déjà
rouillé la cime.

Henry et Marianna se tenaient silencieux, assis
l'un près de l'autre. Bien qu'on touchât à la fin de
la belle saison, la journée avait été orageuse, et,
par longs intervalles, de pâles éclairs blanchissaient
l'horizon. Henry sentait courir dans ses cheveux
l'haleine de Marianna, il entendait le frôlement
de sa robe de soie dont les plis frissonnaient au
vent, et jamais l'heure de midi ne l'avait embrasé de feux plus dévorants que le souffle attiédi de
cette soirée d'automne. De son côté, Marianna regardait Henry à la lueur des étoiles; et parfois il lui
semblait voir George reposant auprès d'elle, non
pas tel qu'elle l'avait connu, glacé, hautain, impitoyable, mais jeune, gracieux, charmant, tel qu'en
ses rêves de vierge inquiète lui était apparu, sur
les bords de la Creuse, l'ange de sa destinée. Ils
restèrent longtemps ainsi à s'enivrer des émanations
mystérieuses qu'ils échangeaient à leur insu. Bientôt
il se forma autour d'eux une chaude et lourde
atmosphère imprégnée de pénétrantes senteurs;

leur respiration s'éleva, leur sang s'alluma par degrés ; et leurs âmes, entraînées par d'invisibles courants, s'attirèrent pour se confondre.

Henry essaya de se soustraire aux influences qui l'envahissaient ; mais, par je ne sais quelle perception, tandis que ses yeux plongaient dans les profondeurs du ciel, il sentait sur lui le regard de Marianna qui le rivait invinciblement à sa place. Pour madame de Belnave, elle s'abandonnait sans crainte au charme qui s'emparait de tout son être, et ne devinait pas le trouble qu'elle jetait dans les sens de ce jeune homme. Elle ignorait qu'Henry entrât pour quelque chose dans l'ivresse qu'elle éprouvait ; cette fois, comme toujours, elle croyait ne caresser en lui qu'un souvenir et qu'une image ; en cédant à l'attraction qu'il exerçait sur elle, elle ne croyait obéir qu'à l'impulsion de ses regrets. Elle était si loin d'imaginer qu'un second amour pût jamais refleurir sur les ruines de son bonheur ! elle se disait si bien, que, n'ayant pu mourir de sa douleur, elle en vivrait jusqu'à son dernier jour ! Et cependant son regard reposait toujours sur Henry. Il était là, si beau, si poétique ! il y avait si bien en lui les grâces de l'adolescence ! son front était si pur et si rêveur ! ses cheveux, que soulevait la brise, exhalaient un parfum si enivrant ! Il y eut un instant d'hallucination, où, par un mouvement de tendresse irréfléchie, l'âme égarée par les illusions que lui rendait ce triste et doux visage, elle se pencha vers Henry, et, lui prenant la tête entre ses mains, elle la pressa contre son cœur. Chaste étreinte ! nul ne saurait dire comment il arriva que leurs lèvres se rencontrèrent. Ce ne fut qu'un baiser rapide comme l'éclair ; mais l'étincelle qui tombe sur le salpêtre produit une explosion moins prompte et moins terrible. Madame de Belnave s'arracha, pâle et tremblante, des bras qui l'avaient enlacée ; d'une voix altérée, qu'elle s'efforçait de rendre calme, elle se plaignit de la fraîcheur de la nuit, et demanda s'il n'était pas l'heure de rentrer. Tous deux s'éloignèrent en silence, mais ils se gardèrent des sentiers étroits ; Marianna ne s'appuyait pas sur le bras d'Henry ; et, durant le trajet, ils n'osèrent se regarder ni échanger une parole.

Cet incident, dont il ne fut jamais question entre eux, jeta sur leurs relations beaucoup de gêne et de contrainte. Madame de Belnave prit vis-à-vis d'Henry une attitude réservée, elle donna à leurs entretiens un tour plus grave et plus positif ; elle contraignit l'esprit de ce jeune homme à se diriger vers les idées, trop longtemps négligées, de travail, d'ordre et d'avenir. Elle évita de se trouver avec lui dans les lieux déserts, et la nuit ne les vit plus errer à la clarté de ses étoiles. Avec quelque expérience, Henry se fût enorgueilli de ce changement ; mais c'était une âme toute neuve, qui ne savait rien de la vie. Il crut madame de Belnave offensée ; à son tour, il s'offensa de la réserve qu'elle lui témoignait, et dès lors ce fut fini du charme de leur intimité.

Au bout de quinze jours, ils partirent d'un commun accord, Henry emportant bien avant dans son cœur le trait qu'il avait arraché du sein de Marianna,

# CHAPITRE XVII.

Il est des jours où vous diriez la nature plongée dans un deuil éternel. Le ciel n'a pas un coin d'azur : un seul nuage tout d'une pièce enveloppe la terre, comme un drap funèbre tendu à chaque point de l'horizon. L'air est stagnant, les feuilles sont immobiles. Une lumière terne et glacée rampe sur le sol ; les oiseaux se taisent ; les fleurs se penchent tristement sur leurs tiges ; les arbres éplorés distillent goutte à goutte l'humidité que boivent leurs rameaux. Il semble que le flambeau de la vie s'est éteint, que les vents épuisés ne se lèveront plus, et que l'atmosphère qui pèse sur le monde est le manteau qui doit lui servir de linceul.

Cependant, où le regard ne voyait pas d'issue, un filet d'or perce soudain la nuée. Bientôt des brises inattendues la soulèvent et la déchirent. L'azur rit à travers les trouées. Déjà ce ne sont plus que de larges pans de brume que le soleil effondre et que le vent éparpille comme des flocons d'ouate. Encore un instant, et de ces teintes sombres, qui semblaient devoir ne jamais s'éclaircir, il ne restera plus qu'une blanche vapeur, voile de gaze que le souffle de l'air plissera sur le flanc des coteaux. Les oiseaux secouent leurs ailes ; les fleurs relèvent leurs corolles ; la terre engourdie se réveille : les concerts de la création sont près de recommencer.

C'est l'image de nos douleurs. Après qu'un grand

désastre a fondu sur notre âme, il se fait en elle
une nuit profonde où pas une étoile ne luit. Il semble qu'aucun rayon ne percera jamais ces ombres.
Cependant, comme le soleil filtrant à travers la nue,
la joie s'y fait jour par d'imperceptibles interstices.
Ce ne sont d'abord que de pâles éclairs qui s'étei-
gnent presque aussitôt : mais ces lueurs passagères
deviennent plus vives et plus fréquentes. Bientôt les
ténèbres s'effacent. Déjà le crépuscule a chassé cette
nuit qui menaçait d'être éternelle : déjà la vie chante
en cette âme qui se croyait morte au bonheur. Ainsi
tout passe, rien n'est durable. Le temps a deux
ailes : l'une essuie nos larmes, l'autre emporte nos
joies.

Un an s'était écoulé depuis que madame de Belnave avait quitté Paris ; elle en était partie avec le
funeste espoir de ne plus y rentrer jamais : elle y
rentra au bout d'un an, avec une âme, sinon sereine,
du moins apaisée. Sans doute, l'heure du retour ne
fut point exempte de trouble ni d'amertume. Lorsqu'elle aperçut à l'horizon Paris au travers de sa
robe de brume, et qu'elle entendit les rumeurs de la
ville pareilles aux mugissements de la mer, cette
heure fut terrible sans doute. Il lui sembla que chaque objet prenait dans le brouillard un aspect menaçant ; les bruits de la cité lui arrivèrent mêlés
d'imprécations et de sanglots ; comme un lugubre
fantôme, le passé se dressa devant elle. Remontant
plus haut le courant de ses souvenirs, elle se rappela son premier voyage à Paris, alors que tout
était promesse, confiance, illusion dans son sein ;

elle se rappela ce jour d'avril où, par un soleil éclatant, elle était entrée pour la première fois dans cette ville que George remplissait tout entière. Comparant ce qu'elle était alors et ce qu'elle était aujourd'hui, alors reine adorée de Blanfort, entourée d'affections permises, s'appuyant sans rougir sur un bras avoué et protecteur ; aujourd'hui délaissée, errante, sans famille, n'ayant d'autre soutien que le dévouement, peut-être irréfléchi, d'un enfant dont la faiblesse réclamait un appui, elle fut prise d'une mortelle tristesse, son âme s'affaissa sous le découragement et l'ennui. Mais de tous les sentiments qui l'assaillirent, le plus cruel à coup sûr fut celui de sa guérison. Son désespoir avait duré moins longtemps que l'amour de Bussy : à cette pensée, son cœur défaillit de honte, elle crut voir le spectre de sa douleur la regarder d'un air irrité.

Ces impressions fâcheuses ne s'effacèrent pas en un jour, mais elles cédèrent à des préoccupations plus récentes. Ce furent d'abord les soins d'un nouvel établissement. Marianna ne put se décider à reprendre l'appartement qu'elle avait occupé durant son premier séjour, et qu'absente elle avait conservé plutôt par incurie que par prévoyance ; elle n'y demeura que le temps nécessaire à consommer un pieux sacrifice. Elle ne voulut rien emporter de cet asile, elle ne voulut pas qu'une autre joie ou qu'une autre douleur profanât les objets à jamais imprégnés des joies et des douleurs de son premier amour : le feu dévora tout. C'était une âme imbue de susceptibilités exquises et profondément péné-

trée de la religion des affections éteintes. Cette tâche
accomplie, elle découvrit, bien loin du bruit et de
la foule, un nid où elle s'enferma avec de doux projets de retraite et de solitude. Ce fut dans un de ces
quartiers déserts que n'a pas encore envahis le mou
vement de l'industrie ; dans un de ces hôtels graves
et silencieux qui s'élèvent tristement entre une cour,
où pousse l'herbe, et de mélancoliques ombrages :
derniers sanctuaires d'une aristocratie qui s'en va,
plus noble dans son abandon, plus poétique dans sa
ruine, que l'aristocratie nouvelle dans sa jeunesse et
dans tout son éclat. Les fenêtres s'ouvraient sur de
vastes jardins plantés d'acacias et de marronniers.
Marianna pouvait, à travers la ramée, voir l'u-
nique chambre d'Henry, qui s'était logé aux alen-
tours, mais plus près du ciel et dans un réduit plus
modeste. Une fois installée, elle appela à son aide,
pour la protéger contre les retours du passé, l'étude
et les arts que lui avait fait négliger Bussy, les entretiens avec Noëmi, depuis longtemps interrompus :
mais ce n'était déjà plus contre les regrets que cette
inconsolable avait à se défendre.

Que faisait Henry cependant ? Henry venait d'entrer dans la lutte terrible qui sépare l'illusion de la
réalité. Longtemps il avait pris la vie pour chose
facile et légère. Moins par amour que par orgueil,
M. Felquères, en l'envoyant à Paris, avait assez lar-
gement pourvu aux besoins de son fils. En même
temps, l'ingénieuse tendresse de George avait aplani
pour lui les mille aspérités que tout jeune homme
rencontre à ses premiers pas dans le monde : il l'a-

vait associé à son bien-être, et s'était plu à développer en lui des goûts et des instincts qu'il avait en-
couragés avec une folle indulgence. Après l'avoir
attiré dans son hôtel, où l'attendait un appartement
que George avait fait décorer lui-même avec la co-
quetterie d'un amant pour une maîtresse adorée, il
s'était empressé de lui ouvrir les portes de la vie
parisienne, qui ne s'ouvrent qu'avec une clef d'or;
il l'avait initié à toutes les jouissances qu'Henry,
dans la condition bornée que lui avait faite le sort,
n'aurait jamais entrevues qu'à travers ses songes de
poëte. Henry s'était ployé avec une merveilleuse
souplesse aux exigences de cette position nouvelle.
Il y a des âmes d'élection auxquelles le luxe sied
comme aux fleurs le soleil, et qui, transplantées tout
à coup dans une atmosphère d'élégance, s'y accli-
matent sans effort et s'y épanouissent aussitôt,
comme dans leur élément naturel. D'ailleurs, en le
mêlant au courant de son existence, George avait
pris soin de l'abuser par de charitables mensonges;
et, tout en s'étonnant de voir que ces années de travail et de postulat, qu'il s'était représentées, du
fond de sa province, comme un temps de privation
et d'austérité, s'offrissent à lui si riantes et si joyeuses, Henry avait cru sincèrement, tant il y avait en
lui de naïve ignorance! que son budget d'étudiant
suffisait à tous ses besoins, et qu'il empruntait seulement à Bussy des règles de conduite et des leçons
de savoir-vivre.

On se souvient qu'il n'avait pas tardé à se sentir
atteint d'un mal étrange, vague d'abord, inquiet,

indécis, tel que chacun de nous s'en est senti frappé au sortir de l'adolescence : passion effrénée plus tard, qui devait s'attacher à lui comme un remords inexorable, et le torturer de tous les tourments de l'enfer. Chose bizarre ! dans cette époque de ruine et de fondation, de mort et de résurrection sociale, où l'émeute ensanglantait nos villes, où la frémissante jeunesse cherchait l'occasion de mourir ; dans cette époque d'angoisses et d'attente, où tous les yeux se tournaient vers l'Orient, où les cœurs les plus assoupis se réveillaient, où les questions les plus sérieuses s'emparaient des têtes les plus frivoles, où tous les bras se mettaient à l'œuvre, où les femmes elles-mêmes s'armaient d'une virile audace ; dans cette époque en mal d'avenir, où toute société criait et se tordait dans les convulsions de l'enfantement, — lui, ce jeune homme, n'avait vu que l'amour ! Hélas ! entre tant de labeurs, il n'avait pas choisi le moins rude ; et quelle ne fut pas l'illusion de ses frères, s'ils crurent accomplir une tâche plus lourde que celle qu'il s'était réservée !

Oui, ce fut une lourde tâche. Grèves de l'Océan, ombrages de la Vendée, vous savez ce qu'il souffrit alors ! Mais souffrir ainsi, près d'une femme aimée ; s'enivrer de sa voix, de ses pleurs et de sa présence ; se sanctifier soi-même, chaque jour, à toute heure, par l'abnégation et le sacrifice, au milieu des graves solitudes, sous le ciel de la vieille Armorique, au murmure des flots, à l'ombre des forêts, sans doute ce fut une belle souffrance près de laquelle aurait pâli toute félicité vulgaire. Et quelle âme, en effet,

quelque peu éprise des chastes poésies du jeune âge,
n'eût envié la gloire d'un semblable martyre ? Mais
lorsque, après un an de cette vie à travers champs,
il lui fallut rentrer dans le cercle de fer de la réalité ;
lorsqu'au sortir de ce rêve d'un an il s'éveilla corps
à corps avec son destin, et que toutes les faces de sa
position se révélèrent à lui dans leur nudité désolante, sa carrière entravée, son père irrité, ses amis
dispersés, et de toute part les aiguillons menaçants
de la nécessité ; lorsqu'aux douleurs de la passion,
douleurs de divine essence, se mêlèrent les embarras du présent, l'incertitude de l'avenir et les luttes
mesquines de la vie positive ; seul, sans protecteur,
sans guide, sans appui, sans autre soutien que lui-
même, le cœur consumé par un mal sans espoir,
l'esprit alangui par l'habitude des exaltations solitaires : c'est alors qu'il comprit ce que c'est que
souffrir, c'est alors seulement qu'il put savoir s'il
avait du courage. Eh bien, non, tu ne l'avais pas ;
et d'ailleurs, où l'aurais-tu pris, ce courage qui t'a-
vait semblé si facile ? Tes lèvres avaient constamment
repoussé le pain des forts et ne s'étaient abreuvées
qu'aux sources énervantes. Tandis que tes compagnons, arrachant au travail le secret du talent,
ensemençaient leurs sillons et préparaient des moissons glorieuses, toi, délaissant ton avenir, tu jetais
au vent des amours les dons sacrés de ta jeunesse.
Aussi, quand vint le jour de l'épreuve, ce jour qu'avait défié ton ardeur insensée, tu te trouvas sans
force et sans vertu pour combattre et pour résister !

Il ne s'agissait plus d'aller sur les plages ou le

long des traînes, par toutes les lunes et par tous les soleils, recueillir des larmes précieuses, et, passant tour à tour de l'églogue à l'élégie, s'égarer en contemplations et en désespoirs amoureux. Il s'agissait désormais de vivre, d'exister. Il avait, dans ce long voyage, épuisé toutes ses ressources. Son aventure avait fait bruit dans sa province : naturellement, M. Felquères en avait été le premier instruit : et, comme il professait une médiocre estime pour ces façons de chevalier errant, il avait signifié à son fils, en lui envoyant sa malédiction, qu'il eût à revenir au pays, à moins qu'il ne préférât mourir à Paris, misérable. Henry, qui n'eût pas hésité, n'aurait-il eu que cette alternative, se trouva donc réduit, avec des habitudes de bien-être, à la fortune de sa mère, c'est-à-dire à la pauvreté. Il aurait pu recourir à George ; mais, de retour à Paris, il avait évité de le voir : pourquoi ? il l'ignorait lui-même ; à son insu, il ne lui pardonnait pas Marianna.

Il échappait à peine aux jours fleuris de l'adolescence. A l'âge où tout fermente en nous, où les instincts s'éveillent, où les passions s'allument, où la séve coule et déborde, au milieu des agitations du cœur, des aspirations vers les joies inconnues de la vie, c'est à cet âge qu'il se trouva aux prises avec ces deux monstres hideux qui ternissent et décolorent toutes les complaisances de l'imagination, la misère et la solitude. Heureux ceux de nos frères qui n'ont point subi cette épreuve ! Celui-ci ployait sous un autre fardeau. L'amour était en lui comme une ambition dévorante que le monde ne pouvait sa-

tisfaire : tourmenté, fiévreux, maladif, tel enfin que
nous l'ont fait les poëtes et les oisifs. Les poëtes et
les oisifs nous ont bien gâté l'amour ! Ils en ont
exagéré les joies et les souffrances; d'une distraction, ils ont fait une lourde tâche : ils ont attaché
des chaînes aux ailes de la fantaisie; à chercher le
bonheur qu'ils n'ont pas rencontré, ils ont égaré le
plaisir. Aussi l'amour, qui seul aurait pu soulager
les tristesses de cette génération, n'aura-t-il été
qu'un supplice de plus pour elle. Où voulez-vous
qu'un pauvre jeune homme, vivant de peine et de
travail, dans l'étroite sphère où l'enferme la nécessité, répande les sentiments que vous avez dévelop-
pés en lui? Où rencontrera-t-il, en descendant de sa
mansarde, la femme parée de perfections que vous
lui avez laissé entrevoir? où trouvera-t-il la fée de
ses rêves, l'ange de ses illusions? Vous leur avez
fait de l'amour un désir brûlant qui jamais ne se
pose, une fièvre qui ronge sans cesse, une soif ardente qui ne s'apaise pas. Pourquoi leur avoir enseigné le mépris des jouissances moins pures et des
voluptés plus faciles? Pourquoi leur avoir créé cette
affreuse lutte de l'âme et de la chair, de la terre et
du ciel? N'était-ce pas assez de tant d'ambitions et
de douleurs qui se partageaient leurs jours? Leur
fallait-il aussi les rébellions du sang, les nuits embrasées et les cuisantes insomnies ?

Il l'avait bien rencontré, lui, l'ange de ses illusions; mais plût à Dieu qu'il eût passé sa vie à le
poursuivre dans le monde enchanté des chimères !
Quand l'amour s'offrit à lui, comme un calice d'a-

mertume, il ne calcula rien, il n'espéra rien, il aima.
Il avait cet âge où l'amour se suffit à lui-même : ce
fut une flamme qui n'eut d'autre aliment que l'âme
qu'elle embrasa. Jamais, auprès de Marianna, il ne
profana d'un désir cette grande désolation qu'il ju-
geait lui-même éternelle ; jamais il n'éleva dans sa
pensée l'édifice de son bonheur sur les débris de
celui dont il contemplait la ruine. Il avait rêvé, lui
aussi, des abnégations surhumaines ; il avait fait le
roman de toutes les affections ; la tâche qui lui était
échue ne passait pas ses espérances.

Exalté par la conscience de son héroïsme, il avait
puisé dans la douleur qu'il assistait la force de supporter la sienne. Sa passion s'était tenue silencieuse
et cachée devant cette immense infortune. Cependant, lorsqu'il vit cette femme, qu'il avait crue pour
jamais ensevelie, s'éveiller jeune et belle encore, et
sortir de son linceul ; lorsqu'il la vit, comme un lis
penché par l'orage, se relever, encore humide de ses
larmes, mais prête à refleurir à de nouveaux rayons :
c'est alors que, sentant l'amour et la jeunesse se révolter en lui, il se débattit dans le cercle inflexible
du rôle qu'il avait accepté. Mais vainement : l'amant
ne put briser l'enveloppe de l'ami. Le prisonnier
qui a limé les fers de son compagnon de chaîne, et
qui le voit partir, insoucieux et libre, tandis qu'il
reste, lui, condamné à traîner une servitude éternelle, n'éprouve pas un sentiment de rage et de désespoir plus profond que ne l'éprouva ce malheureux
jeune homme en épiant la résurrection de Marianna.
Ainsi, ce n'était pas pour lui qu'il avait arraché

madame de Belnave à la mort ; ce n'était pas lui qui recueillerait les fruits de son amour et de sa conquête ! Il ne l'avait sauvée de George que pour la jeter dans les bras d'un autre ! C'était pour un autre qu'il avait relevé, au prix de tant de soins, cette plante brisée ; c'était dans un autre cœur qu'elle irait achever de s'épanouir un jour ! Entre la jalousie du passé et la jalousie de l'avenir, qui pourrait dire ce qu'il souffrit alors ? Son caractère s'altéra, et madame de Belnave alarmée se prit à l'interroger avec une sollicitude maternelle qui ne faisait qu'irriter tant de maux. Il sentait bien qu'il n'était qu'un ami pour elle, et qu'il lui fallait porter jusqu'au bout la croix de son sacrifice. L'amour fut pour lui comme ces fabuleux rivages dont on respirait la fraîcheur, mais où l'on n'abordait jamais. Il vécut près du bonheur sans pouvoir y porter la main. Il toucha l'autel et ne put l'embrasser.

A Paris, il se retira de madame de Belnave, sans humeur, sans affectation, et couvrant toujours de quelque prétexte la rareté de ses visites. Il lui cacha sa pauvreté aussi bien que son amour. Sans doute il aurait trouvé doux d'épancher à grands flots les douleurs qui le ravageaient : mais, en disant le mal de son cœur, il eût craint d'embarrasser la reconnaissance de Marianna, et de paraître réclamer le prix de son dévouement.

Il essaya de vivre ainsi, mais il se courba bientôt sous le sentiment de son impuissance. L'amour l'avait détourné du culte de la réalité. Il n'avait ni spécialité, ni talent, ni connaissances ; rien ne lui

souriait, rien ne l'attirait ; le monde était pour lui
terne et désenchanté. Demeuré étranger au mouvement d'idées qui se faisait alors, il ne se rattachait
à aucun parti ; il n'avait ni drapeau ni chef, il marchait tout seul en sa voie. Il n'avait que vingt ans,
déjà le jeune homme s'éteignait en lui : la belle
passion de la gloire avait séché dans son cœur,
l'égoïsme de l'amour l'avait envahi de toute part. Il
n'avait goût qu'à sa douleur. Que faire ? que devenir ? Il promena autour de lui un regard morne
et fatigué, et partout il rencontra la solitude, le découragement et l'ennui.

C'est alors qu'il se sentit pris d'un grand dégoût
de toutes choses, et qu'il songea sérieusement à
s'affranchir de l'existence. Dans cette époque, ils
étaient tous ainsi ! Ils avaient vingt ans et ils voulaient mourir. Leur aube blanchissait à peine, qu'ils
aspiraient déjà au soir. Le suicide était dans l'air,
comme si l'émeute et la peste n'eussent pas suffi à
décimer nos villes. Tous, ou presque tous, étaient
atteints du même mal ; et, chaque jour, une longue
file de sœurs éplorées, de mères épouvantées allaient
interroger la Morgue. Comment ce jeune homme
aurait-il échappé à la contagion, lui qui n'avait ni
sœur à protéger, ni mère à soutenir, rien qui le
rattachât au monde d'ici-bas ? Tout l'invitait à le
quitter, et les conseils de son désespoir, et les funestes exemples qui éclataient autour de lui, et les
séductions d'une littérature qui égarait alors tous
ces faibles courages. Hélas ! à celui-là, pardonnez
d'avoir voulu mourir ! Il n'était pas de ces tribuns

de deux jours qui se tuaient, comme le vieux Caton, pour avoir désespéré de la cause de la liberté ; ni de ces génies méconnus qui protestaient, par leur mort, contre l'ingratitude de leurs contemporains ; ni de ces poëtes étouffés qui se vengeaient de l'obscurité de leur vie par quelques heures de célébrité posthume. Il ne se plaignait pas, lui ; il n'accusait ni la société ni personne ; humble de cœur, jamais l'orgueil ni la vanité n'avaient inquiété ses veilles ni son sommeil ; au dernier échelon de la hiérarchie, il ne pensait pas que la place qu'il occupait fût au-dessous de ses mérites : il n'était rien qu'une âme tendre qui désespérait de l'amour.

Ainsi les rôles étaient changés. Tandis qu'Henry s'affaissait sous le désespoir, Marianna s'élançait vers la vie, le cœur plein de renaissantes espérances. Elle n'osait pas s'avouer qu'elle aimait : peut-être l'ignorait-elle encore ; mais, au souvenir d'Henry, pourquoi se sentait-elle défaillir de honte en même temps que de bonheur ? Sans cesse occupée à repasser dans son esprit les jours qu'ils venaient de compter ensemble, elle s'en récitait à elle-même tous les détails ; la mémoire, ce grand poëte, les lui rendait parés de charmes toujours nouveaux. Elle avait des rêves tourmentés où elle se retrouvait assise sur un tertre vert près du château de la Madeleine ; et lorsqu'elle se réveillait en sursaut, c'est qu'elle avait senti sur ses lèvres deux lèvres fraîches et brûlantes. Le soir, elle demeurait des heures entières à sa fenêtre, le regard attaché sur la fenêtre du jeune homme, qu'elle voyait, chaque nuit, s'al-

lumer et s'éteindre comme un phare mystérieux.
Elle avait fait de la lampe qui l'illuminait la confidente de ses pensées secrètes. Elle l'animait de sa
vie et de ses sentiments ; elle l'interrogeait avec inquiétude, elle en recevait des impressions de tristesse ou de joie, selon que la lueur était pâle et
mourante, ou le rayon vif et joyeux. Il lui semblait
que c'était l'âme d'Henry qui brillait comme une
étoile solitaire, et qui la regardait dans l'ombre.

Cependant, les visites d'Henry devenaient de plus
en plus rares, et Marianna suivait avec une anxiété
croissante les changements qui s'opéraient en lui.
Elle en soupçonnait vaguement le motif ; mais elle
avait déjà les pudeurs de l'amour, et ce n'était
jamais sans une timide réserve qu'elle osait le questionner. Et puis, savait-elle bien ce qui se passait
dans son propre cœur ? Quand même elle l'eût
nettement compris, le passé n'était-il pas là, tout
saignant encore et tout palpitant, pour l'arrêter,
épouvantée, sur le seuil d'un second amour ? Enfin,
en supposant qu'elle fût disposée à le franchir, les
âmes délicates comprendront sans effort de quels
sentiments de retenue elle devait s'entourer en présence de ce jeune homme qui l'avait déjà vue si follement éprise, si follement résolue à mourir. Henry
n'était pas dans le secret de tous ces mystères, et
jamais il ne quittait Marianna sans emporter le trait
mortel plus avant dans sa blessure.

Un jour, madame de Belnave le trouva si changé,
qu'elle ne put réprimer, en l'apercevant, un mouvement de douleur et d'étonnement. Près d'un mois

s'était écoulé depuis leur dernière entrevue. Ses traits s'étaient amaigris, ses lèvres décolorées, son visage assombri ; ses yeux, enfoncés dans leur orbite, brillaient d'un funeste éclat ; ses paupières étaient sanglantes. Il prit place auprès d'elle ; son maintien était grave et triste ; ils causèrent, sa voix était lente et sévère. Madame de Belnave voulut d'abord se plaindre doucement à lui de lui-même ; mais la conversation prit insensiblement un tour sérieux et presque solennel. Ils parlèrent longuement des amertumes de cette vie et de l'espoir d'une vie meilleure ; Henry répéta souvent ces paroles d'un poëte, qu'il est beau de mourir jeune, et de rendre à Dieu, qui nous juge, un cœur pur et plein d'illusions. Tous ses discours respiraient une sombre sagesse ; et Marianna, en les écoutant, se sentait agitée par une indicible inquiétude. Elle essaya, à plusieurs reprises, de changer le cours de cet entretien ; le jeune homme y revenait sans cesse. Au bout d'une heure, il se leva ; et, près de s'éloigner, il demeura longtemps contre le chambranle de la cheminée, silencieux et immobile. Il y eut un instant où son secret faillit lui échapper ; il le renfonça dans son âme, résolu à vider son calice jusqu'à la lie. Vingt fois, de son côté, madame de Belnave fut tentée de lui ouvrir ses bras et de l'appeler sur son sein : chaque fois ses terreurs l'emportèrent sur son amour.

— Durant ces derniers temps, dit Henry, je vous ai bien négligée sans doute ; du moins, croyez-vous que mon cœur en a plus souffert que le vôtre ?

22.

J'avais accompli ma tâche : que pouvais-je pour votre bonheur ? La garde qui veille au chevet du malade s'éloigne quand la santé revient.

— Ah ! vous êtes cruel, dit-elle.

— Cruel ? répéta-t-il avec un triste sourire : vous ne le pensez pas. Cependant, si vous disiez vrai ; si, par une fatalité que j'ignore , j'avais démérité de vous, je vous prierais de pardonner : car je ne voudrais pas, en partant, vous laisser un mauvais souvenir.

— Où donc allez-vous ? s'écria-t-elle.

— Mon père me rappelle, et je pars, répondit froidement Henry.

— Vous partez ! et c'est là vos adieux ! Que vous ai-je fait pour que vous me quittiez de la sorte ? Ah ! oui, vous êtes cruel, vous êtes impitoyable.

— L'amertume de vos regrets adoucira pour moi celle de la séparation, dit le jeune homme ; je pars, il faut céder à la nécessité qui m'entraîne. Si vous eussiez pu retirer quelque bien de ma présence, le ciel m'est témoin que j'aurais résisté, heureux de pouvoir, en restant, vous être de quelque secours ; mais inutile à vous, inutile à moi-même, pourquoi prolongerais-je mon séjour à Paris ? Je n'ai plus rien qui m'y retienne, et tout me pousse où je vais. Adieu donc ! Rappelez-vous les paroles que vous me dites un jour. C'est à mon tour de vous les dire : Que mon souvenir vous soit doux, et que la vie vous soit légère !

Il s'éloigna avant qu'elle eût trouvé la force de le retenir, il s'éloigna sans lui avoir baisé la main.

— Ah ! madame, que se passe-t-il ? dit Mariette en entrant tout émue : je viens de rencontrer M. Henry qui m'a embrassée en pleurant.

— Il part, il s'en va, il nous laisse ! s'écria-t-elle avec désespoir ; il part, et pas un regret, pas une promesse de retour, pas un mot de pitié, pas une expression de tendresse ! Mon Dieu ! que lui avons-nous fait ?

Vous est-il arrivé, nageur inexpérimenté, de vous sentir soutenu sur l'eau par un faisceau de joncs ou de branches de saule, que vous aviez cueillis sur la rive ? Vous flottiez au gré de cet appui léger ; et bientôt, oublieux du support, vous alliez, ne croyant qu'à vos forces et à votre adresse. Mais si vous apercevez tout à coup les joncs ou les branches de saule dispersés au courant de l'onde, reconnaissant alors que vous aviez follement présumé de vous-même, vous vous débattiez avec effroi, et vous cherchiez à ressaisir les débris de votre naufrage. Ainsi de Marianna pour Henry. A l'heure de la séparation, elle s'avoua qu'elle avait mis sur cette jeune tête tout ce qui lui restait d'espérances. Depuis son retour, elle ne l'avait vu qu'à de longs intervalles ; mais elle le sentait près d'elle ; et, se reposant sur le temps du soin de nouer par un lien, qu'elle n'osait serrer elle-même, deux destinées nécessaires désormais l'une à l'autre, elle s'abandonnait mollement à la dérive des chimères. Tout ce brillant échafaudage, palais de brume et de vapeur, s'écroula en moins d'un instant sous le coup de ce brusque départ, de cet adieu calme et glacé. Pareil à la foudre, ce coup,

en la frappant, l'éclaira ; elle comprit à son désespoir tout ce qu'elle avait espéré ; et, à la lueur sinistre qui se répandait autour d'elle, l'infortunée
descendit tout entière dans son propre cœur.

Elle acheva dans les pleurs cette lamentable journée. Ce n'était pas seulement l'espérance déçue qui
se plaignait en elle : les discours d'Henry, l'altéra-
tion de ses traits, l'étrange expression de sa physionomie, sa voix lente et grave, sa parole austère,
tous les détails de cette dernière entrevue, ne lui
laissaient ni paix ni trêve ; à la douleur de le perdre
se mêlait une sourde inquiétude qu'elle ne pouvait
expliquer ni vaincre. Vers le soir, elle s'accouda sur
le balcon de sa fenêtre ; et là, malgré la pluie que le
vent lui soufflait par rafales au visage, elle resta
les yeux attachés sur la croisée d'Henry, que son
regard devinait dans l'ombre : car, non plus que
dans son cœur, rien ne brillait dans la nuit épaisse.
Henry était-il parti ? avait-il déjà tenu sa promesse ?
était-il donc vrai qu'elle ne devait plus le revoir ?
L'astre solitaire, qui luisait à son ciel obscur, s'était-
il voilé pour toujours ? Le phare mystérieux venait-
il de s'éteindre pour ne se rallumer jamais ? Longtemps elle attendit ; enfin l'étoile se leva, et le pâle
rayon, traversant la ramée, pénétra aussitôt dans
son âme.

Elle resta longtemps ainsi, dévidant lentement et
avec amour l'écheveau de ses souvenirs. Longtemps
elle laissa sa pensée courir sur la plage de Pornic et
sous les ombrages de Clisson. En se rappelant ce
qu'Henry avait été pour elle, ce qu'elle avait été

pour lui, elle s'accusa de dureté et d'ingratitude.
Qu'avait-elle fait pour le retenir? Par quels soins,
par quelle tendresse avait-elle reconnu un dévouement si rare, une si noble affection? Arrivant, par
d'insensibles détours, de ce regret presque maternel
à des sentiments moins calmes et plus voilés, elle
revit Henry tel qu'il lui était apparu par un soir du
dernier automne; son cœur se troubla, de brûlantes
images passèrent devant ses yeux. Puis, elle sentit
retomber sur elle cette lourde inquiétude que lui
avait laissée la dernière entrevue, et soudain les
folles images s'envolèrent avec épouvante. La nuit
était sombre, le vent déchaîné poussait de lugubres
gémissements. Pâle et tremblante, la lampe d'Henry
paraissait à chaque instant près de s'éteindre. — Tu
souffres, disait Marianna, qu'as-tu? Il lui semblait
entendre, à travers les hurlements de la bise, des
cris plaintifs qui l'appelaient; tout son sang se gla-
çait de terreur, elle retenait sa respiration pour prêter une oreille attentive. — Qu'est-ce donc, mon
Dieu! s'écriait-elle. — Il y eut un instant où, l'âme
frappée par un affreux pressentiment, elle se précipita dans sa chambre et sonna Mariette à coups redoublés.

Henry, après avoir quitté Marianna, avait erré
jusqu'au soir par les rues et le long des quais. Rentré dans sa chambre, il arracha d'une enveloppe de
serge verte une boîte plate et carrée, présentant
moins d'épaisseur que de surface : c'était un meuble élégant, de palissandre incrusté de cuivre, un
présent qu'il tenait de l'amitié de George; le seul

débris qui lui restât de son ancienne splendeur. Il l'ouvrit, en tira lentement deux magnifiques pistolets, fit jouer la batterie, pour en éprouver la fidélité; sûr de ses armes comme de lui-même, il les déposa sur la table.

Il écrivit à son père une lettre froide, mais respectueuse, dans laquelle il disait que, n'ayant rien à espérer ici-bas, il se décidait à partir pour aller rejoindre sa mère : implorant d'ailleurs le pardon de ses égarements, et n'accusant que lui seul de sa misérable fin. Pas un mot à Bussy. Il commença pour Marianna une lettre dans laquelle il voulut répandre toute son âme, cette âme douloureuse, si longtemps étouffée; mais il pensa qu'il valait mieux ensevelir avec lui le secret qui le tuait, que d'attacher un remords à ce cœur, déjà bien assez tourmenté. La lettre resta inachevée.

Il n'était ni fanfaron ni lâche; il ne jouait pas à l'héroïsme, et ne s'était jamais préoccupé des propos qu'un homme, en se tuant, peut ameuter autour de son cadavre; il ne pensait pas que le bruit de sa mort pût retentir en dehors de sa chambre; il ne se souciait pas de mourir bien ou mal; il voulait mourir, voilà tout. En face de l'heure suprême, il cacha sa tête dans ses mains, et il pleura des pleurs amères, car il aimait la vie, cet enfant! Dieu lui avait fait une âme où se réfléchissaient toutes les poésies de la création; il était lui-même une des poésies qui s'ignorent. Mourir, et il avait vingt ans! Mourir avant d'avoir vécu, sans avoir goûté au bonheur! Il se rappela le brillant cortége d'espérances qui l'avaient escorté à Paris, lorsqu'il était parti de sa ville natale, le cœur léger, l'esprit ardent, l'imagination enflammée. Que la vie était belle alors! que le ciel était vaste et pur! Comme ce jeune athlète s'élançait dans l'arène, impatient de la lutte, amoureux d'applaudissements et de gloire! Et quand son âme, ramenée à des ambitions plus paisibles, quittait les sommets éclatants pour descendre aux vallées obscures, quels doux projets n'étaient-ce pas de félicité rustique, inspirés de Virgile et de Théocrite! Ah! pleure, enfant, pleure tes rêves qui ne reviendront plus, pleure ta jeunesse évanouie, pleure tes trésors dissipés; oui, pleure des larmes de sang, car ton heure suprême n'est pas encore venue; il te reste des jours à vivre!

Il ouvrit la fenêtre; l'air humide et froid le calma. Il demeura longtemps à contempler l'appartement de madame de Belnave, dont les croisées éclairées brillaient à travers les arbres. Longtemps son cœur se fondit en plaintes mêlées de tendresse et d'amertume, d'attendrissement et de colère. Accusant Marianna et la pardonnant tour à tour: — Vous qui vivez par moi, ô vous par qui je meurs, ne m'entendez-vous pas? disait-il. Les cris du vent répondaient seuls aux gémissements de son âme.

Les heures fuyaient. Honteux de sa faiblesse, il prit un pistolet, et, d'une main mal assurée, il en appuya la bouche sur son front; mais, tout son sang se révoltant à ce premier baiser de la mort, il repoussa l'arme avec horreur. Au même instant, il crut entendre un pas rapide qui gravissait les marches de l'escalier. Un fol espoir lui traversa le cerveau ; il se préc'pita sur la porte, l'ouvrit ; et, immobile, le corps incliné sur la rampe, il écouta... la nuit et le silence de la tombe !

— Ah ! s'écria-t-il en rentrant, je suis lâche ; je n'ai pas su vivre, je ne sais pas mourir.

Il regarda une fois encore l'appartement de madame de Belnave ; les lumières en avaient disparu. — Tu dors, dit Henry, tu reposes ; et moi, je vais dormir aussi, d'un sommeil plus profond que le tien. Ah ! je ne dormais pas, moi, lorsque tu voulais mourir, ajouta-t-il d'une voix étouffée.

Comme il disait, la porte de sa chambre s'ouvrit violemment, et une femme entra, pâle, haletante, échevelée ; ses vêtements étaient en désordre, la pluie ruisselait le long de son manteau. D'un regard, elle comprit tout. Elle alla droit à la table sur laquelle Henry avait déposé ses armes ; et, s'emparant de la lettre inachevée, elle la lut d'un œil brûlant. Puis, lorsqu'elle eut achevé de lire, elle marcha vers le jeune homme qui la contemplait éperdu ; et, lui passant ses bras autour du cou, le front radieux, les yeux humides et les lèvres tremblantes :

— Veux-tu encore mourir ? lui dit-elle.

----

## CHAPITRE XVIII.

Ce furent de nobles amours ; et, bien qu'ils aient

vécu dans la tourmente, bien qu'ils se soient éteints dans les larmes, tous deux en gardent à cette heure, l'un dans le ciel, et l'autre sur la terre, un pieux et touchant souvenir.

Fut-il jamais plus belles âmes enchaînées par un lien si charmant ! Jamais union plus étroite et plus sainte offrit-elle plus de chances de félicité, plus de conditions d'existence ! Le monde lui-même la respecta, lui d'ailleurs si impitoyable à toutes celles qu'il ne sanctionne pas. Ils furent pour les tendres natures un sujet de réjouissance intérieure, d'hésitation et d'étonnement pour les esprits froids et sceptiques ; des rares élus qui pénétrèrent dans cette intimité, nul ne s'est rencontré qui n'en ait conservé un sentiment de vénération mêlée d'attendrissement et de bienveillance. Qui n'eût prédit à ces amants un long avenir d'heureux jours ? Qui n'eût pensé que la destinée leur réservait la gloire de laisser à la passion un magnifique exemple de constance et de longévité ? Ils avaient en partage la grâce et la beauté, la jeunesse et l'intelligence. Ils brûlaient des mêmes ardeurs : les mêmes goûts, les mêmes sympathies les rassemblaient en toutes choses. Leur amour ne contenait aucun des germes dissolvants qui minent les amours vulgaires. Ni la vanité ni l'orgueil ne les avaient poussés l'un vers l'autre ; ils s'aimaient pour eux-mêmes et nullement en vue du monde. Ce n'était pas non plus égarement des sens, curiosité de l'esprit ou fantaisie du cœur, mais un sentiment grave et réfléchi dans lequel ils se promettaient de mourir. Leur bonheur même avait

quelque chose de sérieux et d'austère, parce qu'il
se souvenait de la douleur. Ils ne l'étalaient pas au
grand jour ; mais ils le cachaient soigneusement,
comme les oiseaux cachent leurs nids au fond des
bois. Ils s'étaient l'un à l'autre un univers toujours
nouveau : ils n'avaient d'ambition que leur félicité
mutuelle. Oui, c'était une sainte union : et, bien
qu'elle fût de celles que la société réprouve, elle a
dû trouver grâce devant Dieu et devant les hommes ;
car ils n'envisageaient pas la passion comme l'affranchissement des devoirs, ils y rattachaient, au
contraire, des obligations d'autant plus sévères, que
la loi ne les protége pas. Hélas ! puisqu'un si noble
spectacle n'a pas su attendrir le sort inexorable ;
puisque ces deux amants n'ont pu vieillir ensemble,
et qu'à tant d'aimables tendresses ont succédé des
regrets déchirants, il n'est donc ici-bas que de pé-
rissables amours, il n'est donc point de feu si beau
qui ne donne des cendres amères !

Nous ne dirons pas l'enivrement des premiers
jours. Qui ne vous connaît pas ne saurait vous comprendre, et qui vous a goûtées ne saurait vous dé-
crire, prémices enchantées de l'amour ! Ce fut une
ivresse que nul ne saurait dire, et jamais passion
n'eut d'aurore plus resplendissante dans un ciel plus
radieux ni plus pur.

— Ah ! je le savais bien, disait Marianna dans
son fol enthousiasme, je savais que tu existais,
chère âme qu'avait devinée la mienne ; que tu existais ailleurs que dans mes songes, cher bonheur
enfin rencontré ! Te voilà, c'est bien toi ! c'est bien

ainsi que tu m'apparaissais, ange d'amour et de
tendresse ! Va, c'est bien toi que j'ai toujours aimé !
Je te reconnais bien ! C'est toi qui visitais mon inquiète jeunesse, c'est toi qui parlais à mes seize ans
étonnés et rêveurs. Que de fois, aux champs de la
patrie, j'ai poursuivi ton ombre fugitive ! que de fois
j'ai vu ton visage se pencher sur le mien, me regarder et me sourire ! J'écoutais ta voix dans le
murmure du vent, je respirais ton haleine au courant de toutes les brises. Et te voilà, réveil plus
doux que le rêve, réalité plus enchantée que l'illusion ! Tu as passé sur mes mauvais jours comme le
soleil sur une pluie d'orage. J'ai secoué mon hiver,
et mon printemps a refleuri. Il me semble, à cette
heure, que j'ai rêvé le désespoir. Ma vie n'a commencé qu'à toi. Mais quel ange es-tu donc, toi que
tant de douleur n'a pu décourager, et qui t'es attaché silencieusement à mes pas ? Quel ange es-tu,
toi qui m'as sauvée de moi-même, et qui, pour
prix de ton dévouement, ne demandais rien que le
droit de t'abreuver de mes souffrances ? Parle-moi,
redis-moi ces jours d'amour que je te dois et que je
te rendrai. Ton passé m'appartient : ouvre-moi
mes trésors, livre-moi mes richesses, récite-moi
toute ton âme.

Et tous deux revenaient sur les jours écoulés ; et
Henry redisait l'histoire de son cœur, ce qu'il avait
senti, ce qu'il avait souffert depuis l'heure où il
avait vu Marianna pour la première fois jusqu'à
celle où, désespéré, il avait voulu mourir. Et Marianna ne se lassait pas de l'entendre, elle s'enivrait

de cette parole ardente et passionnée qui résonnait à ses oreilles comme une musique céleste.

— Tu voulais mourir ! disait-elle ; tu désespérais du bonheur, enfant, et tu voulais mourir ! Mon trouble et mon silence ne te disaient donc rien ? Le vent de la nuit ne t'a donc rien porté des paroles que je murmurais, le regard attaché sur ta lampe ? Viens là, viens sur mon sein prendre ta part des joies dont tu l'inondes, et laisse dire ces faibles cœurs qui, frappés une fois, n'ont pu se relever, et qui condamnent la passion pour excuser leur impuissance. Ils n'ont jamais aimé, ceux-là ! Hélas ! je voudrais t'apporter une beauté sans tache, suave et pure comme la tienne ; mais à quelques déceptions que mon cœur se soit abreuvé, je le sens, avec orgueil, digne de reposer sur le tien. Te semble-t-il que la souffrance en ait attiédi les ardeurs ? Est-ce une ombre pâle et glacée que tu as tirée du tombeau ? est-ce une âme appauvrie qui te supplie de ménager en elle un reste de chaleur et de vie ? Va, ne crains pas de me briser sous tes transports, ne dis pas à ton sang de battre moins vite : aime-moi de tout ton amour. J'ai respiré ta jeunesse, et je suis jeune comme toi. A quoi donc, je te le demande, mon cœur se serait-il usé ? Ah ! tu le sais bien, ce n'est pas au bonheur ! Et c'est ma joie, ma gloire, de penser qu'avant de te connaître je ne savais que la douleur. Tu m'as tout appris, tu m'as tout révélé. Ce n'était pas assez pour toi de me sauver du désespoir : après m'avoir conservé la vie, cette vie dont je ne voulais pas, tu m'as donné la vraie, celle de l'âme. Enfant, et tu voulais mourir ! Qu'ils meurent, ceux-là qui ne sont pas aimés ! Toi, tu peux vivre, Henry ; et s'il est vrai que l'amour suffit à tes ambitions, réjouis-toi, car ta destinée sera belle.

Et leurs jours fuyaient dans ce profond oubli de toutes choses que les amants connaissent seuls. Leurs existences ne tardèrent pas à se confondre comme leurs âmes. Henry avait moins d'orgueil que d'amour : sa pauvreté n'eût pas rougi de se mêler à la fortune de Marianna. Cette fusion s'opéra de telle sorte, que la délicatesse la plus timorée n'aurait pu s'en effaroucher. Ils échangèrent tour à tour leur fortune et leur pauvreté. Ils décidèrent, avec une joie d'enfant, qu'ils vivraient tour à tour l'un chez l'autre, se faisant réciproquement les honneurs, l'un de sa mansarde, et l'autre de son palais. Il fut fait ainsi qu'ils l'avaient décidé ; et ce fut une vie charmante, pleine de ces accidents pittoresques, de ces poétiques contrastes sans lesquels le bonheur s'ennuie, s'altère et dépérit. Ils passaient alternativement huit jours chez Marianna et huit jours chez Henry. C'étaient, chez madame de Belnave, toutes les recherches du luxe et du bien-être, l'amour sur les tapis, à la lueur des flambeaux, sous les rideaux de soie ; mais les plus heureux jours, les jours les plus rapides, s'écoulaient chez Henry, et le palais était jaloux de la mansarde. Aussitôt qu'expirait le règne de Marianna, comme deux écoliers échappés du collège par quelque matinée d'avril, ils partaient d'un pied léger et d'un cœur rempli d'allégresse ;

ils montaient follement l'escalier étroit et tortueux ;
et ce n'était jamais sans de joyeux transports qu'ils
s'emparaient de leur petite chambre, toujours prête
à les recevoir. Qui pourrait dire tout ce que ce pauvre nid d'artiste et de poëte abrita de bonheur et
d'amour ! C'était un modeste réduit placé bien près
du ciel ; mais les bruits de la rue n'y arrivaient jamais ; et, le soir, par la fenêtre ouverte sur d'im-
menses jardins pareils à des forêts, ils voyaient le
ciel descendre au lointain horizon et se cacher derrière les collines. L'appartement se composait d'une
seule pièce ; mais ils ne pouvaient vivre un instant
séparés. Il ne s'y trouvait ni tapis ni tentures ; mais
les fleurs préférées de Marianna y entretenaient un
éternel printemps. Quelques rayons clair-semés y
faisaient semblant de bibliothèque ; mais Marianna
y rencontrait ses livres de prédilection. Enfin, les
repas n'étaient guère somptueux, la table était bien
quelque peu étroite, le couvert n'eût pas trop révolté l'austérité d'un anachorète ; mais ils n'avaient
point de visages étrangers autour d'eux, Henry ser-
vait sa belle maîtresse, leurs pieds s'entrelaçaient
aisément, leurs regards se touchaient et leurs lèvres
buvaient au même verre. C'étaient leurs vrais jours
de fête ! Ils se sentaient plus jeunes, plus impré-
voyants, plus isolés du reste du monde. Il leur semblait respirer un air plus libre et plus pur. Et puis
c'était dans sa chartreuse qu'Henry déployait toutes
les ressources de son cœur et de son esprit : c'était
là qu'il mettait en jeu tout ce qu'il avait de passion,
d'entraînement et de jeunesse, comme pour sup-

pléer au luxe absent par la richesse de son âme. Il
y a dans les coquetteries de la pauvreté je ne sais
quel charme adorable dont la fortune ne soupçonne
même pas le secret. Marianna, de son côté, se prêtait avec une grâce infinie aux allures de cette position nouvelle. Elle avait, elle aussi, mille coquetteries de bonheur pour rassurer la tendresse d'Henry,
pour offrir à l'humble toit un triomphe de tous les
instants. Ç'avait toujours été son rêve et son espoir
de s'attacher à quelque destinée proscrite et de tout
abdiquer pour elle : ce rêve et cet espoir semblaient
se réaliser. Elle étanchait enfin la soif de dévouement qui l'avait dévorée jusqu'alors. Elle aimait
d'ailleurs cette folle existence, elle aimait cette
chambre qu'elle avait tant de fois visitée dans ses
songes ; elle était fière de répandre la joie dans cet
asile où Henry avait désespéré de la vie. Seulement
elle aurait voulu son amant encore plus délaissé des
hommes et de Dieu, misérable, maudit, marqué au
front par la fatalité. Elle se plaignait du sort qui ne
lui laissait rien à faire.

Et cependant le sort lui avait ménagé une assez
belle gloire, celle de relever par l'amour ce courage
que l'amour avait abattu ; de ranimer dans ce cœur
les nobles passions qu'une seule y avait étouffées ;
de tracer à cet enfant, d'une main à la fois tendre
et sévère, la règle de conduite qu'il avait désormais
à suivre. Madame de Belnave ne se dissimulait pas
ces devoirs : elle en comprenait la gravité, et ne
cherchait pas à s'y soustraire. Elle se plaisait à dis-
cuter avec Henry les intérêts de son avenir ; mais les

questions sérieuses ne tenaient guère contre la fièvre qui les consumait. C'était chaque jour quelque
projet de travail qui s'en allait, je ne sais où, rejoindre le projet de la veille. Quand, après avoir bien
examiné les différents états de la société, Marianna,
se tournant vers Henry, lui demandait : — Voyons,
que veux-tu faire ? — Je veux t'aimer, répondait-il
en lui jetant ses bras autour du col ; et toujours on
renvoyait les affaires au lendemain. Ainsi les jours
et les mois s'envolaient, les emportant tous deux
dans un courant irrésistible. Henry s'endormait dans
son ivresse, et Marianna ne se sentait pas la force de
le réveiller. Leur bonheur était si nouveau ! Henry
avait devant lui tant d'années qui promettaient d'ê-
tre fécondes !

Cette faiblesse ne tarda pas à devenir chez madame de Belnave un calcul et un système. Elle avait
beau protester de la jeunesse de son cœur : la foi
était morte en lui ; et, malgré tous ses efforts pour le
raviver, elle sentait le doute rongeur se glisser dans
sa joie, et en miner sourdement l'édifice. Elle avait
des heures de découragement et d'effroi où le passé
lui prédisait l'avenir, où son enthousiasme affaissé
reployait tristement ses ailes. Le temps n'était plus
où elle puisait avidement au bonheur sans imaginer
que la source en fût tarissable. George avait tué en
elle la confiance, cette fleur de l'âme qui ne fleurit
qu'une fois. Elle recueillait déjà les fruits amers de
l'expérience.

— Tu m'aimes, disait-elle parfois à Henry avec
une mélancolie passionnée ; ah ! oui, tu m'aimes

bien ! Ton amour est un bienfait, une bénédiction
du ciel ; c'est la couronne du martyre qui m'est ac-
cordée sur la terre. Eh bien, le croirais-tu ? il y a
des instants où je voudrais mourir, mourir aimée de
toi, m'ensevelir dans ton amour avant que le sort
me l'enlève. Je ne sais quel fatal instinct me crie
que ce sont là mes plus beaux jours. J'ai des terreurs qui me poursuivent jusque dans tes bras, de
sinistres éclairs qui m'arrivent jusque sous tes caresses. Je me sens trop heureuse ; je crains que Dieu
ne soit jaloux d'une félicité si parfaite. Henry, m'aimeras-tu toujours ? Cette existence à deux qui
t'enivre à présent, jamais ne te lassera-t-elle ? Cette
beauté que tu trouves en moi, et que j'ignore, peut-
être un jour la chercheras-tu vainement ? Que sais-
tu de la vie, du monde et de toi-même ? Le monde
a tant de séductions, la vie tant de chocs imprévus,
et te voilà si jeune encore ! Un jour, tu m'objecteras
peut-être les exigences de ta gloire et les soins de
ton avenir ? Vous êtes tous ainsi, vous autres ! Mais
tu es bon, Henry, tu es un noble cœur ; c'est quelque chose pour toi, n'est-ce pas, que la destinée
d'une femme qui t'a voué toute son âme ? Tu ne
briseras pas ce que tu as relevé ; tu ne m'auras pas
tirée de l'abîme pour m'y replonger plus avant ; tu
voudras compléter ton œuvre. Je me dis tout cela,
et je tremble, et j'ai peur, et j'ai besoin que tu me
rassures. Regarde-moi : je n'ai plus d'autre ciel que
le bleu de tes yeux. Parle-moi : ta voix me fait
croire au bonheur.

Et, en parlant ainsi, elle s'attachait à lui, comme

le naufragé à la branche, son unique espoir, sa dernière chance de salut. Cet effroi irritait Henry et le
charmait en même temps. Il grondait doucement
Marianna, la rassurait plus doucement encore ; puis,
lorsqu'il avait prodigué tous les trésors de sa tendresse, affectant à son tour des craintes qu'il n'avait
pas, il répétait : — Mais toi, m'aimeras-tu toujours ?
Cette existence à deux qui t'enivre à présent, jamais
ne te lassera-t-elle ? Ce charme que tu trouves en
moi, et que j'ignore, peut-être un jour le chercheras-tu vainement ?

Madame de Belnave ne répondait la plupart du
temps à ces questions que par un triste sourire ; car
elle sentait que ces craintes n'étaient pas réelles, et
que c'était un jeu d'enfant. Et s'il insistait : — Que
tu le sais bien, lui disait-elle alors, ah ! que tu le sais
bien, que mon amour ne se lassera pas, et que tu
as ma vie tout entière ! Que tu es bien sûr de ton
pouvoir, et que dirais-je, hélas ! qui puisse ajouter
à ta sécurité ? Ai-je hors de toi une destinée possible ? Le monde me réserve-t-il des séductions qu'ait
à redouter ta sollicitude ? L'avenir me garde-t-il
un autre rôle que celui de t'aimer, une félicité plus
grande que celle d'être aimée de toi ? Henry, mon
univers commence et finit à ton nom. Le monde
me repousse, la société ne me connaît plus. Je n'ai
plus de parents ni d'amis : ma place est vide à jamais au foyer de la famille ; il ne me reste qu'une
sœur qui prie pour sa sœur exilée. Et tu demandes
sérieusement si je t'aimerai toujours ! Il était bien
dur et bien cruel, celui que je prenais pour toi, mi-

sérable insensée que j'étais ! Henry, tu t'en souviens;
tu sais ce que ces yeux ont versé de larmes alors ;
tu m'as vue bien souvent éplorée aux pieds du
maudit ; tu t'en souviens, car moi je ne m'en souviens plus. Tu m'as vue, n'attendant pour revenir
à lui qu'un regard moins féroce, qu'une parole
moins sévère. Tu m'as vue, couvrant de baisers la
main qui me repoussait. Et vous, bienfait de Dieu,
trésor d'amour, de bonté et de grâce, vous demandez sérieusement si je veux vous aimer toujours !

Henry la pressait sur son sein, mais la foi éteinte
ne se rallumait pas dans celui de madame de Belnave. Le doute finit par l'envahir et par l'entacher
d'égoïsme. Au lieu de rendre Henry aux devoirs
sociaux qu'il avait désertés pour elle, elle s'étudia
à l'en détacher tout à fait. Elle acheva de l'isoler des
hommes et des choses : elle absorba à son profit
tout ce qui fermentait en lui de généreuse ardeur.
Elle avait retiré de son contact avec Bussy je ne
sais quel scepticisme amer qu'elle laissa s'infiltrer
dans l'esprit de ce jeune homme. Elle l'habitua à
considérer l'amour comme le seul bien réel auquel
devaient être sacrifiés sans pitié tous les autres. Au
lieu de réveiller en lui les idées trop longtemps as-
soupies, elle profita de leur sommeil pour les étouffer entièrement. Au lieu de le pousser vers un glorieux avenir, elle l'énerva de ses caresses. Elle aurait pu façonner en un buste noble et sévère la cire
viergé qu'elle tenait entre ses mains : elle aima
mieux la fondre au souffle de sa passion.

— Vis pour ta maîtresse, lui disait-elle souvent;

ne mêle pas tes ondes à cette mer de boue qui s'a-
gite à nos pieds ; ne livre pas tes jours à ces flots
souillés et trompeurs : cache ton âme dans la mienne.
Qu'irais-tu faire parmi les hommes? Ils t'auraient
bientôt perverti. Vis loin d'eux, afin de rendre à
Dieu qui nous juge, comme tu le disais toi-même,
un cœur pur et plein d'illusions. Que mon amour
soit ta gloire et ta richesse ; celles-là du moins ne te
manqueront pas. Va, l'amour seul est bon ; c'est le
seul but digne de nos efforts ; et c'est folie, lorsqu'on
l'a touché, de vouloir en poursuivre un autre.

Henry se sentait si naturellement porté vers ces
vérités, qu'il ne leur opposait qu'une bien molle résistance. Jamais ivraie ne tomba sur un terrain
mieux disposé à la recevoir. Marianna lui répétait
si souvent qu'un noble repos est préférable à une
vaine agitation, qu'il finit par se croire évidemment
supérieur aux travailleurs qui labouraient autour de
lui le sol encore tout chaud d'une révolution récente.
Il pouvait au besoin, en se résignant au strict nécessaire, vivre du revenu que sa mère lui avait laissé ;
ses rêves de fortune n'allaient pas au delà : la passion avait dévoré tous les autres. Et cependant, aux
bruits de la ville qui retentissaient jusque sous le
toit des deux amants, parfois il frémissait de honte
et d'impatience ; et tout son sang, lui montant au
visage, le colorait d'une vive rougeur. Alors ses
yeux étincelaient, sa voix éclatait, sa parole s'en-
flammait à d'autres feux que ceux de l'amour. Il
s'indignait de l'inaction où se consumait sa jeunesse ;
il déplorait les jours perdus. Pareil au coursier qui

entend sonner la charge, il rongeait son frein, frappait du pied la terre, et brûlait de se mêler à la lutte. Mais ces belles ardeurs s'abattaient sous l'influence de Marianna, comme un feu de chaume sous une ondée du 'ciel. Elle avait un art merveilleux, qu'elle tenait de Bussy, pour railler et réduire à néant les idées, les faits et les théories qui produisaient chez Henry ces exaltations passagères : art d'autant plus dangereux chez elle, qu'aux subtilités de l'esprit elle ajoutait les séductions du sentiment. Oubliant qu'elle avait longtemps reproché à George ce système d'ironie flétrissante qu'il déversait sur toutes choses, et jusque sur les noms que la foule admire et révère, elle jouait avec les questions les plus graves et les plus saintes, comme un enfant avec les vases de l'autel. Religions nouvelles, convictions politiques, utopies sociales, tout croulait sous ses sarcasmes ; et lorsqu'il ne restait plus pierre sur pierre de ces temples où Henry, quelques instants auparavant, se préparait à pénétrer avec un pieux enthousiasme, elle l'attirait près d'elle, et l'entourant de ses bras amoureux, ou couchée comme une gazelle à ses pieds :

— Tu pleures les jours perdus, ingrat ! lui disait-elle. Ce sont des jours perdus, selon toi, ces jours d'oubli, de passion et d'ivresse que tu passes ici dans mes bras ? Consumés en vaines ambitions, tu les trouverais mieux remplis ? L'amour ne te semble pas digne d'occuper ta vie tout entière. Tu le vois bien, hélas ! que mes terreurs ne sont pas folles, et que j'ai raison de trembler ! Peut-être as-tu

24

pensé que je t'aimerais mieux dans une position
plus brillante, environné des dons de la gloire et de
la richesse? Oh! non. Reste sans gloire, reste pauvre, reste ignoré : c'est ainsi que je t'aime. Paré
d'un nom resplendissant, t'aimerais-je moins? Non,
sans doute; mais je serais moins sûre de mon amour.
Je suis si certaine, à cette heure, de ne t'aimer que
pour toi-même! Cet amour que je ressens pour toi
est si noble, si pur, si désintéressé! C'est là ma
gloire, à moi, et ne comprends-tu pas qu'elle s'é-
clipserait devant la tienne? Et puis, ai-je besoin
qu'une voix étrangère m'éclaire sur le prix des biens
que je possède? ai-je besoin qu'on me compte mon
or? tes succès me révéleront-ils en toi quelque mérite que j'ignore? Ah! le monde ne met pas sur la
tête de ses élus une auréole plus éclatante que celle
qui luit à mes yeux sur ton front. Vois-tu, Henry,
tu m'as faite heureuse entre toutes les femmes;
tu m'en as faite aussi la plus fière et la plus glorieuse, car j'ai un trésor à moi seule, un diamant
enfoui dans mon cœur.

C'était par de semblables discours que madame
de Belnave reprenait son empire. Encore toute
meurtrie de la domination de son premier amant,
il lui semblait doux de dominer à son tour et de ré-
gner en souveraine sur cette jeune intelligence.

Mais, chose étrange! lorsqu'elle fut bien sûre de
son bonheur, et qu'elle en eut assuré l'avenir; lorsqu'elle eut enchaîné son amant par des liens indis-
solubles, élevé autour de lui une infranchissable
barrière et fermé toutes les issues ; lorsqu'elle put

croire avec raison qu'elle avait accompli son œuvre, et se reposer dans le sentiment d'une félicité sans trouble et sans mélange, chose étrange en effet ! il lui resta une vague inquiétude, un indéfinissable malaise qui pesait incessamment sur son cœur, et le remplissait d'épouvante.

---

## CHAPITRE XIX.

Pour un observateur moins intéressé que ne l'était Henry, peut-être, après l'enivrement des premiers transports, n'eût-il pas été difficile de surprendre, sous l'exaltation du langage de madame de Belnave, un sentiment moins fougueux au fond, et moins emporté que ne le révélait l'expression. Mais qu'en savait Henry ? qu'en savait madame de Belnave elle-même ? Ne croyait-elle pas à l'éternelle jeunesse de son cœur ? et, d'ailleurs, avait-elle le loisir d'en interroger les mystères, entraînée qu'elle était sur les ailes de feu de la passion de ce jeune homme ? Cependant elle avait des jours où l'indicible malaise qui tenait, comme une épine, à son bonheur, se faisait intolérable, et des instants de lucidité où elle comprenait vaguement que la passion, réduite à ses seules ardeurs, ne saurait se suffire longtemps à elle-même. Il est vrai que ces jours étaient rares, ces lueurs fugitives, et que les deux amants poursuivaient le cours de leurs félicités. Mais il n'est pas d'épine au bonheur qui ne soit une arme mortelle; il n'est pas d'égratignure à l'âme qui ne devienne bientôt une plaie.

Avec quelque expérience des lois qui président à l'ordre moral, lois tout aussi invariables, tout aussi immuables, ainsi que l'avait dit Bussy, que celles qui régissent la nature extérieure, on eût prévu bien aisément les révolutions que cette liaison devait nécessairement subir. L'amour, chez Henry, était toujours monté au ton de l'ode et du dithyrambe. Cette richesse de sentiments, ce luxe virginal, cette abondance de séve et de vie, avaient d'abord enivré Marianna, et répondu magnifiquement à toutes ses espérances. Toutefois, au sein même de sa plus grande ivresse, elle s'étonna de voir que l'âme humaine, si vaste pour la douleur, fût si limitée pour la joie. Confondant d'ailleurs le besoin avec la faculté d'aimer; suppléant, à son insu, la force par l'ardeur, l'énergie par l'enthousiasme, la puissance par le désir, elle n'était pas restée au-dessous de ses ambitions : elle avait suivi la passion d'Henry dans son vol. Emportée par ce brûlant essor, elle ne sentait pas encore que George lui avait à demi fracassé les ailes. Mais bientôt des symptômes de lassitude commencèrent à se déclarer, et, un jour, elle fut prise d'une subite défaillance.

Ce fut par un de ces mauvais jours que nous signalions tout à l'heure. Le frère de Mariette, jardinier de Blanfort, arrivé, la veille, à Paris pour affaires, s'était présenté, le matin, chez madame de Belnave. Il s'appelait Léonard : une figure honnête et niaise, honnête et niais comme sa figure. C'était un garçon de la Creuse : il avait grandi avec les deux sœurs à Vieilleville, et suivi Marianna, après son mariage, à Blanfort. Madame de Belnave crut voir entrer avec lui tout Blanfort et tout Vieilleville dans sa chambre.

— Te voilà, Léonard ! dit-elle d'une voix troublée et le front couvert de rougeur.

Léonard, sans plus de façon, l'embrassa sur l'une et l'autre joue ; puis il s'informa avec insistance de la santé de sa jeune maîtresse : car, sur la foi de M. de Belnave, qui expliquait ainsi l'absence de Marianna, il croyait pieusement qu'elle n'avait quitté Blanfort que pour venir se rétablir à Paris.

— Il faut que vous ayez là une fière maladie, ajouta-t-il, car voilà longtemps que ça dure. Dimanche dernier, sous la ramée, le petit Baudran, le forgeron, assurait d'un air goguenard que vous étiez malade comme lui. Je vous lui ai planté, sauf votre respect, sur la joue gauche, une giroflée qui n'a pas attendu le printemps pour fleurir. C'est pourtant vrai tout de même, notre jeune maîtresse, que vous êtes plus malade que vous n'en avez l'air. On ne se douterait pas, à vous voir, que vous dépérissez depuis tantôt trois ans. Pas vrai, monsieur, qu'on ne s'en douterait guère ? répéta-t-il en se tournant vers Henry, présent à cette entrevue.

Henry prit son chapeau et sortit.

— C'est monsieur votre médecin? demanda Léonard d'un air bête.

Marianna éprouva une vive fantaisie de le faire jeter à la porte. Comme elle ne pouvait se dispenser de s'informer de M. de Belnave, et qu'elle n'osait prononcer ce nom, elle prit le parti de demander des nouvelles de la maison.

— Ah! damè! notre jeune maîtresse, répondit Léonard en roulant sous ses doigts les larges bords de son chapeau, tout est bien changé depuis votre départ. Comme le disait, l'autre soir, la mère Loriot, vous étiez la joie de Blanfort; la mère Loutil ajoutait même que vous aviez emporté avec vous le soleil du pays.

— Je vous ai laissé ma sœur, interrompit Marianna, qui se reconnaissait indigne d'inspirer de semblables regrets.

— C'est précisément ce qu'a répondu Denise, la blonde aux yeux bleus, répliqua Léonard. Mais quoique ça, la mère Boulu a fait comprendre que ce n'était pas la même chose. C'est pourtant vrai, notre jeune maîtresse, que vous étiez un charme pour tout le monde! Les cantonniers disaient que, lorsqu'ils vous avaient vue passer à cheval sur la route, et qu'en passant vous les aviez salués par leur nom, ça leur mettait le cœur au ventre pour le reste de la journée, et qu'en rentrant au logis ils étaient meilleurs pour leurs femmes. Quand vous paraissiez à la forge, appuyée sur le bras du maître, c'était un rayonnement sur tous les visages, et le soir on en parlait à la veillée. Je sais bien, pour mon compte,

que, quand vous aviez marché dans mes allées, mes
bordures d'œillets étaient plus fraîches et le cœur de
Léonard plus content.

— Vous ne m'avez donc pas oubliée là-bas ? dit
Marianna, qui sentait de grosses larmes rouler sous
ses paupières.

— Oubliée, notre jeune maîtresse ! s'écria l'honnête garçon en lui pressant rudement la main. Vous
oublier, nous autres ! La mère Bambochard, cette
vieille farceuse qui a enterré trois maris sans en
pleurer un seul, disait qu'elle ferait plutôt le voyage
de Paris, dût-elle faire le voyage à pied, que de mourir sans vous avoir vue encore une fois. Mais, madame, si on vous regrette au village, c'est bien autre
chose sous votre toit. Il faut voir comme le maître
est triste ! Personne n'ose se gaudir devant lui. Au
printemps dernier, vers la mi-avril, il lui prit fantaisie de planter, derrière le château, un jardin anglais. Nous en causâmes plusieurs jours de suite, et
chaque jour c'était un plan nouveau, et nous ne sa-
vions auquel nous arrêter. — Ah ! notre maître,
lui dis-je un matin, le pied droit appuyé sur le fer
de ma bêche, les deux bras croisés sur le manche,
c'est un grand malheur que notre jeune dame soit
absente ; elle nous eût été d'un bon conseil en cette
affaire. — Là-dessus, monsieur tourna les talons
sans répondre ; et depuis, il n'a jamais été question
de jardin anglais entre nous. M. Valtone ne chasse
plus ; il n'a pas tué deux lapins depuis son retour
de Paris. Madame votre sœur n'a pas l'air, non plus,
d'être incommodée par l'envie de rire. Denise, la

blonde, assure qu'elle la voit pleurer tous les dimanches à la messe. Marinette, votre cuisinière, ne veut plus faire les plats que vous aimiez. Depuis votre départ, on n'a pas mangé de crêpes au château. Marie, votre filleule, dit que les vaches sont des ingrates de donner de si bon lait, lorsque vous n'êtes plus là pour le boire. Enfin, votre pauvre Léonard n'a plus goût à ses plates-bandes; les melons ne mûrissent plus qu'à la Saint-Médard; et, pour goûter des petits pois, il faut attendre la Saint-Babolein. La mère Loutil a bien raison de dire que vous avez emporté le soleil du pays.

— Mon pauvre Léonard, dit Marianna qui riait et pleurait à la fois, est-ce que tu te souviens encore de nos jours passés à Vieilleville?

— Si je m'en souviens, jarnidieu! Je me suis cassé la jambe que voici en allant dénicher pour vous une couvée de pies-grièches. C'est grâce à vous que Léonard a été exempt de la conscription. Je serais bien ingrat, si je ne m'en souvenais pas.

— Ce pauvre Léonard! répétait madame de Belnave avec attendrissement. Et, dis-moi, Léonard, est-ce que tu ne songes pas à te marier bientôt?

Léonard devint rouge comme la crête d'un coq.

— Dame! notre jeune maîtresse, j'y songe bien par-ci par-là. J'imagine de temps en temps que Denise, la blonde, ferait une gentille ménagère. Mais j'ai consulté notre maître; et, sauf votre respect, monsieur m'a répondu que j'étais un imbécile, et que je ferais mieux de rester garçon.

— Ah ! monsieur t'a répondu cela ? dit Marianna d'un air préoccupé.

— Oui, répliqua Léonard. Il me semble pourtant que monsieur n'est pas payé pour donner de semblables conseils.

Marianna demeura silencieuse.

— Il faut revenir à Blanfort, jarnidieu ! s'écria Léonard en frappant le parquet de son bâton de cornouiller. Les médecins de Paris sont des enjôleurs, et jamais on ne me fera croire que le brouillard qu'on avale ici vaut mieux que l'air de nos campagnes. Revenez, notre chère maîtresse : on s'ennuie là-bas de ne plus vous voir. Votre présence rendra la gaieté au pays. Comment pouvez-vous vivre ainsi éloignée de ceux qui vous aiment ? C'est là votre mal, madame. Venez : Blanfort vous guérira. C'est ce que disait, l'autre jour, la mère Gillet. Vous savez, notre jeune maîtresse, que le père Gillet est mort ? Un fameux ivrogne de moins ! Eh ! oui ! eh ! oui ! disait sa veuve, qu'elle revienne, cette chère mignonne, et nous la guérirons, nous autres !

Marianna secoua la tête, et ne répondit pas.

— Adieu, Léonard, adieu, dit-elle.

— Qu'est-ce qu'il faudra dire là-bas de votre part ? demanda Léonard en se levant.

— Que tu m'as parlé de Blanfort, et que tes paroles m'ont touchée jusqu'aux larmes.

— Oui, notre chère maîtresse.

— Et maintenant, embrasse-moi, dit-elle en lui tendant la joue.

Après s'être préalablement essuyé la bouche avec
le revers de sa manche, Léonard appliqua sur la
joue qui lui était offerte un baiser robuste et sonore.
Près de sortir, il revint brusquement sur ses pas.

— Jarnidieu ! s'écria-t-il en tirant des larges
poches de sa veste plusieurs objets qu'il déposa pré-
cieusement sur une table ; j'oubliais le beau de l'affaire. Voilà deux bouteilles de lait que vous envoie
votre filleule, une galette de blé noir que Marinette
a pétrie pour vous, des oignons de jacinthe que
j'ai choisis moi-même, et enfin un chiffon de papier
que madame votre sœur m'a chargé de vous remettre.

Ce chiffon de papier n'était ni plus ni moins
qu'une lettre de Noëmi. Marianna s'en empara, et
laissa partir Léonard sans songer à le remercier.

Madame Valtone écrivait à sa sœur :

« Ma sœur bien-aimée,

« Je suis à tes genoux que j'embrasse. Te sou-
viens-tu d'un soir où, toutes deux assises sur un
banc du jardin, nous nous plaignions doucement à
Dieu qui n'avait pas béni notre mariage ? Deux jeunes
femmes de Blanfort passaient en chantant dans la
plaine, et chacune tenait un enfant entre ses bras. Je
mêlais mes plaintes aux tiennes ; et toi, offrant à
mon bonheur le sacrifice de tes espérances, tu ap-
pelais sur moi la préférence du ciel ; tu t'écriais,
dans la générosité de ton âme, que ma joie serait ta
joie, que mon enfant serait le nôtre. Tu t'en souviens, ma sœur ? Eh bien, réjouis-toi, et remercie
Dieu : tu es mère.

« Te l'avouerai-je? J'ai porté neuf mois cet espoir dans mon sein, neuf mois je l'ai senti tressaillir
dans mes flancs, sans oser te le dire. Veux-tu tout
savoir, ô ma sœur adorée? Au milieu de mes transports, ton souvenir me rendait confuse; j'avais
comme regret à ma félicité; je me sentais coupable
envers toi; tu me troublais dans mon ivresse. Que
te dirai-je enfin? Pour toi, j'étais jalouse de moi-
même. Après avoir senti ma vie se déchirer dans les
angoisses de l'enfantement, j'ai rendu grâces à la
bonté divine qui, en nous envoyant un bonheur à
partager, m'en avait laissé la tâche pour t'en réser-
ver le loisir.

« C'est bien toi que le ciel exauce. Tu voulais une
fille, c'est une fille qui t'est née, un ange, une âme
toute blanche. Elle s'appelle Marie, de l'un de tes
deux noms, de ton nom le plus doux. Tout le monde
ici trouve déjà qu'elle te ressemble. Elle aura tes
yeux, l'ovale de ton visage, ton front où l'intelligence rayonne. Moi, je lui ai donné ma bouche pour
te sourire et t'embrasser.

« Viens, penche-toi sur ce berceau, regarde notre
enfant : qu'elle est belle! vois ses yeux : qu'ils sont
beaux! vois son front : qu'il est pur! Ses lèvres, qui
s'entr'ouvrent, t'appellent; ses blanches mains te
cherchent; ses pieds se cacheraient dans le calice
d'une rose. Répète donc avec moi : notre enfant! Je
dis ton bonheur à tout ce qui m'entoure, aux arbres,
aux coteaux, à l'oiseau qui vole, au nuage qui s'en-
fuit. Ta fille! ton enfant! notre enfant à nous deux!

« Va, elle est bien à toi; ton nom sera le premier

qu'apprendront à bégayer ses lèvres. Je veux que
sous mes baisers elle pleure sa mère absente, je
veux qu'elle te reconnaisse en te voyant pour la
première fois. Car tu la verras, ô ma sœur bien-aimée ; tu la presseras sur ton cœur, tu me dis uteras
ses caresses. Laisse-moi croire que l'ange du retour
et de la réconciliation est descendu sous notre toit.
Je ne suis qu'une pauvre femme, j'ignore par quelles
voies Dieu complétera son œuvre ; mais t'aurait-il
fait à Blanfort une félicité si grande, s'il n'entrait
pas dans ses desseins de t'y ramener un jour ?

« Adieu, joie de ma joie, bonheur de mon bonheur. Soigne ta vie, qui ne t'appartient plus. Ce
n'est plus ta sœur qui te prie et te conseille : c'est
notre fille qui tend vers toi ses petits bras.

« Noëmi. »

Quelques ménagements qu'eût pris madame Valtone pour en amortir le coup, cette lettre pénétra,
comme une lame, dans le cœur de madame de
Belnave. Marianna aimait tendrement sa sœur ;
mais, en songeant qu'elle aurait pu avoir à elle seule
et sans partage ce bonheur qui ne se partage pas,
et dont Noëmi lui offrait si généreusement la moitié,
elle ne put se défendre d'un sentiment de poignante
jalousie. De quelque réserve que la jeune mère eût
enveloppé sa joie et son orgueil, madame de Belnave
en avait bien compris le sens ; elle avait deviné sans
efforts tout ce qui se cachait sous ces lignes de
transports contenus et d'ivresse étouffée ; elle avait
cru voir rayonner sur chaque page ces lueurs qu'on

aperçoit au-dessus des champs, par les grandes chaleurs de l'été. Toutefois, sa noble nature l'emporta bientôt, et elle remercia Dieu, ainsi que l'en avait priée Noëmi, sinon d'une félicité dont elle se sentait indigne, du moins de celle que sa sœur avait à tant de titres méritée. Elle pressa silencieusement sur son sein cette fille qu'elle devait n'embrasser jamais, et son imagination s'égara en rêves jusqu'alors inconnus. Blanfort, égayé d'un berceau, lui apparaissait sous un nouvel aspect. D'un autre côté, la visite de Léonard l'avait plongée dans une mélancolie étrange. Cette prose bourgeoise qui était venue la surprendre dans l'atmosphère d'ardente poésie qui la pressait de toute part avait passé sur elle comme les brises qui s'élèvent de la mer, au soir des journées embrasées. La fontaine sous les palmiers du désert doit être au voyageur altéré ce que fut pour Marianna ce coup de vent qui lui arrivait de Blanfort. Elle répéta avec un sourire attendri les noms que lui avait dits Léonard ; les images qui, la veille encore, l'eussent peut-être effarouchée se virent accueillies par elle avec une bienveillance inaccoutumée. Elle regarda complaisamment les présents rustiques déposés sur la table : son âme, brûlante et fatiguée, se rafraîchit aux douleurs du passé et se reposa dans le souvenir des ennuis qu'elle avait si longtemps outragés.

Henry la surprit au milieu de ces réflexions. Sa présence la ramena d'une façon brusque et irritante au sentiment de l'heure présente. En cet instant, elle trouva la passion tout aussi importune, et pres-

que aussi odieuse qu'autrefois le devoir. Préoccupé
de l'impression qu'avait dû laisser à Marianna l'envoyé de Blanfort, jamais le maladroit enfant ne répandit son cœur en paroles plus passionnées. Marianna l'écoutait avec une secrète impatience. Les
bouteilles de lait, les oignons de jacinthe et la galette
de blé noir semblaient regarder Henry d'un air mo-
queur, et se rire de son langage. Faut-il le dire? ce
langage blessa les oreilles de Marianna comme un ton
faux ou exagéré. La voyant triste et soucieuse, le
jeune homme redoubla de tendresse et d'adoration.
Vers le soir, il l'entraîna vers la fenêtre ouverte. Le
soleil venait de s'éteindre ; les feux de la nuit s'allu-
maient au firmament ; aux jardins, dans les allées
ombreuses, on pouvait voir encore, aux lueurs du
crépuscule, passer de jeunes femmes accompagnées
d'enfants aux ébats joyeux et d'époux au maintien
grave. Des rires éclataient çà et là, et les groupes se
perdaient en causant sous le feuillage. Henry se tenait près de Marianna, un bras autour de la taille
de sa belle maîtresse ; et, soit que l'amour fût en lui
comme une lave sans repos, soit qu'il cherchât encore à dissiper les fâcheuses influences qu'avait
subies madame de Belnave, son cœur s'épanchait
à flots bouillants et continus.

— Ah ! s'écria-t-il en la pressant d'une étreinte
amoureuse, que tu es bien ma vie tout entière ! Ah !
qu'il est vrai que l'amour seul est bon, qu'il est le
seul but de nos efforts, et que c'est folie, lorsqu'on
l'a touché, de vouloir en poursuivre un autre ! Ah !
que je sens bien que ton cœur est la vraie gloire et

la vraie richesse! Dis-moi, qu'est-ce donc que ce charme qui va chaque jour grandissant, chaque jour plus jeune et plus enivrant que la veille? Ta vue m'est toujours nouvelle et de plus en plus enchantée. Il y a en toi une beauté qui m'enveloppe et m'inonde de délices intarissables. Je passerais ma vie à te contempler, ma vie en ce monde et dans l'autre. La lumière me vient de tes yeux; ton souffle est l'air qui me fait vivre. Quand tu parles, tout se tait en moi pour t'écouter; non, tu ne parles pas, tu chantes. Ta robe, en l'effleurant, fait frissonner mon corps de surprise et de volupté. Lorsque je t'approche, tous mes sens sont ravis. Je tressaille au bruit de tes pas : je me dis ton nom à moi-même. J'avais imaginé des félicités exquises, rien d'aussi beau, d'aussi divin que toi. La nuit, je me réveille pour penser à mon bonheur. Ah ! pour toi je voudrais mourir! J'ai honte à mon amour qui ne s'est encore exhalé qu'en adorations stériles. Ne désires-tu rien d'impossible? Dis-le-moi; je te le donnerai. Veux-tu que j'aille chercher, pour la mettre à ton front, une de ces étoiles qui se lèvent au ciel? Elles se lèvent pour te regarder. Que tu es belle et que je t'aime! Mais vous êtes triste, mon âme? Qu'as-tu? On a remué douloureusement ton passé; on t'a ramenée sans pitié sur tes mauvais jours? Maudits ceux qui t'affligent! Mais, cruelle adorée, est-il un souvenir amer qui doive t'atteindre dans mes bras? Ne les as-tu pas reniés sur mes lèvres, les jours que je n'ai pas remplis? Ne me l'as-tu pas dit toi-même, que ta vie ne commençait

qu'à moi? Que nous importe, à nous, Blanfort et le
reste du monde! Sais-je, moi, s'il est un coin de
terre où m'attend le toit paternel? Le passé, l'avenir, la patrie, la famille, c'est toi, c'est Marianna :

Il continua longtemps de la sorte. Marianna l'é-
coutait à peine. Elle suivait du regard les ombres
qui glissaient entre les arbres, moins préoccupée des
discours d'Henry que des cris des enfants qui se
poursuivaient sous la feuillée. Elle se rappelait vaguement les paroles de Léonard. Les noms du pays
lui revenaient en mémoire, sans qu'elle essayât de
les repousser. Elle laissait sa pensée rôder autour de
Blanfort ; elle cherchait des yeux Noëmi et sa fille.
Elle entendait le bruit des forges, et le murmure de
la Creuse, qui lui parlait de Vieilleville. Mais Henry
la tenait au bout d'une chaîne de fer. Quand elle reposait, assise auprès de sa sœur, ou qu'elle se pen-
chait sur le berceau de sa nièce pour baiser au front
l'ange endormi, Henry tirait à lui la chaîne et ramenait violemment madame de Belnave au sentiment
de la passion. Elle s'efforçait alors de l'écouter et de
lui répondre ; mais ses forces trahissant son courage,
elle retombait dans les rêveries interrompues, pour
en être arrachée de nouveau par cet amour impitoyable.

Ce fut pour Marianna une longue et rude soirée.
Épuisée et n'en pouvant plus, elle se dégagea du
bras qui l'enlaçait, et rentra seule dans sa chambre.
Elle se laissa tomber dans une causeuse, et, passant
ses mains sur son front avec une expression de découragement indicible :

— Ah! mon Dieu, s'écria-t-elle d'une voix étouffée, comme j'ai dû souvent ennuyer ce pauvre Bussy!

. . . .

## CHAPITRE XX.

Cependant aucun nuage apparent n'avait encore
altéré l'azur de leur ciel. Madame de Belnave n'é-
tait pas femme à se laisser abattre si facilement. Elle
avait trop sacrifié à l'amour, elle l'avait trop hautement proclamé le bien suprême, pour s'en retirer
à la première défaillance. Non-seulement elle sut
cacher à Henry le découragement de son âme, mais
elle parvint à se le dissimuler longtemps à elle-
même. Son orgueil était trop intéressé à ne pas
donner raison à George Bussy. Elle s'opiniâtra à
être heureuse; elle fit de son bonheur une question
d'amour-propre; elle y mit de l'entêtement. Mais
dès lors ce devint pour elle un travail de tous les instants, une étude incessante, une préoccupation sans
relâche, le plus lourd, le plus pénible des labeurs.
Inexpérimenté, comme on l'est à son âge, Henry
ne prévoyait rien. Il prenait aveuglément son amour
pour celui de madame de Belnave, et ne se doutait
pas qu'il jouait auprès d'elle le rôle qu'elle avait joué
auprès de son premier amant. Il ne comprenait pas
que cette âme convalescente, en dépit de ses prétentions à l'inépuisable jeunesse, avait besoin de
ménagements; que c'était un sol fatigué qui, pour
donner de nouveaux fruits, voulait des années de

repos. **Au lieu de lui verser des ardeurs tempérées
par de douces ondées et par de fraîches brises, il
l'embrasa de feux dévorants, il en brûla les germes
à peine éclos, il en dessécha la séve renaissante. Il
ignorait l'art d'alterner en amour le chant et le réci-
tatif. Il aimait mal, parce qu'il aimait trop bien : il
aimait trop. Il usurpait le rôle de la femme, ce que
les femmes ne pardonnent jamais. Il allait follement
au-devant de tous les sacrifices. Il délaissait son
avenir ; il consentait à n'être rien, ce que la société
traduit par le déshonneur ; il abdiquait sa place au
soleil ; il désertait son rang dans la lutte. Il ne savait
pas qu'il est des abnégations que les femmes payent
par le mépris ; qu'elles ne sont touchées que des
sacrifices qui intéressent leur vanité, et que leur
orgueil repousse l'amant assez insensé pour leur
immoler le sien. Il ne savait rien : il aimait.**

Étourdie, enivrée par la passion de ce jeune
homme qui ne lui laissait pas le temps de respirer,
madame de Belnave en était arrivée à ne plus sentir
sa fatigue, lorsqu'un incident, en apparence indif-
férent, mais dont les conséquences furent irrépara-
blement funestes, l'éclaira sur l'état de ses forces et
la mit face à face avec sa position réelle.

Informé que la santé de son père donnait de sérieuses inquiétudes, Henry n'hésita pas ; il partit.
Ce ne devait être qu'un voyage de quelques jours :
toutefois, la séparation fut touchante. Bien des
larmes furent répandues, bien des tendresses échangées ; Henry promit un prompt retour, et Marianna
s'apprêta de la meilleure foi du monde à passer le

temps de l'absence dans un profond ennui et dans une amère tristesse.

Il en advint tout autrement.

Madame de Belnave avait accompagné Henry jusqu'à la voiture. Dominée par les impressions du départ, elle passa le reste du jour dans une affliction véritable; le lendemain, elle s'éveilla avec un sentiment de délivrance qui la frappa de stupeur. Elle se leva par un soleil éclatant qui donnait un air de fête à sa chambre. Il lui sembla respirer plus librement que la veille; sa poitrine était plus légère. Elle éprouvait cette sensation de bien-être qu'on reçoit, au sortir d'une étuve, en se plongeant dans un bain d'eau fraîche. Les heures s'écoulèrent avec une incroyable rapidité. Elle écrivit à Noëmi; elle sortit pour aller au bois; elle rentra calme et reposée. La journée s'acheva sans qu'elle eût, à vrai dire, beaucoup souffert de l'absence de son amant.

Cette absence se prolongea au delà de toute prévision. Madame de Belnave la supporta avec une résignation parfaite. Ce fut pour elle un temps de relâche et de répit, que troublèrent seulement les lettres d'Henry et l'obligation d'y répondre. Les lettres d'Henry étaient brûlantes, celles de Marianna furent plus tendres que passionnées. Écrire est, en amour, une épreuve décisive : en amour, le papier ne sait pas mentir. Henry n'était plus là pour la maintenir dans cet état de surexcitation fébrile qui avait pu les abuser tous deux. Quand Marianna voulut traduire son cœur par la parole écrite, la passion se figea au bout de sa plume, et sa main

refusa de tracer les mots que sa bouche avait tant de
fois prononcés sans effort. Elle s'interrogea sur
cette invincible répugnance. Henry, de son côté,
s'interrogeait déjà avec effroi.

Le tact le plus exquis, l'esprit le plus délié, l'âme
la plus intelligente, peuvent bien se tromper un
instant aux regards de l'être adoré, à sa voix, à ses
gestes, à son maintien, à son langage ; à ses lettres,
jamais. Le cardinal de Richelieu ne demandait que
deux lignes d'un individu pour le faire pendre ; il ne
faut que deux lignes de votre maîtresse pour savoir
si vous êtes aimé. Aimé, tout vous le dit : les plis
du papier sont amoureux ; il s'en échappe un parfum
qui vous saisit et vous pénètre. Il y a dans l'ar-
rangement des mots un charme qui ne peut
s'exprimer. Les caractères s'entrelacent et se cares-
sent, vous regardent et vous sourient. L'amour se
révèle rien qu'à l'enveloppe : vous n'en avez pas
brisé le cachet, que vous sentez les mots remuer
entre vos doigts ; vous les entendez gazouiller, comme
des oiseaux dans leur nid. Et, quand vous dépliez
les feuillets, n'est-ce pas en effet comme des oiseaux
échappés de leur cage, qui ramagent en voletant
autour de vous et se disputent pour vous becqueter ?

En lisant les lettres de Marianna, Henry sentit
courir quelque chose de froid sur son cœur. Il était
trop sûr de son bonheur pour soupçonner le coup
qui le menaçait. Cependant, il n'ouvrait jamais une
lettre sans un sentiment de joie enivrante, il ne la
fermait jamais sans une impression d'accablante
tristesse. Qu'était-ce donc ? il l'ignorait. Il voulut

confier ses angoisses à madame de Belnave; mais
ne trouvant pas de mots pour les dire, après de
vains efforts pour en pénétrer le sens, il se résigna
à les garder pour lui seul. C'est ainsi que l'absence,
qui ranime ordinairement les amours assoupis, en-
dormit celui-ci dans toute l'ardeur de sa félicité.
Toutefois, à part le travail sourd qui se faisait en
elle, ce fut pour Marianna, ainsi que nous le disions
tout à l'heure, un temps de trêve et de loisir, une
oasis de silence et de paix.

Elle revenait insensiblement à des idées plus
calmes, à des ambitions plus sereines; son esprit
s'ouvrait à de nouvelles perceptions. La vie lui révélait des aspects qu'elle avait peut-être trop longtemps dédaignés. Descendue des cimes brûlantes,
elle aspirait avec joie la fraîcheur de la plaine.

Elle s'était fait, après le départ d'Henry, une habitude d'aller chaque jour au bois, accompagnée de
Mariette. Elle n'y cherchait ni le bruit ni la foule,
mais quelques allées désertes qu'elle aimait à parcourir à la tombée de la nuit. Un soir qu'elle marchait dans une de ses allées de prédilection, il arriva
que ce coin, où elle n'avait jamais trouvé que la solitude, fut soudainement envahi par des groupes
nombreux et brillants. C'étaient des amazones qui
passaient, comme de belles guerrières, au galop de
leurs chevaux, suivies de cavaliers empressés auprès
d'elles : des calèches découvertes qui glissaient sur
le sable; une entre autres, où se tenait la plus charmante nichée de jeunes garçons et de petites filles
qui se puisse rencontrer jamais. On eût dit une cor-

beille d'enfants, de ces beaux enfants élégants et
fiers qui sentent leur bonne race et n'éclosent qu'à
Paris dans les berceaux de la noblesse. Un cavalier
escortait la voiture au pas relevé d'un alezan ; et,
bien qu'il parût jeune encore, au regard qu'il tenait
constamment abaissé sur elle, il était facile de deviner le père de cette couvée d'Amours. Puis successivement des familles entières, presque toujours
des visages heureux et calmes, des sourires bienveillants, de douces causeries que trahissaient çà et
là quelques mots familiers, quelques paroles affectueuses ; de jeunes époux, dont le bonheur portait
le front levé ; une jeune mère, blanche comme
Noëmi, qui tenait un petit ange rose sur ses genoux,
et s'effrayait quand les chevaux imprimaient à la voiture un mouvement trop brusque ou trop rapide. Enfin toutes les joies, tous les priviléges de la société
semblaient s'être donné rendez-vous dans cette allée.
Exilée de ces biens qu'elle voyait passer devant elle,
madame de Belnave ne put s'empêcher de faire un retour sur elle-même ; ce ne fut pas trop de tout son orgueil pour la défendre contre l'amertume des regrets.

Elle s'éloigna d'un pas rêveur.

Comme elle allait sortir du bois, elle aperçut,
dans un landau qui marchait au pas, une famille
de la Creuse, dont le château était tout proche de
Vieilleville : le comte et la comtesse de la M... avec
leurs deux filles, amies l'une et l'autre de Noëmi et
de Marianna. Elles reconnurent aussitôt madame
de Belnave ; et la plus jeune, par un mouvement
irréfléchi, voulut se pencher sur le panneau de la

voiture pour l'appeler du geste ou de la voix. Un regard sévère de madame de la M... réprima cet élan de sympathie. Le landau poursuivit lentement sa marche, et il en tomba sur Marianna deux saluts silencieux et glacés. Elle n'eut pas même la consolation de voir que les yeux de mesdemoiselles de la M... étaient mouillés de larmes.

Elle rentra : dans ce Paris qu'elle venait de traverser pour gagner sa demeure, elle n'avait pas une âme qui pût la comprendre, la soutenir et la consoler : seule, elle était seule !

Le lendemain, elle reçut une lettre d'Henry : elle la lut d'un bout à l'autre sans que son front s'illuminât, sans que son cœur battît plus vite. La lettre achevée, elle la froissa machinalement entre ses doigts ; puis, s'accoudant sur une table, elle resta longtemps abîmée dans une profonde méditation.

Ce qu'elle pensa est resté un secret entre elle et Dieu. Tout ce que nous savons, c'est que cette lettre lui annonçait le prochain retour de son amant.

Il revint comme la tempête : il rapportait un amour exalté par l'absence, irrité par l'inquiétude, aigri par les soupçons jaloux, plus fougueux, plus exigeant, plus terrible qu'il ne l'avait été jusqu'alors.

---

# CHAPITRE XXI.

Avez-vous jamais, sous un ciel de feu, entrepris à

pied une longue course? Il venait une heure où, le
corps échauffé par la marche, vous perdiez le sentiment de votre lassitude, et vous alliez, ne sentant
plus vos lèvres desséchées, ni vos yeux brûlés par
la poudre embrasée de la route, ni vos pieds gonflés et saignants ; vous éprouviez l'ivresse de la fa-
'igue. Mais si, vous laissant prendre aux séductions
de quelque bouquet d'arbres jeté sur le bord du
chemin, vous vous asseyiez à l'ombre pour rafraî-
chir un instant votre front, quand il fallait vous relever, c'en était fait de vos forces et de votre courage. Vos muscles n'avaient plus de ressort ; vos
pieds meurtris refusaient d'avancer, tous vos membres endoloris se plaignaient et criaient à la fois.

C'est exactement ce qu'éprouva madame de Belnave au retour d'Henry. Lorsque, après ces jours
de vacances, il lui fallut reprendre sa tâche, son
âme ressentit une accablante lassitude et refusa de
se relever. Mais Henry était là, comme un créancier
inexorable ! Vainement Marianna tourna vers lui un
regard suppliant. Il fallut se lever et le suivre. Elle
essaya : elle se roidit d'un dernier effort ; elle le suivit d'un pas haletant.

Ce n'était pas un faible cœur, non plus qu'un
médiocre courage : c'était surtout un immense orgueil. Harassée, n'en pouvant plus, les pieds en
sang, le visage en sueur, elle étouffa le cri de sa défaite. Henry l'observait avec cette sombre inquiétude
qui précède la fin du bonheur. En apparence, leur
vie n'avait pas changé ; c'était toujours la même
union, le même échange de tendresse ; mais, de

jour en jour, l'air devenait autour d'eux plus ora-
geux et plus lourd : l'heure n'était pas éloignée où
la lutte allait s'engager.

La lutte s'engagea. Comment? c'est ce que nul ne
pourrait dire. Dans ces sortes d'engagements, on
ne sait jamais d'où part le premier coup, ni comment, ni pourquoi; les amants l'ignorent eux-
mêmes. On commence d'abord par de légères escar-
mouches qui semblent ranimer l'amour et lui prêter
une vie nouvelle; on continue par des combats
acharnés qui le blessent, on finit par une bataille
rangée où il succombe.

Henry souffrait, sans pouvoir se rendre compte de
sa souffrance. Rien ne l'autorisait à douter : Marianna semblait brûler de la même ardeur; cependant il souffrait. Ne sachant au juste à quoi s'en
prendre, il s'en prit à toute chose. Son humeur
s'aigrit, devint turbulente, irritable, emportée. Doué
d'une sensibilité maladive, ce n'était pas assez d'un
amour heureux pour l'absorber. Il chercha dans les
orages de la passion un nouvel aliment à l'activité
de ses forces. Il s'appliqua à tourmenter en tous
sens le cœur de sa maîtresse; il se plut à mouiller
de larmes ces yeux qui avaient déjà tant pleuré.
Maître du présent et sûr de l'avenir, du moins il le
croyait, il se rejeta avidement sur le passé; il en
réveilla les douleurs; il rouvrit les plaies qu'il avait
fermées; tout lui fut prétexte de querelle et de dis-
corde. A vrai dire, il ne savait ce qu'il avait; il se
demandait à lui-même d'où lui venaient cette inquiétude fiévreuse, ce besoin insatiable de trouble, cette

impatience sans nom, cette irritabilité secrète. Il regardait autour de lui avec anxiété, et ne comprenait pas que c'était le pressentiment de sa destinée qui l'aiguillonnait et le pressait de toute part.

Ce furent d'abord des scènes qui venaient l'on ne sait d'où, et qui se terminaient par des pleurs et des caresses; petits ouragans qui, tant que les larmes s'y mêlent, sont pour l'amour ce que, durant les fortes chaleurs, est une large ondée pour la terre. Mais il se forma bientôt des orages où les mots sillonnaient l'air et frappaient comme la foudre. On a beau les renier ensuite, ce sont des bombes qui dorment dans le sein où elles sont enfouies, et qui tôt ou tard éclatent, l'illuminent et le déchirent.

Les cœurs jeunes, ardents, pressés de vivre, embarrassés d'un luxe qui semble devoir ne jamais s'épuiser, se plaisent singulièrement à ces chocs de la passion d'où jaillissent parfois de magnifiques éclairs. Ils y trouvent à satisfaire la soif d'émotions qui les consume; les cœurs fatigués achèvent d'y mourir.

Souvent, après ces scènes, qui devenaient de plus en plus fréquentes, de jour en jour plus acharnées, Marianna disait à Henry :

—Henry, vous êtes sans pitié ! Vous jouez cruellement avec mon cœur; vous le brisez. Vous oubliez que j'ai déjà bien souffert et que j'ai droit peut-être à quelque repos. Vous n'avez pas de ménagements, vous me tuez. Trouvez-vous votre volupté dans mes larmes? Mon amour vous est-il moins doux dans la joie que dans la souffrance ? S'il en est ainsi, prenez ma vie, elle est à vous. Mais vous ne savez pas ce que vous faites; non, vous ne savez pas ce que vos emportements jettent en moi de découragement, de tristesse et de désespoir. Vous ne savez pas qu'en ces affreux instants je doute de vous et de moi-même. Henry, vous nous perdrez tous deux. Ce n'est pas seulement le mal que vous me faites qui crie alors en moi; mes douleurs se tiennent entre elles, vous ne pouvez en toucher une seule sans qu'elles vibrent toutes en même temps. Encore, s'il ne s'agissait que de moi! Si je pouvais mettre votre bonheur à la place de celui qui me manque, ces douleurs me seraient chères, et jamais je ne me permettrais une plainte. Mon amour vous irrite, les tortures de mon âme n'apaisent pas les agitations de la vôtre; cruel enfant, vous n'êtes pas heureux.

Alors Henry lui baisait les mains et les pieds, pleurant, suppliant, s'accusant lui-même, s'écriant qu'il était heureux entre tous, et achevant d'épuiser, par les emportements de son amour, le cœur qu'il venait de briser sous les emportements de sa colère. Ce qu'il y avait de plus lamentable, c'est que la victime rassurait le bourreau. Lorsque après ces scènes qui la laissaient sans courage et sans énergie, il voyait Marianna silencieuse, absorbée, Henry, se méprenant sur le cours des réflexions qui la préoccupaient, l'attirait à lui et cherchait, par mille caresses, à dissiper les terreurs qu'il croyait lire dans ses yeux.

— Tu sais bien que je t'aime, n'est-ce pas? disait-il; tu sais bien que je veux t'adorer toujours? Ne t'alarme pas de me voir ainsi, brusque, irritable, emporté, bizarre; il se passe en moi des choses que

je ne saurais dire, que je ne puis comprendre. Je ne
sais rien, si ce n'est que je t'aime d'un amour sans
bornes. Va, ne crains rien, je suis bien à toi! Ap-
puie-toi sans trembler sur mon cœur : chasse ces
terreurs qui m'outragent. Tu vivras moins longtemps
que mon amour. Ce que tu me disais autrefois pour rassurer ma tendresse inquiète, je puis te
le dire à mon tour. Ai-je hors de toi une destinée
possible ? Me suis-je réservé dans l'avenir un autre
rôle que celui de t'aimer, une félicité plus grande
que celle d'être aimé de toi ? Ma place restera vide
au foyer de mon père et le monde ne me connaîtra
pas. Marianna, mon univers commence et finit à ton
nom. Et tu doutes, et tu t'alarmes ! Qu'ont de commun avec mon âme ces mouvements de mon humeur ? Qu'est-ce après tout que ces orages qu'un
rayon de tes yeux suffit à disperser ? Le ciel n'est
pas toujours d'azur ; mais derrière les nuages qui le
voilent, le soleil immuable se tient éclatant et radieux.

Madame de Belnave s'efforçait de sourire et de
tourner vers lui un regard reconnaissant. Hélas!
ces paroles ne faisaient que redoubler le poids de
sa tristesse. La confiance et la sécurité de ce jeune
homme la rendaient odieuse à elle-même : elle souffrait plus de la tendresse d'Henry et de son bonheur
que de ses fureurs et de ses désespoirs.

Elle luttait d'un courage héroïque : mais c'en était
fait dans son cœur de tout charme et de toute ivresse.
Cette existence à deux, qui l'avait enivrée si longtemps, ce perpétuel tête-à-tête, qui l'avait si longtemps charmée, pesait sur elle et l'étouffait comme

les murs d'une prison. Cette vie d'artistes et de
bohémiens qui l'avait séduite, cet échange de fortune et de pauvreté qu'elle avait d'abord trouvé si
poétique, ne lui semblait plus qu'une excentricité
d'assez mauvais goût, ou du moins qu'un enfantillage. Elle n'osait pas le dire à Henry, qui tenait trop
à ses prérogatives pour consentir à les abdiquer.
Mais quand le jour arrivait de quitter, en hiver, les
tapis moelleux et les chaudes tentures; en été, le
boudoir frais et recueilli où le soleil ne pénétrait
jamais, pour aller grelotter ou griller sous le toit de
la mansarde, Marianna avait bien de la peine à réprimer un mouvement d'impatience; presque toujours elle suivait Henry d'un pied lent, revêche et
boudeur. Il s'en apercevait parfois, et c'étaient alors
des tempêtes nouvelles que Marianna n'apaisait
qu'en affectant un enthousiasme de bonheur, depuis longtemps éteint dans son âme. Ajoutez à cela
qu'Henry se montrait de jour en jour plus sombre,
plus exigeant, plus inquiet, plus ombrageux. Marianna ne pouvait plus essayer une distraction sans
qu'il la lui reprochât avec amertume. Comprenant
enfin que l'amour ne suffit pas à remplir toutes les
heures de la vie, elle avait accueilli avec reconnaissance quelques hommes distingués de sa province :
elle sentait le besoin de s'entourer de relations
agréables et bonnes. Mais Henry montrait à chaque
visiteur un visage si gracieux et si prévenant, qu'on
n'était guère tenté de s'exposer souvent à une ré-
ception pareille. Isolé dans son coin, silencieux et
sombre, il jouait le rôle de ces épouvantails qu'on

dresse dans les jardins pour effaroucher les oiseaux. Madame de Belnave, que sa position difficile obligeait vis-à-vis du monde à une extrême circonspection, ne pouvait s'empêcher de souffrir de la présence continuelle d'Henry et surtout de son étrange attitude. Elle ne savait quelle contenance tenir, et comprenait bien que chacun se retirait médiocrement édifié. Ce fut un nouveau sujet de divisions, sourdes d'abord et comprimées, qui éclatèrent bientôt.

Un jour, Marianna reçut la visite d'un certain vicomte de L..., gentillâtre marchois, grand tueur de loups, impertinent et sot. Il s'était présenté chez madame de Belnave sous un prétexte de parenté qu'elle ne soupçonnait même pas. Ils étaient cousins, affirmait-il; leurs pères avaient ensemble couru le loup dans la forêt de Champsanglard et dans les bois de Marsac. Il venait à Paris, chaque année, passer trois mois d'hiver, prétendant qu'avec la meilleure volonté du monde il n'était pas possible à un gentilhomme de dépenser en province son argent, son esprit et ses belles manières. — Je fais des économies dans ma vicomté et je viens les manger à Paris, disait-il. — Je suis sûre, ajouta madame de Belnave, que vous faites ici de folles dépenses ? — Assez folles, cousine, durant les deux premiers mois, ajouta le vicomte d'un air vainqueur. — A propos, cousin, s'écria-t-elle, il faut que je vous gronde pour n'être venu me voir qu'à la fin du troisième. — Le vicomte jura ses grands dieux qu'il n'était à Paris que depuis huit jours. — Vous mentez, cousin, vous mentez, dit-elle avec un

fin sourire. — Il se confondit en serments et en
protestations de tout genre. Quoique tueur de loups,
on se piquait d'avoir conservé les belles traditions
de la galanterie française; on vivait dans les bois,
mais on savait son monde. S'il ne s'était pas présenté les années précédentes, c'est qu'il ignorait les
aventures de sa belle cousine. Il lâcha quelques al-
lusions délicates qui amenèrent le rouge de la honte
au front de Marianna, et, par-ci par-là, de petits
compliments qui firent bondir Henry sur son siége.
Le vicomte l'observait avec inquiétude, et se demandait en lui-même quel était ce jeune loup qui
lui montrait les dents et le regardait de travers.

Près de se retirer, sur le seuil de la porte, il appliqua le verre d'un binocle sur son œil gauche;
puis, se tournant du côté d'Henry :

— C'est un parent? demanda-t-il à Marianna,
assez haut pour être entendu du jeune homme.

— Non, monsieur, c'est un amant, dit celui-ci,
pâle et froid de colère.

Le vicomte salua et sortit.

— Êtes-vous fou, Henry? s'écria madame de
Belnave vivement blessée.

Henry se leva; le bleu de ses yeux était noir, ses
lèvres blanches et tremblantes.

— Vous êtes fou! répéta-t-elle avec humeur. Pour
qui donc voulez-vous me faire passer ici? Avez-vous
résolu de chasser toutes les personnes qui se pré-
sentent chez moi? En vérité, Henry, je n'ose pas
qualifier votre conduite.

— Moi, dit Henry en lui prenant la main, qu'il

serra comme dans un étau, j'oserai qualifier la vôtre,
et je suis bien aise que cette occasion s'offre enfin
de vous en dire mon avis, car voilà trop longtemp.
que cela dure : Marianna, votre conduite est infâme.

— Ah ! laissez-moi ! s'écria-t-elle, en cherchant
à dégager sa main de la main de fer qui l'étreignait.

— Vous m'entendrez, poursuivit Henry. J'ai dit
et je répète infâme ! Pour qui voulé-je vous faire
passer ici ? demandez-vous. Je vous réponds : Pour
ma maîtresse. Suis-je autre chose que votre amant,
moi ? Je vous le demande à mon tour. Si j'ai résolu
de chasser de chez vous les personnes qui s'y pré-
sentent ? Je vous réponds : Oui ! et je m'étonne seulement que vous m'en laissiez le soin. Puisque vous
voulez que je vous le dise, depuis quelque temps il
se passe ici d'étranges choses, et je trouve que vous
oubliez bien promptement que nous ne sommes plus
de ce monde, nous autres ! Lequel de nous deux,
je vous prie, a dit à l'autre le premier : Vis dans
notre amour ! ne livre pas tes jours à cette mer de
boue qui s'agite à nos pieds ! qu'irais-tu faire parmi
les hommes ? cache ton âme dans la mienne ! Lequel
de nous deux, vous ou moi, a le premier parlé de
la sorte ? Est-ce moi qui vous ai séquestrée de la
foule ? Est-ce moi qui vous ai conseillé l'oubli des
exigences sociales, le sacrifice de vos ambitions ?
Vous seriez bien embarrassée pour me répondre. Et
voilà que maintenant l'amour ne vous suffit plus !
Vous éprouvez je ne sais quel besoin intempestif
d'estime et de considération ! Vous craignez qu'on
ne vous compromette ! Il est temps, vraiment, de

vous y prendre! Depuis deux mois, votre maison ressemble à une allée des Tuileries. Ce n'est pas assez d'y subir la présence des indifférents, il faut y supporter l'impertinence et le mépris des sots. Eh bien, non! je ne veux pas qu'il en soit ainsi; je ne le veux pas, moi, vous dis-je!

— Vous ne voulez pas, vous ne voulez pas... murmura Marianna d'un air de défi.

— Je ne veux plus rien, reprit froidement Henry; madame, vous êtes libre.

Et il sortit.

— Ah! malheureuse! s'écria madame de Belnave avec un profond sentiment de désespoir; tu voulais vivre absorbée dans l'amour! Tu voulais être aimée d'un amour jaloux, exclusif, insatiable, et qui fût la vie tout entière! Tu cherchais un cœur à toi seule! Tu es servie à souhait; on t'aime! On t'aime de cet amour que tu demandais au ciel, que tu n'espérais plus rencontrer sur la terre : pourquoi donc pleures-tu, misérable?

Elle demeura longtemps anéantie. Jamais la chaîne du devoir n'avait autant pesé sur elle. Jamais, sous l'indifférence de George, elle n'avait enduré ce qu'elle endurait à cette heure sous la passion d'Henry. Elle se rappela les paroles que lui avait dites Bussy, la nuit de leur séparation : ses réflexions furent amères. Elle commença par s'apitoyer sur son sort; puis, honteuse de son égoïsme, elle reporta sa pensée sur l'enfant qui souffrait par elle tout ce qu'elle avait souffert; elle s'attendrit sur cette destinée qu'elle allait briser comme on avait

brisé la sienne. A cette idée, son âme se révolta de
tout ce qui lui restait de vigueur. Une fois encore
elle trouva l'énergie et la volonté de ne pas désespérer d'elle-même. Elle appela à son aide les souvenirs enchantés que lui avait laissés ce jeune
homme. Elle se dit qu'il était de sa gloire de donner
un démenti aux prophéties de George. Elle attisa
ses feux pâlissants, et sut en faire jaillir de vives
étincelles. Elle retrouva dans sa mémoire l'amour
qu'elle eût vainement cherché dans son cœur : l'orgueil, la pitié, l'attendrissement firent le reste. Elle
se leva, elle courut chez Henry ; elle gravit l'escalier
tortueux, comme autrefois, vive et légère. Henry
était absent ; il aperçut, en rentrant, sa maîtresse
qui l'attendait. Elle lui sauta au col ; elle lui pro-
digua les noms les plus tendres et les caresses les
plus folles. Elle voulut demander grâce à ses pieds,
mais il l'appela dans ses bras et demanda grâce à
son tour. Ce fut à qui n'aurait pas raison. Ils confondirent leurs transports, et jamais leur bonheur
n'avait brillé d'un éclat plus beau : dernières lueurs
de l'astre près de s'éteindre !

En moins d'une semaine, leur vie avait repris son
trouble accoutumé. Marianna était retombée de cet
enthousiasme factice dans une atonie complète :
Henry s'agitait comme un lion blessé ; la tourmente
grondait sous leur toit.

Bientôt leurs querelles ne furent plus suivies de
réconciliations, et des jours entiers s'écoulèrent,
mornes, silencieux, sur les impressions fâcheuses.
Déjà leurs plus beaux jours étaient plus sombres

qu'autrefois leurs plus sombres jours. Leur oisiveté
n'était plus occupée. Ils ne se plaisaient plus à remuer leurs souvenirs ; ils n'aimaient plus à revenir
sur leurs félicités écoulées. Trop de mauvais dé-
troits les séparaient du passé, pour qu'ils osassent
en remonter le courant. L'ennui se glissait dans
leur intimité. Le désœuvrement d'Henry, qui chô-
mait sa douleur comme il avait chômé sa joie, irritait madame de Belnave à un point qu'on ne saurait
dire. Elle s'indignait secrètement de le voir consumer
ainsi les plus belles années de sa jeunesse. Elle l'accusait d'indolence et d'inertie. Le cœur de la femme est
un merveilleux creuset où tour à tour le plomb se
change en or et l'or en plomb. Tant que le charme
dure, l'être aimé est plus qu'un dieu pour elle : que le
charme tombe, le dieu est moins qu'un homme. La
grâce prend le nom de faiblesse, la tendresse n'est
plus que de la fadeur, la passion que de l'emphase,
et l'oubli de soi-même qu'une absence de dignité.

Effrayée de la responsabilité qu'elle avait assu-
mée, ne sentant plus en elle assez de trésors pour
lui rendre tout ce qu'elle lui avait enlevé, Marianna
se hasardait parfois à prêcher à Henry le travail ; en
cherchant à le faire rougir de sa nullité, elle espérait détourner le cours de cette activité qu'elle se
reconnaissait désormais incapable de contenir et de
satisfaire. C'étaient alors des fureurs sans nom, des
emportements inouïs, des reproches sanglants,
d'effroyables récriminations.

— Ah ! tu pleures mes jours perdus ! s'écriait-il.
Ce sont des jours perdus, selon toi, ces jours em-

ployés à t'aimer ! Consumés en vaines ambitions,
tu les trouverais mieux remplis ! L'amour ne te
semble pas digne d'occuper la vie tout entière !

Marianna courbait la tête : c'étaient ses propres
paroles que lui répétait Henry. Il n'était plus temps
de défaire le mal qu'elle avait fait. L'imprudente
avait trop serré le lien pour pouvoir le dénouer. En
traçant autour d'Henry un cercle infranchissable,
elle s'y était enfermée avec lui.

Ce devint un enfer. Non, après une pareille existence, l'enfer avec ses cris, ses désespoirs, ses grin-
cements de dents, doit être un séjour de repos.
Ce qu'il y a de consolant pour ceux qui ont épuisé
ce calice, c'est de pouvoir se dire que la vie n'a plus
de breuvage amer ni malfaisant qu'ils ne puissent désormais goûter impunément ; ils sont à l'é-
preuve du fiel et du poison. Il y avait longtemps
qu'Henry et Marianna en étaient aux mots qui
tuent ; les malheureux en arrivèrent à se reprocher
mutuellement l'existence qu'ils se devaient l'un à
l'autre. Il y avait des instants où Henry éprouvait
contre Marianna des mouvements de haine, où il
sentait s'éveiller en lui comme des instincts de bête
fauve, où il avait besoin de l'outrager et de la voir
souffrir ; des instants, où, sans cause, sans motif, à
propos de rien, il l'interpellait d'une voix stridente et
se plaisait à la torturer, jusqu'à ce qu'il lui eût arraché des larmes qu'il essuyait ensuite avec ses lèvres.

Un soir, elle était assise près de la fenêtre entr'ouverte, occupée d'un ouvrage de tapisserie. La
journée s'était passée dans un calme plat. Henry

avait bien tenté à plusieurs reprises d'en rompre la paix et le silence ; Marianna, de guerre lasse, avait éludé toutes les occasions. Elle semblait paisible et recueillie, tout entière absorbée par les rosaces qui s'épanouissaient sous ses doigts. Henry marchait dans la chambre, irrité de l'attention qu'elle donnait à son travail, souffrant de ne rien faire et de la voir occupée.

— Vous vous perdez les yeux, dit-il enfin, en lui enlevant son ouvrage. Puis il continua de se promener dans la chambre. Marianna prit un livre et se mit à lire. Cette impassibilité fit bouillonner le sang du jeune homme, qui n'attendait qu'un mot de sa maîtresse pour aller s'asseoir à ses pieds.

Il s'étendit sur un divan, et se tournant vers elle avec une nonchalance affectée :

— A propos, dit-il d'un air distrait, j'ai reçu ce matin une nouvelle qui vous intéressera peut-être.

— Quoi donc ? demanda-t-elle sans interrompre sa lecture.

— George Bussy vient de se marier, répondit Henry.

Madame de Belnave resta silencieuse, immobile, les yeux abaissés sur son livre.

— Oui, poursuivit-il lentement, il s'est marié. Ce qu'il y a de plus étrange, c'est que ce vieux cœur s'est, dit-on, rajeuni dans le mariage : il n'est bruit au pays que de son amour pour sa femme. Il est vrai de dire qu'il a épousé le plus riche parti du département; ajoutez à cela, s'il vous plaît, la plus belle fille de vingt lieues à la ronde, en même temps la plus belle âme qu'ait jamais recélée la province.

27

Je la connais, je puis en parler avec assurance : c'est
une de ces chastes fleurs qui croissent à l'ombre des
bois et ne sont pas dans le secret de leurs parfums
et de leur fraîcheur. Ce sera pour sûr une noble
épouse. Vous conviendrez que notre ami ne pouvait
faire une plus heureuse fin. C'est un homme rangé,
à cette heure, jouissant de l'estime de ses conci-
toyens. Vous ne serez pas fâchée d'apprendre qu'il
se porte comme candidat aux prochaines élections,
et qu'il a pour la députation des chances presque
certaines. Nous irons l'entendre à la chambre. Mais
qu'est-ce donc que ce livre qui vous absorbe de la
sorte? ajouta-t-il en se levant : voilà bien longtemps, il me semble, que vous n'avez tourné la page.

Il s'approcha de Marianna, et prit froidement le
livre qu'elle tenait entre ses mains : les feuillets en
étaient tout humides.

— Vous pleurez donc? lui demanda-t-il.

Marianna ne répondit pas.

— Pourquoi pleurez-vous? dit Henry, en lui prenant rudement la main.

— Je ne sais pas, répondit-elle d'une voix étouffée, en essuyant ses yeux.

— Moi, je le sais, et je vais vous le dire ! s'écria-
t-il avec emportement.

— Non, non ! s'écria Marianna, qui prévit un
affreux orage. Non, vous ne le savez pas. Ne le dites
pas, laissez-moi vous le dire. Vous ne savez rien ;
Henry, vous n'êtes qu'un enfant. Eh bien ! oui, c'est
vrai, je pleure ; pardonnez-moi, ne vous irritez pas.
Il n'y a rien dans ces larmes qui doive vous offen-

ser. Il en est des affections éteintes comme des membres qu'on n'a plus : on peut en souffrir encore. C'est là ce qu'il vous faut comprendre, et ne le comprenez-vous pas ? Et puis, que vous dirai-je ? je ne puis m'empêcher de pleurer en voyant cet homme se réfugier dans le monde d'où il m'a exilée, et revenir aux biens dont il m'a enseigné le mépris. C'est peut-être en moi faiblesse et lâcheté ; mais que voulez-vous ? je ne suis qu'une pauvre femme.

— Si ce n'est lui que vous pleurez, c'est donc le monde ! s'écria l'impitoyable jeune homme. Si ce n'est lui, c'est donc les biens qu'il vous a ravis ! Enfin, vous pleurez quelque chose ! Mon amour ne vous suffit plus ! Les sacrifices ont été pour George, et les reproches sont pour moi !

La lutte, ainsi engagée, se continua durant la nuit entière. Les jours qui suivirent ne furent pas meilleurs.

Parfois Henry s'arrêtait subitement, au milieu de ses colères, épouvanté lui-même des éclats de sa voix.

— Oh ! mon Dieu, mon Dieu ! s'écriait-il alors en se frappant le front, que se passe-t-il entre nous ? Qu'est devenu le temps où nous n'avions pas d'autre étude que de nous aimer et de nous complaire ? Qu'avons-nous fait de nos beaux jours ? Je sens ma tête qui s'égare. Pourquoi ne sommes-nous plus heureux ? Qu'est-ce que ce démon qui m'irrite et me pousse ? quel est donc ce serpent qui me ronge le cœur ? Oh ! ma tête, ma tête brûlante ! mon Dieu, n'est-ce pas la folie ?

Non, malheureux, non ! cette inquiétude qui te dévore, cette anxiété qui te harcèle, ce démon qui t'aiguillonne, ce serpent qui te ronge le cœur, non, ce n'est pas la folie, c'est la raison qui te crie que tu n'es plus aimé !

Ah ! certes, quand Marianna vit clair pour la première fois dans le cœur de Bussy ; quand elle sentit l'amour de cet homme lui échapper, et qu'elle comprit que tous ses efforts pour le retenir seraient vains, certes, ce fut un instant terrible, et l'infortunée n'imagina pas qu'elle pût être réservée à un coup plus affreux : elle crut que la terre manquait sous ses pieds, tandis que le ciel s'écroulait sur sa tête. Eh bien, lorsque, amante d'Henry, après des efforts surhumains pour tromper ce malheureux jeune homme et pour s'abuser elle-même, elle vit clair dans son propre cœur ; lorsqu'elle descendit dans cet abîme ravagé, et qu'elle en contempla les ruines, ce fut un instant plus terrible que le premier, et jamais cri plus lamentable ne sortit d'un sein plus cruellement frappé. Il lui sembla que la douleur, qu'elle pensait avoir épuisée, se révélait à elle pour la première fois ; elle se dit que jusqu'à ce jour elle avait seulement essayé la souffrance. C'est qu'après George il restait encore l'espérance. C'était l'amant qui lui manquait alors ; cette fois, c'était l'amour.

Au milieu de ces secousses, de ces luttes, de ces déchirements, les lettres de Noëmi arrivaient calmes, sereines, radieuses, resplendissantes.

## CHAPITRE XXII.

**Elle accepta sa destinée.** Ne pouvant plus s'abuser elle-même, elle s'imposa, comme un devoir, la lâche de tromper Henry. Elle devait bientôt y succomber. Le créancier, qui vient vous prendre dans votre sommeil pour exiger l'or que vous n'avez pas, est moins odieux que l'être qui vous demande l'amour que vous n'avez plus. Marianna sentait à chaque instant son courage faiblir et ses forces l'abandonner. Ce n'était plus la douleur ! La douleur est noble, glorieuse, poétique ; elle féconde l'âme qu'elle habite : c'est un hôte de céleste origine. C'était l'ennui, l'ennui qui ternit, glace, flétrit tout ce qu'il touche, le hideux, le stérile ennui ! Quand elle parvenait à le vaincre, c'était pour s'accuser et se maudire. Voilà donc par quels bienfaits elle reconnaissait le dévouement qui l'avait sauvée, la tendresse qui l'avait guérie ! Elle payait la vie par la mort et l'amour par l'ingratitude. C'était aussi pour insulter au sort qui, par une poignante dérision, ne lui envoyait le bonheur que lorsqu'elle ne pouvait plus en jouir, qui lui faisait de ce bonheur si longtemps, si ardemment souhaité, le plus horrible des supplices.

Mais lui, grand Dieu, mais lui ! Ses yeux se cavèrent, son teint se plomba, son front se rida sous une précoce vieillesse. Une fièvre continue lui consumait les os. Il passait souvent des nuits entières à marcher au hasard par les rues ; quand il rentrait au matin dans sa chambre, ses vêtements étaient sanglants et en lambeaux. Il se jetait sur son lit et demandait l'oubli au sommeil ; vainement ses sens épuisés cédaient à la fatigue, son âme orageuse veillait dans son corps endormi. Parfois il se levait brusquement et se roulait sur le carreau glacé, pour chercher un peu de fraîcheur. Il criait le nom de Marianna avec tendresse ou avec colère, la foulant aux pieds ou la pressant contre son cœur, lui jetant tour à tour l'adoration et l'outrage. Puis, quand il n'en pouvait plus, quand il s'était exhalé en pleurs et en imprécations, il se disait qu'il n'était qu'un misérable insensé, que Marianna l'aimait encore, et il allait chercher près d'elle un nouvel aliment à sa douleur. Elle s'efforçait de le rassurer, et il s'efforçait de la croire : lâches tous deux, l'un par amour, l'autre par pitié.

Un jour, Henry était dans sa chambre, dans cette petite chambre que le bonheur ne visitait plus, la tête appuyée sur son lit, sur ce lit qui n'entendait plus que des cris de détresse et de malédiction. Il venait de quitter sa maîtresse après une de ces scènes où madame de Belnave, vaincue par l'ennui, se montrait, en dépit d'elle-même, dure, cruelle, impitoyable. Il sanglotait comme un enfant, et se labourait la poitrine avec ses ongles. Tout à coup la porte s'ouvrit. Un rayon de joie brilla dans ses yeux humides ; mais en se relevant, il se trouva face à face avec George Bussy.

George lui tendit la main, Henry refusa la sien-

ne ; il détourna la tête d'un air sombre, et resta
un instant immobile ; puis, se rejetant sur son lit,
il étouffa dans l'oreiller ses cris et ses sanglots.
Après l'avoir contemplé en silence, George se retira,
grave et pensif, sans avoir dit une parole.

Il marcha longtemps sur les quais ; puis, de l'air
d'un homme qui a pris une détermination soudaine,
il alla s'informer de l'adresse de madame de Belnave au premier hôtel qu'elle avait habité : une
heure après, il se présentait chez elle.

Lorsqu'il entra, madame de Belnave voulut se
lever : ses jambes se dérobèrent sous elle. Elle essaya
de parler : la parole expira sur ses lèvres. Elle couvrit sa figure de ses mains, pour cacher sa honte
plutôt que son émotion ; car elle avait perdu le droit
d'accuser et de maudire : c'était moins un coupable
qu'un juge qui se tenait debout devant elle.

George prit un siège. Il y eut un long silence
durant lequel ils écoutèrent le langage muet de leurs
âmes.

— Marianna... dit enfin George Bussy d'une voix
légèrement émue.

A ce nom qui vibra comme un écho des jours heureux, madame de Belnave découvrit son visage et
tourna vers George un regard de stupeur et d'effroi.

— Madame, reprit-il, je viens m'acquitter près
de vous d'un pénible devoir, mais d'un devoir sacré,
puisque je n'ai pas craint, pour l'accomplir, d'affronter votre haine et de vous affliger de ma présence.

— Je ne vous hais pas, monsieur, dit Marianna.

— Je vous disais bien que la vie vous enseignerait l'indulgence, poursuivit lentement Bussy ; je vous disais bien que rien n'arrive à temps, et que toujours nous nous vengeons sur ceux qui nous aiment de ceux que nous avons aimés. Vous-même, madame, digne, à tant de titres, d'une destinée meilleure, vous n'avez point échappé à la commune loi. Aimée, vous n'aimez pas.

— Qui vous l'a dit ? demanda fièrement Marianna, chez qui l'orgueil eût ranimé l'amour, si l'amour n'eût été mort en elle.

— Allez, vous n'aimez pas, répéta George en secouant tristement la tête.

— Eh bien, c'est vrai, dit-elle avec un profond découragement. Ah ! le ciel m'est témoin que j'ai bien lutté, que j'ai bien combattu ! Ah ! j'ai bien soufflé sur mes cendres ! Tous mes efforts ont été superflus. Il est Marianna, et moi je suis Bussy. C'est vous, George, c'est vous qui nous avez perdus tous deux.

— Vous vous vengez sur lui, je me vengeais sur vous, répondit George. Pour arriver à la source du mal, il faudrait remonter bien haut. La plainte est injuste, les récriminations sont vaines ; nous nous apprenons tous les uns aux autres à souffrir et à pardonner. Non, Marianna, non, ce n'est pas moi qui vous ai perdus. La vie seule est coupable ; plaignons-nous à Dieu qui l'a faite.

Madame de Belnave subissait humblement la vérité de ces paroles qui l'avaient tant de fois révoltée ; et c'était un triste spectacle que ces deux êtres, revenus de leurs illusions, jetant sur la vie un regard froid et désenchanté.

— Je suis venu, poursuivit-il après s'être un instant recueilli, pour vous aider à réparer, autant qu'il peut être réparé, le mal que vous avez causé sans le vouloir.

— Eh! le puis-je, mon Dieu! s'écria-t-elle avec désespoir. Il déchire mon cœur pour y chercher les biens qui n'y sont plus, et ne veut pas de ceux que je pourrais encore lui offrir. Il ne comprend rien, il ne veut rien comprendre! ajouta-t-elle avec un mouvement d'humeur.

— Nous avons été comme lui, dit George, il ne faut pas lui en vouloir : il aura son tour, il comprendra plus tard. A cette heure, il faut le sauver.

— Dites, ah! dites, s'écria-t-elle ; est-il besoin de tout mon sang?

— Il est besoin de tout votre courage.

— Que faut-il faire?

— Le quitter.

— Jamais, monsieur, jamais! répondit-elle avec une noble indignation.

— Il faut le quitter, répéta George avec sang-froid. Votre âme est grande et généreuse, je le sais ; je sais que vous vous résigneriez à mourir plutôt que de vous retirer la première du duel où vous êtes tous les deux engagés. Mais il s'agit de lui et non de vous. Votre destinée est achevée : la sienne peut encore être belle.

— S'il en est ainsi, monsieur, démontrez-lui que je suis un obstacle à son bonheur, et, quand il l'exigera, je me soumettrai sans murmurer à ce dernier sacrifice. Je rentrerai, pour ne plus en sortir, dans la solitude où vous m'avez plongée. Mais, je l'avoue, je suis sans force contre sa douleur; et ce lien, dût-il m'étouffer, n'espérez pas que je le brise.

— Vous le briserez, dit George, parce que ce n'est pas vous, mais lui qu'il étoufferait tôt ou tard; vous en aurez la force, parce que lui ne saurait la trouver. Il ne comprend rien, il ne veut rien comprendre : vous-même le disiez tout à l'heure. C'est donc pour lui, madame, pour lui seul que je vous prie et vous adjure : que la pitié vous rende cruelle! S'il fallait, pour sauver votre sœur, lui plonger un couteau dans le sein, si votre main était la seule qui pût la sauver à ce prix, votre main hésiterait-elle? Oui, Marianna, vous l'avez dit, vous êtes un obstacle dans sa vie : vous dévorez ses jours, sans profit pour vous, sans profit pour lui-même. Son père en gémit; au pays, ses amis en murmurent; on s'afflige de voir sa jeunesse s'écouler sans travail et sans dignité. Vous l'avouerai-je? on va jusqu'à vous blâmer hautement.

— Que voulez-vous? dit Marianna que ces reproches irritaient, il ne fait rien, il ne veut rien faire!

— Il aime, répondit Bussy; vous appelez cela ne rien faire. Je sais des malheureux qui travaillent vingt heures par jour et qui accomplissent, à mon sens, un préférable labeur : il leur reste quatre heures pour dormir et pour oublier. Ah! sauvons-le, ne l'accusons pas. Réveillez dans votre cœur ce qu'il y reste de tendresse, d'affection et de dévouement, pour le rendre aux devoirs qui le réclament. Il commencera par vous maudire, mais un jour il vous bénira.

— Vous ne le connaissez pas, dit-elle, il en mourra.

— Non, dit George, il n'en mourra pas; nous n'en sommes pas morts, nous autres. Qu'espérez-vous, en prolongeant une liaison qui vous meurtrit tous deux? Vous ne pouvez rien désormais pour vos félicités mutuelles. Vous absorbez sa vie, il épuise la vôtre. Qu'attendez-vous de l'avenir? Vous aurez beau faire, vous ne rallumerez pas en vous l'amour éteint; vous ne raffermirez pas en lui la confiance ébranlée. Je vous le dis dans la tristesse de mon âme, il n'est plus de bonheur possible entre vous.

— Ah! je le sais bien! murmura-t-elle; mais il n'a que moi au monde, je ne l'abandonnerai pas.

— Un ami lui restera pour l'assister et le soutenir, pour l'aider aussi à comprendre. Reposez-vous sur moi du soin de veiller sur ses jours, et de vous ménager dans son cœur une place où votre souvenir vivra toujours précieux et cher.

Il y eut encore un long silence durant lequel madame de Belnave sembla flotter indécise entre les conseils de George et ceux de sa conscience.

— Jamais, monsieur, jamais! dit-elle enfin d'une voix ferme et résolue. L'amour, après tout, n'est pas seulement une fièvre de jeunesse, une folle exaltation, une chaleur de sang et de cerveau; c'est quelque chose de mieux, il me semble. Parce que je ne sens plus en moi les brûlantes ardeurs du matin de la vie, s'ensuit-il que je n'aime plus? J'interroge mon cœur, et j'ose affirmer le contraire. Je l'aime, sans passion, il est vrai, sans ivresse, sans enthousiasme...

— Oui, dit George l'interrompant, vous l'aimez par devoir, vous l'aimez par pitié, vous l'aimez sans bonheur, de cet amour plus odieux, plus fatal que la haine.

— Quoi qu'il en soit, répliqua-t-elle, mon parti est irrévocablement pris. Dussions-nous l'un et l'autre succomber à la peine, nous sommes enchaînés par un lien indissoluble, nous ne nous quitterons jamais.

— Vous y réfléchirez, dit George en se levant. Un jour viendra, ce jour n'est pas loin, où vous accepterez humblement les conseils que vous rejetez à cette heure. Si je puis alors vous être de quelque secours, écrivez un mot, je viendrai.

Comme il allait se retirer :

— Et vous, George, demanda tristement Marianna, à quel point êtes-vous de la vie ? Êtes-vous heureux ? Vous êtes marié, m'a-t-on dit.

— Eh ! mon Dieu, oui ! répondit Bussy ; il faut bien en passer par là. La vie est ainsi faite : fou qui veut la changer. On commence par armer en guerre ; on finit au coin du feu, les pieds dans ses pantoufles.

Là-dessus il sortit, après lui avoir baisé poliment la main.

— Et nous devions nous aimer toujours ! s'écria Marianna avec un sombre désespoir.

Cependant, entre les deux amants, la position devenait de jour en jour plus intolérable. Henry se cramponnait avec une inconcevable ténacité au cœur qu'il sentait près de lui échapper. Dans la sécurité de son bonheur, il s'était montré volontiers brave et fanfaron : dès qu'il entrevit qu'il pourrait être pris au mot, il devint pusillanime et lâche. Jamais homme n'abjura plus complétement, aux pieds d'une femme, orgueil et dignité. Marianna luttait encore ; mais les paroles de Bussy lui revenaient sans cesse à l'esprit et l'obsédaient jusque dans son sommeil. Il est vrai qu'elle les repoussait avec indignation ; un événement imprévu les lui fit accueillir avec plus de bienveillance.

M. Felquères mourut. Henry se trouva tout à coup à la tête d'une assez belle fortune. Bien qu'il n'eût pas à se louer de son père qui, d'ailleurs, n'avait jamais eu à se louer beaucoup de son fils, il le pleura sincèrement. Madame de Belnave ne lui manqua pas en cette circonstance ; elle retrouva, pour le consoler, des tendresses depuis longtemps inusitées. Mais, au fond du cœur, elle éprouva une joie criminelle en voyant que ce jeune homme était riche et maître de sa destinée.

Quelque temps après la mort de M. Felquères, elle reçut de la province, par l'intermédiaire de Bussy, une lettre assez étrange. Un vieil oncle d'Henry la sommait de rendre son neveu aux devoirs qu'il oubliait pour elle. La lettre était sévère, ridicule et touchante à la fois : Henry s'y nommait Renaud et madame de Belnave Armide ; il y était même quelque peu question d'Hercule filant aux pieds d'Omphale. En des temps meilleurs, Marianna eût ri franchement du vieil oncle ; elle le prit au sérieux, et s'irrita de la responsabilité qu'on faisait peser sur elle.

Elle caressa bientôt l'espoir de s'en affranchir. Longtemps encore elle résista ; mais, au bout de ses forces et de son courage, sentant enfin qu'il n'était plus entre elle et lui, non-seulement de bonheur, mais d'existence possible, harcelée d'ailleurs par Bussy, qui revenait sans cesse à la charge, elle l'appela un jour à son aide. George accourut.

— Vous l'emportez, dit-elle. Mieux vaut en finir d'un seul coup que de prolonger un si rude martyre. Vous savez que s'il ne s'agissait que de moi, je ne demanderais ni grâce ni merci ; c'est de lui qu'il s'agit à cette heure ; il faut le sauver, sauvons-le ! D'abord, répondez-moi de lui sur votre tête.

— Je réponds de lui sur ma tête, dit George.

— Vous me promettez de veiller sur ses jours, d'assister son désespoir, de panser ses blessures, d'être pour lui l'ami le plus dévoué, le plus tendre des frères ?

— Je vous le promets, dit Bussy.

— Et vous lui parlerez de moi ? ajouta-t-elle d'une voix profondément émue. Vous lui apprendrez à prononcer mon nom sans colère ? vous l'empêcherez de me maudire ?

— Je vous le jure.

— Dites, ah ! dites-lui que je l'ai bien aimé et que je l'aime bien encore, s'écria-t-elle en pleurant. Dites-lui que j'aurais immolé ma vie avec joie pour lui donner un jour heureux. Dites-lui que je suis bien à plaindre, qu'il m'a fallu bien du courage, et que sa douleur fait envie à la mienne. Qu'il sache, ah ! qu'il sache surtout que c'est en vue de son

bonheur que j'accomplis ce sacrifice. Dites-lui qu'il
est jeune, qu'il guérira sans doute, et que moi, je
n'ai plus qu'à mourir.

— Il saura tout cela, dit George.

— Et aussi que son souvenir me suivra partout,
qu'il aura, tant que je vivrai, une amie, une sœur,
une mère.

— Je vous promets de lui dire tout ce qui se dit
en pareille circonstance, ajouta Bussy, impatient de
savoir où Marianna voulait en venir.

— A demain donc ! s'écria-t-elle. Le sort en est
jeté, je partirai demain.

— Vous êtes un noble cœur, dit George complétement rassuré.

— Ah! taisez-vous ! répondit-elle ; je ne suis
qu'une misérable comme vous.

Elle était décidée à partir le lendemain pour
Vieilleville, domaine qu'elle avait apporté en dot à
son mari, et que celui-ci lui avait restitué après leur
séparation. Comme elle ne se sentait pas le courage
d'affronter les fureurs d'Henry, ses larmes et son
désespoir, il fut convenu que George s'emparerait
de lui durant tout le jour, et qu'il le tiendrait éloigné
de la maison de Marianna, soin d'autant plus facile
que Bussy, chargé des affaires d'Henry, avait avec
lui, depuis la mort de M. Felquères, des conférences
longues et fréquentes.

— Vous lui remettrez cette lettre, dit Marianna.
Qu'il ignore où je vais ; mais n'oubliez pas que si
ma présence était nécessaire ici, un mot de vous
suffirait pour me faire accourir. Et maintenant,

George , adieu ! ajouta-t-elle. Nous avons fait tous
deux beaucoup de mal. Puisse cet enfant me pardonner un jour, comme je vous ai pardonné.

Le lendemain, George alla prendre Henry et lui proposa de venir passer, avec lui, la journée chez un de
ses amis, à Aulnay, vallée chérie des poëtes. Henry
accepta d'abord, puis refusa obstinément. Il était
pâle, languissant, et n'avait goût à aucune distraction.

— Viens , dit George , nous irons à cheval, nous
nous promènerons dans les bois de Verrière. Le
grand air et le mouvement te feront du bien. Vois
quel doux soleil et quel beau jour d'automne !

— Le soleil m'ennuie, dit Henry d'une voix affaissée ; les bois m'ennuient, tout m'ennuie.

— Voyons, ne te laisse pas abattre ainsi, comme
une femme ! s'écria Bussy en lui secouant le bras.
Sais-tu que tu es lâche ?

— Cela m'est bien égal, dit Henry d'un air indif-
férent.

A force d'insistances, George parvint à l'entraîner,
non pas à Aulnay, Henry s'obstinait à ne point sortir
de Paris, mais sur les quais et les boulevards. Il
marchait d'un pas distrait, sans rien voir ni rien
entendre autour de lui. George essaya vainement de
le distraire et de donner le change à ses réflexions ;
c'est à peine s'il put lui arracher quelques paroles,
à longs intervalles. Il le conduisit au tir, au manége ;
ces exercices ne le charmaient plus. Des jeunes
gens, qui l'avaient connu quelques années auparavant, hésitèrent à le reconnaître. Vers le milieu du
jour, il voulut se diriger vers la demeure de Marianna ;

George le guida dans un sens opposé. Il se prit à disserter longuement sur l'amour, comprenant bien que c'était le seul moyen de fixer l'attention de ce malheureux jeune homme. Henry paraissait l'écouter, en effet, avec un poignant intérêt. Épuisé par la marche, il manifesta le désir de se reposer; Bussy, sous divers prétextes, continua de le tenir en action, dans l'espoir d'amortir en lui l'énergie de l'âme par la fatigue du corps. Enfin, Henry déclara impérieusement qu'il voulait aller chez Marianna.

— Auparavant, dit George, il faut que tu viennes chez moi : j'ai des lettres importantes à te communiquer, relativement à la succession de ton père.

— Vous savez, répondit Henry, que je n'entends rien à ces sortes d'affaires, et qu'il me répugne de m'en occuper.

— Viens, répliqua George en l'entraînant, j'ai besoin de ta signature.

Henry arriva harassé chez George. Il pouvait être quatre heures de l'après-midi.

— Voyons, dit le jeune homme en prenant une plume, que faut-il signer ? Hâtons-nous.

— Il faut préalablement, répondit Bussy, en tirant d'un cartonnier une liasse de papiers, que tu saches à quoi tu t'engages.

— C'est inutile, dit Henry avec impatience; j'ai pleine confiance en vous. Où faut-il signer, je vous prie?

— Du tout, du tout! s'écria George; ce n'est pas ainsi que se traitent les affaires.

— Lisez donc, dit Henry avec humeur; je vous écoute; mais, pour Dieu ! lisez vite.

George déclama d'une voix lente et accentuée un horrible grimoire, qu'il accompagna de réflexions et de commentaires à faire pâmer d'aise tous les loups-cerviers de la chicane. Henry était au supplice.

— Est-ce tout? demanda-t-il en se levant, lorsque Bussy eut cessé de lire.

Cinq heures sonnaient à Notre-Dame. Il y avait une heure que madame de Belnave avait dû quitter Paris. George se leva à son tour. C'était un homme qui allait droit au but, et dont la main, prompte et sûre, ne faisait pas languir sa victime.

— Non, ce n'est pas tout, dit-il d'un ton solennel. Henry, as-tu du courage?

De pâle qu'il était, le jeune homme devint livide.

— Je te demande si tu as du courage? répéta froidement Bussy.

Henry s'appuya contre le mur.

— Marianna est morte! dit-il.

— Morte pour toi, répliqua George, elle est partie.

Ce ne fut pas un cri, mais un rugissement qui sortit de la poitrine d'Henry. Il se jeta sur la porte, renversa George qui cherchait à le retenir, et se précipita dans la rue. Il n'avait pas de chapeau; ses yeux étaient hagards; ses cheveux volaient au vent; ses pieds brûlaient le pavé. De la demeure de George à celle de Marianna, il ne fit qu'un bond. Arrivé dans la cour de l'hôtel, il vit une chaise attelée de trois chevaux; le postillon était en selle. Il escalada en deux sauts l'appartement de madame de Belnave. Il trouva Mariette dans l'antichambre.

— Mariette, dit-il pour éloigner tout soupçon,

j'ai de longs adieux à faire à votre maîtresse. Prévenez le postillon; on payera, s'il le faut, triple poste.

Il entra dans le salon; tout s'y ressentait du désordre d'un départ précipité. Marianna était près d'en sortir. Effrayée de le voir fermer la porte à double tour, elle voulut s'élancer sur le cordon de la sonnette. Henry la prévint. Il l'arrêta d'une main; et, prenant de l'autre des ciseaux oubliés sur la cheminée, il trancha d'un seul coup le cordon, qui tomba sur le tapis, comme le tronçon d'un reptile. Marianna s'était assise; il s'approcha d'elle, dénoua froidement les rubans de sa capote de voyage, qu'il jeta sur un meuble; puis, s'appuyant contre la cheminée, pâle, le visage défait, les bras croisés sur sa poitrine, il la regarda en silence.

## CHAPITRE XXIII.

— Écoute-moi, dit-il enfin, et, quand j'aurai parlé, tu seras juge dans ta propre cause. Il ne te sera fait exactement que ce que tu croiras avoir mérité. Je crois, moi, que tu as mérité de mourir, et je suis venu pour te tuer. Mais si tu en décides autrement, tu vivras. Écoute donc, et sois calme, car tu partiras, je te le jure; seulement le voyage sera plus ou moins long, voilà tout.

— Tuez-moi tout de suite, je ne demande pas mieux, s'écria-t-elle.

—Non, dit Henry, il faut d'abord que tu m'écoutes. — Je ne pense pas qu'il y ait au monde une créature plus ingrate que toi envers la destinée ; je ne crois pas qu'il soit sur terre un être qui ait renié plus d'affections sacrées que tu n'en as renié ; tu vas en juger. Tu avais une sœur adorable, un ange de grâce et de vertu, une âme toute divine ; je ne sais même pas comment tu as jamais osé me parler d'elle ; quand tu me parlais d'elle, je rougissais pour toi. Elle t'aimait, comme la mère la plus tendre peut aimer une fille adorée : tu étais sa joie, son orgueil, sa sollicitude ; elle eût donné sa vie pour ménager la tienne. Cette sœur que je t'enviais, cette âme céleste qui ne vivait qu'en toi, tu l'as quittée. Tu avais un époux, noble esprit, noble cœur, honneur intact, probité sainte ; toi-même ne parles de lui qu'avec respect et vénération. Il avait mis en toi tout son espoir. Il n'est pas une femme qui n'eût été heureuse et fière de porter le nom de cet homme et de s'appuyer sur son bras ; tu l'as quitté. Pour qui ? pour des gens qui ne sont pas dignes de lui serrer la main : pour un Bussy et pour un enfant ! Tu avais un intérieur charmant où tu régnais en souveraine, où chacun n'avait d'autre soin que de sourire à tes caprices. Tu avais des amis dévoués ; autour de toi s'empressaient des serviteurs soumis et fidèles ; un rayon de tes yeux, un sourire de tes lèvres faisait le soleil à Blanfort. Tu n'as eu pitié de rien : sœur, époux, frère, amis, patrie, tu as tout quitté ! Dieu, en te privant du bonheur d'être mère, a voulu t'épargner un crime. Remercie-le de ne t'avoir point donné d'enfants : tu les aurais quittés.

— Vous outragez une femme, s'écria madame de Belnave.

— Tu n'es pas une femme, dit Henry, tu n'es rien du tout. Dieu, pour l'éternel malheur de ceux qu'il a jetés sur ta route, t'a douée de quelque imagination et de quelque beauté ; mais tu n'as ni cœur ni âme. Quel homme, je te le demande, voudrait voir en toi sa fille ou sa sœur, sa mère ou son épouse ? Je te défie d'en trouver un seul. Une chose te restait, qui pouvait au besoin te justifier et t'absoudre : c'était l'amour. Eh bien, tu as failli à la passion comme au devoir. Tu as été mauvaise amante.

— Tuez-moi donc ! qu'attendez-vous ? dit-elle.

— J'attends que nous ayons réglé nos comptes.

— Je ne te parle pas de moi, mais dis si je ne t'ai pas bien aimée ! dis si ma tendresse a reculé devant aucun sacrifice ! Mobile dans ses impressions, mais immuable dans son essence, dis si l'amour que j'avais pour toi n'était pas le véritable amour ! A cette heure encore, tu n'oserais affirmer que je ne t'aime pas. Toi, m'as-tu fait assez souffrir ? M'as-tu assez abreuvé de fiel ? Ai-je assez maudit le jour où je t'arrachai à la mort ? ai-je assez regretté que la vague ne nous eût pas engloutis et roulés tous deux sur la grève ! Maudite aussi la nuit où tu t'acquittas de ce funeste bienfait ! Maudite surtout l'heure où je te vis pour la première fois ! Car, il faut que je te le dise, depuis que je te connais, je n'ai pas eu un instant de bonheur. Le jour où je te vis pour la première fois, — je n'avais pas vingt ans, — fut le

dernier de ma jeunesse. Ton premier regard me
troubla, et dès lors ce fut fini dans mon âme de tout
repos et de toute sérénité. Tu t'es étonnée parfois
de me voir brusque, colère, irritable ; tu ne savais pas
ce qui se passait dans ce cœur, tu ne savais pas que
ces emportements qui t'épouvantaient n'étaient que
les échos affaiblis des tempêtes qui le ravageaient.
Non, tu ne sais pas ce que j'ai souffert, tu ne t'en doutes même pas ! Et quand je dis que je ne te dois pas
un instant de bonheur, ce n'est ni vengeance ni ingratitude, mais une affreuse vérité. Non, pas un
instant de bonheur ! Il n'est pas un instant où je n'aie
senti la jalousie du passé me ronger le sein, et se
glisser, comme un serpent, sous tes caresses ; je n'ai
pas pris un baiser sur tes lèvres sans y trouver la
trace des baisers de Bussy. Tes yeux avaient eu pour
un autre les mêmes regards, ta bouche les mêmes
paroles, tes bras les mêmes étreintes ; quand tu me
jurais un amour éternel, je voyais le fantôme de ton
premier amour qui se raillait de ma crédulité. Et
puis, te le dirai-je ? Tu m'avais parlé de ta sœur et
de ton mari. Je les vengeais sans y songer : j'avais
beau t'aimer, je ne t'estimais pas. Ah ! tu m'as fait
une félicité bien amère ! Quand, après avoir essuyé
tes larmes, celles que George faisait couler, j'allais,
par les nuits sombres, déchirant ma poitrine, insul-
tant à ma destinée, je souffrais moins que je n'ai
souffert depuis dans ton amour. Il y a eu des jour
où, sortant de tes bras, brûlant encore de ton ivresse,
je me suis sauvé pour te cacher mes pleurs. Il y a
eu d'horribles moments où j'ai voulu t'ouvrir le sein

et y fouiller pour en arracher l'image de ton premier culte. Cette image me poursuivait partout, je la sentais toujours entre ton cœur et le mien. Va, s'il eût été possible d'anéantir son souvenir avec sa personne, il y a longtemps que cet homme ne vivrait plus ! Je ne te disais pas tout cela, je n'osais pas, je craignais de te décourager ; je voulais te laisser croire à mon bonheur.

— Si vous me croyiez plus heureuse, nous nous trompions tous deux, dit-elle.

— Mais je ne te quittais pas, moi ! s'écria-t-il ; mais je t'aimais dans ma douleur ! Pour t'aimer, je n'avais pas besoin d'être heureux ! Je t'aimais sans me demander s'il était un sort plus beau, sans espérer des jours meilleurs. Je t'aimais, je t'aimais enfin ! Je me disais que ton amour ne pouvait se payer trop cher, et que, pour le mériter, je pouvais bien souffrir un peu. Et je souffrais en te bénissant, et je te glorifiais dans mes larmes ! Toi, cependant, tu nourrissais des projets de fuite et d'abandon ; tu voulais partir, tu partais ! Tu partais lâchement, furtivement, sans rien dire, comme une criminelle ! Vois-tu, il faut que tu sois folle pour avoir pu croire un instant que je te laisserais faire. Tu pouvais bien me tromper un jour, mais tu ne m'aurais point échappée ; je serais allé te chercher jusqu'au bout du monde. Ah ! tu partais ! ah ! tu me délaissais ! Cet amour t'ennuyait, il te fallait des distractions nouvelles ! Tu pensais que lorsqu'on est las d'un cœur et qu'on a pris de lui ce qu'on voulait en prendre, il ne reste plus qu'à fermer ses malles, et que tout est dit ! Tu croyais

qu'on peut ainsi jouer impunément avec la vie d'un
homme ! Non pas, s'il te plaît ! Ce serait vraiment
trop commode.

— Mais tuez-moi donc ! mais tuez-moi donc !
vous perdez votre temps, dit-elle.

Exaspérée par ce sang-froid, la fureur d'Henry
ne connut plus de bornes. Il sauta sur un poignard
qui pendait à la tenture, près de l'encadrement de
la glace. C'était un poignard malais, qui se trouvait
là, comme objet de curiosité ; le manche en était
bizarre, la lame ressemblait à une blessure. Henry
l'arracha de la gaîne, et, plongeant sa main gauche
dans les cheveux de Marianna :

— Allons ! s'écria-t-il, de toute façon, ce ne peut
être qu'une bonne œuvre. Je te connais : après moi,
tu en ferais souffrir bien d'autres ! Tu n'es pas
femme à t'arrêter en si bon chemin.

Il leva la main pour frapper. Quand elle vit cette
lame terrible qui flamboyait au-dessus d'elle, madame de Belnave poussa un cri perçant et voulut
s'échapper. Henry la tenait par les cheveux qu'il
avait enroulés autour de son poignet. Elle tomba à
genoux, les yeux tournés vers l'arme qui la menaçait, épouvantée, mais non suppliante.

— Avant de mourir, dit-elle, je voudrais écrire à
ma sœur.

La main armée d'Henry s'abaissa. Ils n'avaient entendu ni l'un ni l'autre la voix de Bussy qui retentissait depuis plusieurs instants en dehors du salon.
Tout à coup la porte, enlevée de ses gonds, s'ouvrit
avec fracas, et George se précipita dans la chambre.

Tous trois restèrent silencieux, frappés de la même pensée. C'était la seconde fois qu'ils assistaient ensemble au dénoûment d'un pareil drame. Les personnages étaient les mêmes; seulement les rôles étaient changés.

— Qu'est-ce que cela signifie ? dit enfin Bussy en prenant dans sa main la main armée d'Henry.

— Cela signifie, répondit le jeune homme, que je veux la tuer, et me tuer ensuite ! Et peut-être ferais-je bien de commencer par toi, ajouta-t-il en le regardant d'un œil fauve.

— Allons donc ! dit George en le désarmant, vous êtes fou.

Sans s'expliquer pourquoi, Henry subit cette influence. Il se jeta sur un divan, et sa fureur s'abattit en larmes et en sanglots. Marianna pleurait de son côté et se tordait les bras ; forte contre la colère de son amant, elle se trouvait lâche en présence de sa douleur. George les contemplait tous deux.

— Henry, s'écria madame de Belnave, je ne partais que pour vous sauver. Dieu m'est témoin, et George aussi, que ce n'était pas vous que je sacrifiais en partant. Eh bien, dites un mot, je reste.

Elle voulut s'élancer vers lui ; George la repoussa, et s'approchant d'Henry :

— Ce mot, tu ne le diras pas. Tu ne seras pas moins fort que cette faible femme, tu auras le courage d'accomplir pour elle ce qu'elle voulait accomplir pour toi.

— Va-t'en ! s'écria Henry ; Marianna, ne l'écoute pas. Il est jaloux de ton bonheur et du mien.

29

— Jaloux de votre bonheur ? dit tristement Bussy ;
tu ne le penses pas. Va, je le connais, ce bonheur ; je
l'ai vidé jusqu'à la lie.

— Va-t'en ! répéta Henry ; c'est toi, monstre, qui
m'as perdu !

— C'est pour cela que je veux te sauver, et je te
sauverai, dussé-je déchirer ton cœur et le mettre en
lambeaux ! Henry, Marianna ne t'aime plus.

— Il ment, cria Marianna, je vous aime !

— Elle ne t'aime plus, te dis-je.

— Qui donc me trompe de vous deux ? dit Henry.

— C'est elle ! répliqua George. Et ne le sens-tu
pas ? faut-il encore que sa pitié t'abuse ? Tu as lassé
son cœur comme elle avait lassé le mien. C'est elle
qui l'a dit : elle est Bussy et tu es Marianna ! Souffre
donc ce qu'elle a souffert, ce que j'ai souffert avant
vous deux. Ce que je lui disais autrefois, je te le répète : Hélas ! tu sentiras un jour combien les turbulentes ardeurs d'un cœur jeune et rempli d'orages
sont importunes au cœur fatigué qui n'aspire plus
qu'au repos. Et peut-être alors lui pardonneras-tu,
peut-être essayeras-tu un retour moins sévère sur
ces jours abreuvés de tes larmes : on t'enseignera
l'indulgence.

— Va-t'en ! s'écria Henry, porte ailleurs tes hideu-
ses maximes, porte au bagne la dépravation de ton
âme !

La tête cachée dans ses mains, Marianna pleurait
à chaudes larmes.

— O mon enfant ! s'écria George d'une voix attendrie, ô mon cher enfant, tu souffres bien sans

doute; mais que serait-ce, hélas! si elle t'abandonnait pour un autre? que serait-ce, grand Dieu! si tu voyais ton amante infidèle porter à un rival ses caresses et ses baisers? Moi qui te parle, Henry, j'ai suivi à pied, au pas de course, la voiture qui conduisait ma maîtresse adorée dans les bras d'un rival heureux. Et je ne l'ai pas tuée, pourtant! je l'ai vue franchir le seuil de l'homme qui me volait ma vie, et je ne l'ai pas tuée, et je ne suis pas mort, et, de quelque douleur qu'elle m'ait abreuvé, je lui ai pardonné plus tard. Tu pardonneras à ton tour. Le pardon te sera facile. C'est une noble créature; séparée de toi, elle aura ta mémoire en honneur et en vénération. Ce n'est pas elle qui te livrera à la haine des méchants et au mépris des sots. Elle dira ton amour, elle cachera tes faiblesses. Elle dira que tu étais un tendre cœur et que tu méritais une destinée plus belle. Elle ne t'accusera pas pour s'absoudre; et, si l'on t'accuse près d'elle, s'il se trouve des misérables qui cherchent à ternir ton image à ses yeux, elle répondra qu'elle te connaît bien et que la calomnie est lâche. Elle ne détachera pas de toi tes amis, mais elle les priera au contraire de redoubler autour de toi de tendresse et de vigilance. Elle veillera de loin sur ta tête toujours chérie; et toi-même, un jour, orgueilleux du passé, tu garderas le souvenir de son amour comme une perle dans ton cœur, tu la porteras comme une couronne invisible à ton front.

George s'interrompit un instant; on n'entendait que les sanglots d'Henry et de Marianna. Il allait de l'un à l'autre, leur prenant les mains, essuyant leurs larmes, s'efforçant de les consoler, de les fortifier contre eux-mêmes.

— O mes amis, disait-il, vous me croyez mauvais et cruel ; vous m'appelez une âme endurcie. O mes amis, voyez, je pleure comme un enfant avec vous. Tout mon crime est de savoir la vie. Henry, mon ami, mon frère, toi que ta mère me confia à son lit de mort ; Marianna, ma sœur, croyez ma triste expérience. Quittez-vous noblement, il en est temps encore. N'attendez pas que votre amour soit à jamais flétri et souillé. Ainsi que je le disais autrefois, préparez un champ à vos souvenirs. Que vous puissiez vous retrouver un jour ! que vous puissiez un jour vous rencontrer sans haine et sans mépris ! qu'il vous soit permis, après les liens rompus, d'échanger des regards bienveillants et de douces paroles !

Henry ne pleurait plus. Après un long silence, il se leva, calme et grave, et s'avança vers Marianna.

— Puisqu'il est vrai que vous ne m'aimez plus, lui dit-il, vous êtes libre. Pardonnez-moi le mal que je vous ai fait, comme je vous pardonne celui que j'ai souffert à cause de vous.

— Viens, viens sur mon cœur, s'écria George en le pressant entre ses bras.

— Je vous aime, dit Marianna sans lever la tête. Quittez-moi, gardez-moi : ma vie est toute à vous.

— Non, dit Henry, partez, et que mon souvenir ne vous soit pas trop amer.

George les attira tous deux sur sa poitrine et les tint longtemps embrassés. Longtemps on n'entendit que des cris et des mots étouffés. Bussy mit fin à cette scène déchirante ; après avoir confié madame de Belnave aux soins de Mariette, il entraîna son malheureux ami.

Henry suivit George d'un pas presque assuré. Mais, lorsqu'il fut rentré dans sa chambre, à la vue de ces murs qui lui rappelaient un bonheur perdu sans retour, il se jeta sur son lit ; et, se tordant les bras avec désespoir, s'arrachant les cheveux, se frappant le visage :

— Marianna ! Marianna ! ma chère Marianna ! s'écria-t-il.

George se tenait au chevet, debout, silencieux, immobile. Contemplait-il cette douleur d'un regard de pitié ou d'envie ? c'est ce que nul ne saurait dire.

---

## CHAPITRE XXIV.

Ce triste voyage dura-t-il un jour ou un siècle! Madame de Belnave demeura, pendant toute la route, silencieuse, anéantie, l'œil morne, attaché sur le ruban poudreux qui se déroulait devant elle. Elle traversa ainsi les sables de la Sologne et les champs du Berri, sans chercher à se rendre compte du motif, du but de sa fuite, sans se demander où sa course s'arrêterait. Que s'était-il passé ? où allait-elle ? L'infortunée ne le savait plus.

Elle avait perdu jusqu'au sentiment de son désespoir. Elle écoutait d'un air stupide le roulement des
roues, et comptait d'un regard distrait les arbres
qui fuyaient sur le bord du chemin. Elle franchit,
sans y prendre garde, la limite qui sépare le Berri
de la Creuse; mais à peine, pour gagner Vieilleville, la voiture eut-elle pénétré dans les terres, Marianna reconnut le sol natal au parfum qui s'en
exhalait, à ce parfum qu'on ne respire jamais sur la
terre étrangère, et qui n'a pas d'autre nom que le
parfum de la patrie. Sa poitrine, se gonflant avec
volupté, aspira l'air tout imprégné des âpres senteurs du genêt et de la bruyère.

C'était par une belle matinée. Le soleil dépouillait de leur manteau de brume les montagnes bleues
de l'horizon. Les oiseaux secouaient leurs ailes humides de rosée; les cailles chantaient dans les sillons de blé noir, la bergeronnette se balançait sur
le bord des étangs perdus au milieu des ajoncs. Déjà
la nature était prise de cette vague mélancolie qui
précède la fin des beaux jours. De longs bataillons
de grues filaient dans l'azur voilé du ciel; les corbeaux s'abattaient dans les landes; les feuilles desséchées se détachaient des branches, et le vent, en
les dispersant, en tirait de confuses harmonies,
pleines de deuil et de tristesse. La voiture roulait
entre deux haies de houx et de sorbiers. Bientôt
madame de Belnave reconnut les sites au milieu
desquels s'était écoulée son enfance. Vers le soir,
comme le soleil se cachait lentement derrière les
grands bois de chênes, elle aperçut les tourelles de

Vieilleville qui se dessinaient sur le fond rouillé du feuillage. A cet aspect, son âme se troubla. Elle descendit de voiture et se fit précéder au château par Mariette. Elle avait besoin de recueillement ; elle tenait d'ailleurs à n'arriver qu'à la nuit, désireuse qu'elle était de n'être reconnue de personne et d'échapper ainsi aux commentaires de la veillée. Prudence inutile, hélas ! A cette démarche brisée, à ces traits fatigués, à ce front chargé d'ennui, à ces yeux brûlés par les pleurs, qui donc aurait pu reconnaître la joyeuse fille qui rayonnait autrefois de beauté, de grâce, de jeunesse, et que chacun admirait en passant.

Elle s'avançait à pas lents. Les troupeaux revenaient des pacages ; les ombres descendaient dans la vallée. Chaque mélodie du soir, chaque accident du paysage réveillait en elle un souvenir de ses jeunes années. Au détour du sentier, de ce sentier qu'elle avait tant de fois parcouru d'un pied folâtre ou rêveur, elle reconnut la croix rustique devant laquelle, tout enfant, elle s'agenouillait avec sa sœur : car ce pays a conservé, comme la Bretagne, les traditions religieuses ; et les croix de pierre, jetées aux carrefours des chemins, voient encore des fronts qui se découvrent et des genoux qui ploient. Non loin de là, s'étendait le cimetière du hameau. Elle pénétra dans l'enceinte. Sa mère, enlevée à la fleur de l'âge, et son aïeule y reposaient. Elle envia leur repos, et pria sur leurs tombes. Lorsque la nuit eut achevé d'assombrir le vallon, madame de Belnave s'achemina vers son manoir. L'air était doux, le

ciel étoilé ; chaque famille était sur le pas de la
porte. Les femmes filaient leurs quenouilles de
chanvre ; les hommes se délassaient des travaux du
jour ; les enfants, troupe bruyante, remplissaient le
village de leurs cris. Marianna glissa, comme une
ombre, la tête baissée et le cœur plein de honte.
Qu'était devenu le temps où tout le hameau l'accueillait au passage et lui faisait fête ? La passion
l'avait isolée du monde entier ; et madame de Belnave passait, comme une étrangère, dans ces lieux
où toutes les mères l'avaient appelée leur enfant.

Elle resta longtemps à la porte de sa demeure,
sans oser en franchir le seuil. Le vent de la nuit
sifflait tristement dans les tourelles ; les chouettes
et les orfraies mêlaient leurs cris sinistres aux grin-
cements de la girouette. Elle sentit ses jambes fléchir, et fut obligée de s'asseoir sur un banc. Son
vieux chien s'approcha d'elle, la reconnut et lui
lécha les pieds et les mains, en poussant des hurlements de joie. A ces cris, Mariette accourut avec
sa mère. Elles trouvèrent Marianna qui pleurait à
chaudes larmes. Elles l'entraînèrent dans la chambre
qu'elle avait toujours habitée jusqu'à son départ
pour Blanfort. La disposition en était la même
qu'aux anciens jours. Le bénitier et le rameau de
buis pendaient encore dans le fond du lit, entre un
Christ d'ivoire et une image de la Vierge. Un grand
feu brûlait dans la cheminée et jetait sur tous les
objets une vive clarté.

Marianna promena autour d'elle un douloureux
regard ; et, se laissant tomber dans une bergère, elle

resta longtemps livrée à l'amertume de ses réflexions. Comme pour en épuiser le calice, elle
voulut revoir les lieux où elle avait semé les rêves
de son printemps. Après avoir visité la chambre de
Noëmi et celle de sa grand'mère, elle descendit
l'allée en pente du jardin et s'arrêta sur le bord de
la Creuse. Elle se prit à contempler ces eaux pures
et transparentes ; et, se reportant aux jours où sa
vie promettait de couler limpide comme elles, elle
s'abandonna au courant de ses souvenirs. Ceux qui
n'ont jamais quitté le toit sous lequel ils sont nés ne
peuvent pas comprendre ce qu'il y a de poignant à revenir ainsi, brisé par de longues traverses, au port
d'où l'on était parti, rempli d'ardeur et d'espérance.

Le lendemain, quand Marianna s'éveilla dans ce
lit virginal, où elle avait dormi pendant seize ans
du sommeil des anges ; quand elle ouvrit les yeux,
et qu'aux rayons d'un soleil éclatant, elle rencontra
le céleste sourire de la Vierge et le regard triste et
doux que le Christ abaissait sur elle ; dans cet état
qui n'est ni la veille ni le sommeil, crépuscule de
l'âme où la pensée flotte indécise, elle crut qu'elle
avait seize ans, qu'elle n'avait jamais quitté Vieilleville, que tout le reste était un rêve ; et, refermant
ses yeux éblouis, elle se laissa bercer par ce mensonge du réveil. Les oiseaux gazouillaient sous sa
fenêtre : elle entendait le caquetage du moulin, le
bêlement des troupeaux, le chant des bergères qui
chantaient les airs du pays. Il lui semblait qu'à
chaque instant Noëmi allait entrer, et, pour la
punir de sa paresse, lui jeter follement au visage une

poignée de fleurs, tout emperlées de la rosée du matin. Cependant, à ces riantes pensées, se mêlait une sombre inquiétude ; elle sentait gronder sourdement la conscience de sa destinée ; un lourd pressentiment pesait sur ces illusions, comme une atmosphère orageuse. Tout à coup, ce pressentiment éclata en une horrible certitude ; et la réalité, fondant, comme un vautour, sur madame de Belnave, lui enfonça ses ongles de fer rouge dans le sein. La malheureuse poussa un cri déchirant et s'arracha les cheveux avec désespoir. Tout son passé venait de se dresser devant elle. C'était M. de Belnave qui détournait, pour ne pas la voir, son visage froid et sévère. C'était Bussy qui la foulait aux pieds ; c'était le spectre d'Henry qui se levait pour la maudire. Et vainement elle essayait de repousser ces lugubres images. Ils étaient là tous trois ! L'un l'appelait mauvaise épouse, l'autre, mauvaise amante. Le moins cruel des trois était George qui la repoussait. Que lui restait-il ? Elle avait également failli au devoir et à la passion. La passion, à laquelle elle avait tout sacrifié, était morte en elle. Elle avait joué toute sa vie sur un seul sentiment, ce sentiment lui échappait. Elle avait passé par les deux grandes épreuves de l'amour. Elle avait rendu tout le mal qu'elle avait souffert. Que lui restait-il en effet ?

Le lendemain de son arrivée, madame de Belnave remarqua avec étonnement que sa chambre était fraîchement décorée, comme si l'heure de son retour eût été depuis longtemps prévue. Les

rideaux étaient éblouissants de blancheur. Les livres qu'elle aimait, son piano, ses palettes, qui
l'avaient suivie à Blanfort après son mariage, se
retrouvaient là comme par magie. Des touffes de
dahlias, récemment cueillis, s'épanouissaient sur la
cheminée, dans des vases de porcelaine. Le parquet
était couvert d'un tapis d'Aubusson, luxe inconnu
jusqu'alors à Vieilleville. Tout ce qui peut contri-
buer au bien-être avait été réuni là par une main
mystérieuse. Marianna parcourut le jardin qu'elle
n'avait entrevu, la veille, qu'à la clarté des étoiles.
Toutes les parties en étaient entretenues avec un
soin minutieux. Elle retrouva, plus riche et plus
luxuriant qu'elle ne l'avait laissé, le parterre où
croissaient ses fleurs de prédilection. Les dahlias et
les géraniums s'y étalaient dans toute leur gloire.
Les violettes et le thym parfumaient le bord des allées. Il semblait que ces lieux n'avaient pas cessé
un seul instant d'être habités ; comme autrefois,
tout y respirait l'ordre, le bonheur et la vie. Marianna seule avait changé : l'éternelle jeunesse de
la nature lui rendit plus amer encore le dépérisse-
ment de son cœur. Elle eût préféré trouver des
ronces à la place des fleurs, l'herbe poussant dans
les allées, et partout, comme dans son âme, la désolation, la tristesse et l'ennui.

En revenant au château, elle aperçut dans la cour
un cheval qu'on ramenait de l'abreuvoir. Elle reconnut l'alezan qu'elle montait à Blanfort, et, s'é-
tant approchée, elle le flatta de la main. Le noble
animal battit le pavé, releva la tête avec orgueil et

fit entendre un hennissement. Ses oreilles s'étaient dressées, ses naseaux fumaient, ses yeux jetaient des flammes.

— Tu es toujours jeune, toi ! dit-elle ; et elle s'éloigna lentement.

Le soir, à la veillée, madame de Belnave questionna la mère de Mariette. La bonne femme raconta qu'un matin, il y avait bien longtemps de cela, M. de Belnave était arrivé à Vieilleville, et qu'il avait donné des ordres pour que le château fût tenu, absolument comme si chaque jour devait y ramener Madame. M. de Belnave était revenu souvent pour s'assurer que ses ordres étaient fidèlement exécutés. Il avait envoyé un jardinier de Blanfort, et veillé lui-même à ce que Madame ne manquât de rien à son retour. Une fois, il était accompagné de madame Valtone. Noëmi avait beaucoup pleuré dans la chambre de sa sœur ; et l'on s'était aperçu que, de son côté, M. de Belnave avait été bien près d'en faire autant.

— Mais vous pleurez aussi, madame ! dit la bonne femme en s'interrompant.

— Non, répondit Marianna, en essuyant ses yeux.

La mère de Mariette poursuivit son récit.

— C'est au milieu du dernier hiver que Monsieur nous a visités pour la dernière fois, dit-elle. Toutes les fois que Monsieur vient, les malheureux s'en aperçoivent, car c'est lui qui leur fait passer les bienfaits de Madame.

— Mes bienfaits ! dit Marianna en rougissant. Dans l'étourdissement de la passion, elle avait complétement oublié les pauvres de son domaine.

— Oh! madame, dit la vieille en lui prenant une main qu'elle baisa avec adoration, vous êtes bénie au village. Vous êtes comme le bon Dieu, qui ne se montre pas, mais qui envoie à nos champs le soleil, la pluie et la rosée. Vous êtes bonne comme lui, madame, et nous l'implorons pour vous à la messe. Est-il une seule de nos misères que votre pitié n'ait soulagée? Nous avons eu de rudes hivers, mais votre bois et votre pain sont allés chercher les indigents, et le château s'est ouvert à toutes les infortunes. Aussi assure-t-on que l'âme de votre grand'mère a passé dans la vôtre. Votre mari, en répandant vos charités, nous disait de prier pour vous. Hélas! puisque vous voilà si changée, c'est que toutes les prières n'arrivent pas jusqu'au ciel.

— Vous disiez, bonne femme, interrompit Marianna visiblement émue, vous disiez que M. de Belnave visita Vieilleville, au milieu du dernier hiver. L'hiver était rude en effet, ajouta-t-elle en secouant tristement la tête.

— Monsieur arriva par une sombre soirée de décembre; son manteau était couvert de neige; des glaçons pendaient à la crinière de son cheval. Vous qui nous l'envoyez, madame, vous savez bien que Monsieur vient, chaque année, à la même époque.

— Chaque année, à la même époque? répéta madame de Belnave.

— Oui, madame. Il arrive le soir, visite le château; et, après s'être assuré que tout est prêt pour vous recevoir, il fait allumer un grand feu dans

votre chambre, et il passe la nuit dans ce fauteuil,
où vous êtes assise. Plus d'une fois, le lendemain,
on a trouvé dans le jardin la marque de ses pas sur
la neige. Le jour suivant, avant son départ, il se
rend au presbytère et il dit au curé : — Monsieur
le curé, voilà ce que madame de Belnave envoie
aux pauvres de son village. La première fois, il
ajouta : — Obligée d'habiter Paris pour rétablir sa
santé qui a beaucoup souffert, madame de Belnave
ne veut pas que les indigents de ses domaines s'a-
perçoivent de son éloignement et pâtissent de son
absence. — Depuis, lorsqu'on lui a demandé de vos
nouvelles, sa figure est devenue plus sombre et son
silence nous a fait comprendre que vous n'alliez pas
mieux, pauvre âme ! On voit bien que c'est là le
chagrin de sa vie : c'est aussi le nôtre, madame.
A sa dernière visite, Monsieur était plus sombre
qu'aux années précédentes ; personne ici n'osa l'interroger. Comme d'habitude, il déposa votre of-
frande à la cure. C'était un dimanche ; son cheval
l'attendait tout sellé à la porte ; il sauta dessus et
partit au galop, emportant pour vous les bénédictions du hameau.

— O cœur généreux, ô trois fois noble cœur !
se disait Marianna en écoutant ces paroles, c'est
donc ainsi que tu te venges ! Tu as prévu qu'un
jour je porterais la peine de mes fautes, et tu m'as
préparé un refuge contre la justice du ciel. Tu m'as
gardé une patrie. Après l'avoir ensemencée de
bienfaits, tu m'en as abandonné la moisson ; tu as
voulu qu'il me restât un coin de terre amie. Les

devoirs que je négligeais, tu les accomplissais pour moi, et tu m'en réservais la gloire. Pendant que j'outrageais ton nom, tu faisais adorer le mien; pendant que je te délaissais, tu adoucissais d'avance la route de mon exil; ta main en écartait les ronces, tu creusais sur mon passage des sources de bienveillance et d'amour. Ah! si tu pouvais voir ce qui se passe dans mon âme, tu te trouverais bien vengé!

Au bout de quelques jours, madame de Belnave put s'assurer par elle-même de tout le bien qui s'était fait en son intention, et à son insu. Le bruit de son arrivée s'étant répandu dans le village, les habitants accoururent et demandèrent leur jeune maîtresse. Presque tous l'avaient vue naître ou grandir. Quand elle parut dans la cour, pâle, amaigrie et si différente de ce qu'elle était autrefois, un murmure de douloureux étonnement s'éleva, on eut peine à la reconnaître; cependant, chacun s'empressa autour d'elle, et tous se disputèrent ses mains. Il se trouva des femmes qui baisèrent le pan de sa robe.

— Restez parmi nous, disaient-elles, c'est parmi nous que vous êtes née. La vue de nos montagnes vous fera du bien, l'air du pays vous rendra la santé. Que vous voilà triste et changée! mais nous vous guérirons, chère âme!

Et il y en avait qui lui disaient: — Vous avez, pendant trois hivers, vêtu et nourri nos enfants. Que Dieu vous donne la joie du cœur!

Et d'autres: — Deux ans de suite la grêle a ruiné nos guérets; mais quand Dieu nous a manqué, vous êtes venue à notre aide. Que le Seigneur vous rende ce que vous avez fait pour nous!

Une jeune paysanne lui dit : — J'étais pauvre, vous m'avez dotée et j'ai pu épouser mon fiancé. Nous nous aimons et nous avons deux filles : l'une s'appelle Marie et l'autre Anne. Que le ciel maintienne le bonheur dans votre maison!

En recevant ces témoignages d'une reconnaissance usurpée, madame de Belnave se sentait mourir de honte; mais elle se disait, en même temps, qu'il eût été bien doux de l'avoir méritée. Elle commençait à comprendre qu'en dehors de la passion il reste encore de beaux rôles à la femme, et que tout ce qu'il y a de grand, de noble et d'élevé ne se réduit pas à l'amour.

## CHAPITRE XXV.

Cependant madame de Belnave endurait un mal sans relâche, elle souffrait sans paix ni trêve : le souvenir d'Henry flambait, comme un brûlot, à son sein. Ce n'était plus la douleur de l'amour délaissé, cette enivrante douleur qui ne veut pas être consolée, où l'âme se plonge avidement et se repaît avec volupté. Ce n'était plus ce précieux mal qu'autrefois elle avait caché comme un trésor, sur les dunes de l'Océan. Ah! ç'avait été une noble et belle souffrance; la souffrance d'un cœur jeune et vivace, richement doué pour le bonheur. Elle croyait à l'amour, alors; elle avait foi en elle-même.

Le remords n'empoisonnait pas la source de ses larmes; son martyre la grandissait à ses propres yeux. Elle aimait ses tortures, et voulait en mourir. Cette fois c'était un mal odieux, un désespoir terne, une douleur maudite et détestée. Ce n'était plus son sang qui coulait, ni ses pleurs; mais les pleurs et le sang qu'elle faisait couler tombaient, comme du plomb bouillant, sur elle. Le jour, elle rencontrait partout l'image éplorée de son amant. La nuit, elle croyait entendre des sanglots dans les sifflements de la bise. Ses jours étaient sans repos et ses nuits sans sommeil. Quand parfois, domptée par la fatigue, elle parvenait à s'endormir, des rêves affreux s'abattaient à son chevet. Lui! c'était toujours lui, pâle, menaçant, terrible!

Elle se tordait sur son lit, et se roulait aux pieds du fantôme irrité, en poussant des cris lamentables. — Assez, Henri, assez! grâce, pitié, Henri! disait-elle. — De la pitié! s'écriait-il; en avais-tu pour moi lorsque, misérable insensé, j'embrassais tes genoux, et que ton œil d'airain contemplait, sans se fondre, mon indigne faiblesse? En avais-tu, de la pitié, quand tu me voyais dans la poussière, attendant vainement que ta bouche laissât tomber sur moi une parole de tendresse, ton regard un rayon d'espoir? Réponds, en avais-tu quand je te quittais avec la mort dans l'âme, et que j'allais, déchirant ma poitrine, et blasphémant les flancs qui m'ont porté? Enfin, est-ce par pitié que tu as fui lâchement, et que tu m'as abandonné dans l'abîme où tu m'avais plongé? Tu ne m'échapperas pas.

30.

Comme toi inexorable, impitoyable comme toi, je m'acharnerai sur tes traces, je te suivrai partout; partout tu me retrouveras!

Alors, s'éveillant en sursaut, elle s'élançait de son lit; le visage en sueur, la tête échevelée, elle courait au jardin, et, comme une folle, elle en parcourait les allées. Mais le spectre d'Henry la poursuivait encore. Elle l'entendait gémir dans le murmure de l'onde et dans le bruit du vent. Les feuilles qui tombaient autour d'elle semblaient l'accuser et la maudire. — O mon Dieu! s'écriait-elle, je ne vous demande plus le bonheur; je ne vous demande rien qu'une place auprès de ma mère. Sauvez cet enfant que j'ai perdu! Envoyez-lui un de vos anges qui le console et le guérisse; ayez pitié de tant de misère! Que je souffre, moi, c'est justice; mais lui, mon Dieu, que vous a-t-il fait?

Elle allait d'un pas rapide. Quand elle avait marché des heures entières, elle tombait de fatigue sur le gazon humide de rosée, et bien souvent les premiers rayons de l'aube la virent étendue sur la rive. Plus d'une fois, les paysans qui précédaient le jour aux champs aperçurent dans les allées effeuillées du jardin, ou sur le versant du coteau, un fantôme blanc qui, du bout de ses pieds, effleurait à peine la pointe des bruyères. Longtemps, au village, on en parla à la veillée. Les oracles du lieu assuraient que c'était l'âme de madame de Vieilleville qui venait, chaque nuit, visiter Marianna, et s'envolait aux premiers feux du jour.

Cependant le mal croissait. Exaltée par le silence

et par la solitude, Marianna grossissait de tous les
rêves d'une imagination maladive les tristes réalités
qui pesaient sur elle. L'incertitude dans laquelle
elle se trouvait sur la destinée d'Henry ne lui laissait
pas un moment de calme et de répit; c'était une
anxiété de tous les instants. Partois cette anxiété
devenait si intolérable, que madame de Belnave se
décidait tout à coup à partir. Prenant alors l'irritation de la douleur pour un retour de la jeunesse,
pour l'énergie du cœur la surexcitation du cerveau,
il lui semblait qu'elle n'en avait pas complétement
fini avec l'amour. Elle entrevoyait pour elle et pour
Henry mille secrets de félicité qui lui étaient échappés. Elle enfantait mille plans de réforme; elle se
disait que l'expérience seule leur avait manqué, et
que la science de la vie les ramènerait au bonheur.
Alors son teint se colorait, ses yeux brillaient d'un
éclat soudain. Elle demandait des chevaux, elle
voulait partir. Elle sentait bondir son cœur à la
pensée de revoir Henry, de le presser follement sur
son sein, de relever cette âme qu'elle avait fatale-
ment brisée. Exaltation passagère qui s'abattait au
premier souffle de la raison ! Le passé était là tout
saignant, tout palpitant : il criait à Marianna que le
mal était sans remède, et qu'elle ne pouvait plus
rien pour Henry, ni pour elle-même. Au souvenir
de leurs tortures, elle reculait d'effroi et ne trouvait
plus l'énergie d'affronter de nouveaux orages. Une
fois elle partit ; mais, arrivée à la Châtre, elle n'eut
pas la force d'aller plus loin, et les chevaux la ramenèrent à Vieilleville. Que devenait Henry, cepen-

dant ? où allait cette destinée qu'elle avait égarée ?
quelle main amie pansait les blessures qu'elle avait
faites ? A ces questions, sa tête se perdait, et Marianna
regrettait le temps où elle avait souffert par Bussy
tout ce qu'Henry souffrait en ce moment par elle.

Ses journées se traînaient inoccupées. Ses livres
favoris ne la charmaient plus ; elle laissait son cheval errer en liberté dans les prairies. Toutes ses ardeurs de jeunesse étaient éteintes. Elle n'avait aucun
refuge contre elle-même. La prière l'aurait consolée ;
mais cette âme tenait encore, par la douleur, de trop
près à la terre pour pouvoir s'en détacher, et se
retirer en Dieu. La mélancolie de l'automne semblait seule apporter quelque allégement à ses maux.
Elle se plaisait à marcher dans les bois à demi dépouillés, à mêler le deuil de ses pensées au deuil
de la nature. Souvent elle passait des jours entiers
assise entre des touffes de bruyères, sans penser ni
souffrir, et comme anéantie. Elle écoutait les feuilles
s'abattre autour d'elle, et demeurait de longues
heures à suivre du regard les fils de la vierge qui se
promenaient dans le ciel. Elle ne pensait pas, elle
ne souffrait pas ; seulement deux ruisseaux de larmes
coulaient de ses yeux sans effort et sans bruit, et
baignaient son visage immobile. A la tombée de la
nuit, elle se levait et retournait d'un pas lent au
château ; c'étaient là ses meilleurs jours.

Un soir, comme le soleil près de s'éteindre ne jetait plus que de pâles rayons, elle était sur son lit,
prêtant une oreille charmée aux mélodies du jour
qui finissait. C'était la première fois, depuis son re-

tour à Vieilleville, qu'elle se trouvait dans une disposition si paisible. Les parfums de la saison entraient par la fenêtre ouverte ; une folle brise agitait les rideaux du lit et jouait dans les cheveux de Marianna. Pour la première fois, depuis bien longtemps, Marianna respirait avec un sentiment de bien-être. Ses pensées orageuses sommeillaient ; il se faisait en elle un de ces silences qui succèdent aux grandes tourmentes. Subitement amolli par je ne sais quelles influences, son cœur éprouvait un vague besoin d'affections douces et tendres. Elle se reportait aux jours de Blanfort ; elle se rappelait les veillées autour de l'âtre, les promenades du soir, les repas pris en famille ; les souvenirs de cette vie, si longtemps outragée, passaient sur son âme comme des brises bienfaisantes. Blanfort lui apparaissait confusément, comme au matelot, battu par la tempête, le port où les vents ne le ramèneront jamais.

Comme elle était bercée par ces rêves, elle tourna ses yeux vers le Christ d'ivoire que dorait le dernier reflet du couchant ; entre le fond de velours noir et la tête couronnée d'épines, elle aperçut un papier que jusqu'alors elle n'avait pas remarqué. Elle se leva et le prit. C'était une lettre à l'adresse de Marianna ; aux teintes flétries de l'enveloppe, il était aisé de voir qu'elle avait été déposée là depuis plusieurs années. A la suscription, madame de Belnave reconnut l'écriture de Noëmi. Elle baisa les caractères avec transport ; puis, dans un sentiment de reconnaissance, elle appliqua ses lèvres sur les pieds du Christ, qui semblait lui envoyer cette consolation du ciel.

Cette lettre ne renfermait que quelques lignes évidemment écrites à la hâte, et sans doute le jour où madame Valtone avait accompagné M. de Belnave.

« MA SŒUR,

« Tu reviendras un jour à Vieilleville. Quand tu liras ces lignes, tu seras bien malheureuse ! Quelque immense que soit ta douleur, quelque profond que soit ton désespoir, n'oublie pas, ma sœur, que Dieu est bon et que je t'aime. Appelle-moi ou viens à moi. Viens sur ce cœur qui n'aura pas cessé un instant de t'appartenir, viens dans ces bras qui s'ouvrirent avec amour pour te recevoir.

NOÉMI. »

— C'est toi, c'est toujours toi ! s'écria Marianna.
— Elle ne put en dire davantage ; sa voix fut étouffée par les sanglots.

Son premier mouvement fut d'écrire à Noémi et de l'appeler à Vieilleville. Mais, cédant à ce besoin d'émotions qui ne meurt jamais en nous, elle résolut d'aller la trouver à Blanfort. Elle voulait seulement, cachée dans quelque ferme isolée, rôder, la nuit, autour de la maison qui ne devait plus s'ouvrir pour elle ; voir sa sœur, sa nièce, les presser toutes deux sur son sein ; puis, reprenant la route de son exil, aller où Dieu la conduirait.

— Nous partons, Mariette, nous partons ! s'écriat-elle avec des transports d'enfant.

— Nous partons, madame ! dit Mariette avec

l'expression du découragement ; car elle crut que sa
maîtresse retournait dans la capitale, et la pauvre
fille avait vu madame de Belnave tant souffrir à
Paris, que Paris, pour elle, résumait l'enfer, et
qu'elle eût préféré voir sa chère maîtresse partir
pour les grandes Indes.

— Nous allons à Blanfort ! s'écria Marianna d'un
air de triomphe.

— A Blanfort ! répéta Mariette en battant des
mains ; et, contemplant le visage de sa maîtresse,
qu'éclairait en ce moment un pur rayon de bonheur :

— Ah ! madame, que je suis heureuse ! ajouta-t-
elle en la pressant brusquement dans ses bras.

---

## CHAPITRE XXVI.

Quand madame de Belnave ne fut plus qu'à une
lieue de Blanfort, elle descendit de voiture, et, suivie de Mariette, elle quitta la grande route et prit à
travers champs. Au bout d'une heure de marche,
elles arrivèrent à une métairie neuve, où Marianna
crut pouvoir chercher un asile, sans craindre d'être
reconnue. Toutefois, elle n'y pénétra qu'après que
Mariette se fut assurée par elle-même que sa maîtresse n'y rencontrerait que des visages étrangers.
C'était, en effet, des métayers récemment établis
dans la contrée. Le mouvement imprimé par Blanfort à l'agriculture et à l'industrie s'était fait ressen-

tir aux environs ; quelques années avaient suffi pour
changer l'aspect du pays. De nouveaux travailleurs
étaient accourus ; la charrue avait fécondé les landes
incultes ; les pampres doraient les coteaux où croissaient autrefois les genêts ; des maisons blanches
riaient çà et là dans la vallée, chacune assise en un
verger.

Madame de Belnave trouva à la métairie un ac-
cueil bienveillant. Une partie de la famille était occupée au dehors ; mais une grosse fille, aux joues
vermeilles, restée au logis pour soigner sa mère infirme, reçut l'étrangère avec toute la grâce que
comporte l'hospitalité de ces campagnes. Elle la fit
asseoir, alluma, pour la réchauffer, un grand feu de
sarment, et lui présenta une tasse de lait fumant,
qu'elle était allée traire elle-même. Retirée sous le
manteau de la cheminée, madame de Belnave demeura longtemps silencieuse, abîmée tout entière
dans les émotions du retour. La vieille mère reposait,
à l'autre coin de l'âtre, dans un fauteuil grossier ;
un gros chat, qui s'était établi sur un escabeau,
devant les braises du foyer, semblait méditer profondément sur la destinée des empires. La jeune
villageoise paraissait absorbée par des soins de toi-
lette ; la robe d'indienne à carreaux rouge et bleu,
le bonnet de dentelle et le fichu, étalés çà et là sur
le bahut de chêne et sur le lit à courtines de serge
verte, disaient assez que la jeune fille se préparait à
quelque solennité champêtre. Elle s'arrêtait tour à
tour à chaque pièce de sa parure, et son frais visage
rayonnait de joie.

— Il paraît, mon enfant, dit madame de Belnave qui l'observait depuis quelques instants avec intérêt, il paraît que vous allez être de noces. Qui sait ? peut-être s'agit-il des vôtres.

— Oh ! que non pas, madame ! dit la jeune fille en rougissant jusque dans le blanc des yeux ; Robert, mon frère aîné, ne se marie qu'à la Saint-Martin. Mais c'est demain fête à Blanfort.

— Fête à Blanfort ? répéta Marianna avec étonnement.

— Oui, madame, grande fête.

Madame de Belnave chercha dans ses souvenirs, et ne trouva pas quelle pouvait être cette fête dont parlait la jeune villageoise. Elle resta quelques instants silencieuse, puis renouant la conversation brisée :

— Vous avez un frère ? demanda-t-elle.

— J'en ai cinq, madame, dit la jeune fille.

— Cinq ! s'écria Marianna ; et tous travaillent aux champs ?

— Deux seulement, avec mon père ; les trois autres sont employés aux forges de Blanfort.

— Ainsi, mon enfant, vous connaissez madame Valtone ?

— Oh ! oui, madame, répondit la villageoise avec un mouvement d'orgueil ; qui ne la connaît pas à trois lieues à la ronde ? D'ailleurs, nous sommes métayers de M. Valtone.

— Ah ! vous êtes métayers de M. Valtone ?

— Oui, madame.

— Et voilà longtemps que vous habitez le pays ?

— Depuis quatre ans.

— Vous n'êtes pas née dans ces campagnes ?

— A Saint-Chartier, madame. Voilà quatre ans, à pareille époque, notre ferme brûla tout entière; nous étions réduits à la misère, quand on nous parla d'un village où les pauvres de bonne volonté étaient accueillis; ce village était Blanfort. Nous y trouvâmes, en effet, du secours et du travail; les forges employèrent trois de mes frères; M. Valtone venait de faire construire une métairie; il nous y plaça. Il faut vous dire, madame, que Blanfort est la providence de ces campagnes.

— Et vous voyez tous les jours madame Valtone?

— Tous les jours, oui, madame; je porte tous les matins le lait de nos vaches au château; et puis, depuis que ma mère est malade, madame Valtone vient souvent à la métairie apporter une chose ou une autre.

— Ah ! madame Valtone vient souvent à la métairie ?

— Elle est si bonne ! Vous l'aimeriez si vous la connaissiez. Mais vous la connaissez, madame ?

Marianna ne répondit pas.

A la nuit sombre, elle sortit seule de la métairie et suivit le cours de la Creuse, qui devait la conduire à Blanfort. Après une heure de marche, elle reconnut, aux lueurs du crépuscule, les lieux où elle avait cru longtemps avoir passé les plus tristes années de sa vie. Combien ces tristesses, qu'elle avait supportées jadis avec tant d'impatience, lui semblèrent puériles et légères, comparées à celles qu'elle avait

endurées depuis ! Bientôt elle entendit le bruit des
forges qui troublait seul le silence de la nuit ; à travers les arbres à demi dépouillés, elle aperçut l'é-
clat des fourneaux qui se reflétait dans la rivière. À
tous ces bruits, à tous ces aspects, son âme se fondait en regrets et en souvenirs.

Pour ne pas traverser Blanfort, elle passa sur le
pont de bois qui joint les deux rives, à l'entrée du
village. Glissant, comme un fantôme, dans les prairies que la Creuse enveloppait d'une blanche vapeur,
elle gagna d'un pas rapide le petit bois qui protégeait la maison contre le bruit des cyclopes, et s'enfonça dans le fourré. La nuit avait achevé d'envahir
la vallée ; les forges se taisaient, les ouvriers, ac-
compagnés de leurs enfants, de leurs femmes et de
leurs sœurs, traversaient la plaine en chantant. Marianna suivit d'un regard mélancolique ces groupes
qui s'évanouissaient, un à un, dans la brume du soir.
Bientôt elle n'entendit plus que l'écho joyeux de
leurs voix. Il y a dans les chants du travailleur qui
s'en retourne, après avoir achevé sa journée, quelque chose de religieux que madame de Belnave
comprit pour la première fois. Comme elle s'égarait
en confuses rêveries, elle crut apercevoir deux ombres qui s'avançaient vers la maison ; elle se cacha
brusquement dans le bois, et se prit à en parcourir
les allées. Rien n'était changé : comme autrefois, à
son approche, les merles s'envolèrent effarouchés.
Au rond-point, elle trouva le banc de bois, à demi
caché sous la charmille, ce banc où, tant de fois assise, elle avait confié à Noëmi les ennuis du présent,

et ses aspirations vers les joies inconnues qu'appelait son ardeur. Elle marchait d'un pied furtif. Sans y songer, au détour d'une allée, elle découvrit la façade du château. La fenêtre de sa chambre était, comme autrefois, encadrée par des festons de liseron et de vigne vierge. Au luxe du feuillage qui la cachait presque tout entière, on devinait que depuis longtemps les volets n'avaient pas été ouverts. Elle voulut hasarder quelques pas en avant, mais tout à coup ses jambes fléchirent, et, pour ne pas tomber, elle fut obligée de s'appuyer contre le tronc d'un chêne.

La soirée était douce. Assise sur une des marches du perron, Noëmi tenait sur ses genoux une petite fille qu'elle berçait du geste et de la voix. L'enfant refusait le sommeil, et passait en riant ses petites mains dans les longs cheveux de sa mère. Noëmi la contemplait avec amour, et lui fermait les yeux avec ses lèvres. Marianna était près de courir à sa sœur, lorsque celle-ci se leva, et, prenant sa fille par la main, s'avança vers MM. de Belnave et Valtone qui tous deux revenaient des forges. M. Valtone baisa sa femme au front; et, faisant à sa fille un siége de son bras gauche, il la porta ainsi jusqu'au château, à la grande joie de l'enfant. Noëmi marchait lentement, appuyée sur le bras de M. de Belnave. Leurs paroles n'arrivaient pas jusqu'à Marianna; elle entendait seulement les cris de M. Valtone et de sa fille qui se roulaient tous deux sur la pelouse. Il y eut un instant où, poursuivie par son père qui courait après elle, dans l'attitude éminemment paternelle qu'avait

Henri IV lorsqu'il fut surpris jouant avec ses enfants par je ne sais quel ambassadeur, la petite fille
se réfugia vers le bois, et passa, comme un faon,
auprès de Marianna. Madame de Belnave faillit la
saisir au vol pour la couvrir de baisers ; mais l'approche de M. Valtone l'obligea à se retirer plus avant
sous la feuillée. Quand elle revint à sa place, le perron était désert. Elle demeura longtemps à suivre du
regard les évolutions des lumières qui brillaient dans
les appartements à travers les persiennes. Une seule
fenêtre était encore ouverte, c'était celle de M. de
Belnave. Une ombre s'y tenait accoudée sur la ba-
lustrade, immobile, la tête appuyée sur la main.
Au bout d'une heure, un profond soupir de tristesse
et d'ennui vibra, comme une note plaintive, dans le
silence de la nuit ; puis l'ombre disparut, et la fenêtre se ferma.

Lorsque les lumières se furent éteintes successivement, et que la maison se dessina comme une
masse sombre sur le fond étoilé du ciel, madame de
Belnave alla s'asseoir à son tour sur une des marches
du perron. C'était là que, durant les beaux jours,
les deux ménages se réunissaient, le soir, après le
repas ; là, que Marianna, au retour de ses promenades, trouvait toujours un visage ami pour la recevoir. Elle attacha un triste regard sur la porte qui
s'ouvrait autrefois avec joie devant elle.

Après avoir rôdé, comme un proscrit, autour de
la maison, elle prit un sentier jadis préféré. Arrivée
au bord de la rivière, près d'un tertre vert qui mouillait ses pieds dans la Creuse, elle se rappela qu'un

soir elle avait passé là de longues heures, seule, ou-
trageant sa destinée, se demandant avec désespoir si
son existence coulerait toujours pareille à ces eaux
réfléchissant toujours les mêmes sites et les mêmes
ombrages ; si la vie finissait à Blanfort ; s'il n'était
pas d'autres cieux, des horizons moins bornés ; s'indignant du calme, appelant la tempête.

Les souvenirs s'éveillaient sous ses pas. C'étaient
partout des joies méconnues, des bonheurs dédaignés, qui l'accusaient d'ingratitude. Près d'un bouquet d'érables et de trembles qui surgissait, comme
une oasis, dans la vaste prairie, elle se rappela qu'un
jour, au même endroit, elle avait arrêté son cheval,
et qu'après l'avoir elle-même attaché par la bride
aux branches d'un arbre elle s'était couchée sur le
revers d'une meule de foin. Déjà les désirs inquiets
et turbulents s'agitaient en elle ; déjà, chez M. de
Belnave, le calme d'une affection sereine avait succédé à la fougue des premiers transports. Il surveil-
lait aux champs l'activité des faneurs ; en apercevant Marianna, il était allé se placer auprès d'elle.
Le feuillage abritait la meule comme une tente. M. de
Belnave avait pris la main de sa femme, et son
amour s'était répandu en paroles affectueuses ; mais
l'expression sobre et concise de cette mâle tendresse
ne suffisait déjà plus aux exigences de Marianna ;
elle n'avait prêté qu'une oreille distraite à ces paroles qui n'arrivaient pas à son cœur. Plus tard, au
même lieu, elle était venue chercher le silence et la
solitude, pour lire une lettre de George, qu'elle avait
reçue le matin. C'était une de ces lettres brûlantes

où Bussy s'amusait à jouer la passion, et parvenait à se tromper lui-même. Comme son âme s'était épanouie à l'expression de cette tendresse ! comme elle avait rêvé, sur la foi de ce langage, des amours sans fin, des félicités éternelles ! Elle retrouva ces deux souvenirs sous le bouquet d'érables et de trembles.

La rêverie la ramena sur le bord de la rivière. La Creuse traverse le département de l'Indre, pour aller se mêler à la Vienne. Marianna, qui l'avait vue, quelques jours auparavant, si pure, au pied du château de Vieilleville, remarqua, pour la première fois, qu'en quittant son lit de cailloux et de sable, pour couler sur le gras terrain du Berri, le ruisseau de son pays altérait sa limpidité de cristal. — O ma rivière chérie ! dit-elle avec mélancolie, le sort nous a fait des destinées pareilles. Toutes deux, en nous éloignant de notre source, nous avons perdu la transparence de nos eaux.

Elle passa près d'une maison qui dormait sous les saules, blanche et coquette, le toit ardoisé, les pieds cachés entre les joncs. Marianna se dit qu'avec la paix de l'âme il n'en fallait pas davantage pour le bonheur. Quelques années auparavant, le monde lui semblait trop petit. Au matin de la vie, le cœur est vaste comme la mer; l'heure vient vite où une goutte d'eau suffit à le remplir.

Ainsi elle allait, faisant lever les souvenirs sous ses pas, comme des oiseaux dans les sillons. Toutefois, un souvenir récent se mêlait au cortége du passé, et en assombrissait les teintes. Fantôme obstiné, Henry était toujours là ! Il y a dans le retour

sur les maux que nous avons soufferts une mélancolie pleine de charme ; le mal qu'on souffre par
nous et pour nous est un trait acéré que nous traî-
nons partout à notre cœur saignant.

Les étoiles allaient pâlir. Déjà le chant perçant
des coqs éveillait le jour. Elle prit le chemin de la
métairie, tout y reposait encore. Elle gagna le gîte
qu'on lui avait préparé. Épuisée par la fatigue de
cette longue course, moins encore que par les émotions qui l'avaient assaillie, elle ne tarda pas à s'endormir d'un profond sommeil. Dans ses rêves, elle vit
sa sœur, son mari, et M. Valtone qui lui souriaient
avec bienveillance et lui tendaient chacun la main pour
la ramener à Blanfort. Appuyée sur le bras de M. de
Belnave, escortée de son beau-frère et de Noëmi, elle
marchait vers la maison qui allait s'ouvrir pour elle.
Les paysans la reconnaissaient et la saluaient sur
son passage. A ces témoignages d'affection et de respect, son cœur se gonflait de bonheur : chaque
parole bienveillante qui l'accueillait l'enivrait de
joie. Elle entendait le bruit des marteaux retentissants
sur les enclumes. Elle voyait, à travers la feuillée, le
toit de la famille qui semblait lui sourire. Au bas du
perron, les serviteurs se pressaient ; sur le haut, la
petite Marie, ses blonds cheveux au vent, semblait
l'ange du retour, qui l'attendait pour lui ouvrir les
portes de l'Éden. Elle marchait heureuse, enivrée,
défaillante, les paupières chargées de larmes. Elle
approchait du perron, elle en montait les degrés ;
mais quand elle voulait franchir le seuil de la porte,
elle ne le pouvait pas ; une force invisible la clouait

à sa place, et vainement la famille entière l'appelait du regard, du geste et de la voix ; ses pieds étaient rivés à la dalle.

---

## CHAPITRE XXVII.

Madame de Belnave se réveilla au milieu du bruit et du mouvement de la métairie ; la cour était envahie par une troupe bruyante de jeunes gens et de jeunes filles arrivant des fermes voisines. Les jeunes filles tenaient chacune un bouquet de fleurs à la main. On entendait de tous côtés le chant des cornemuses et le son éloigné des cloches de Blanfort qui ébranlaient joyeusement l'air. Le ciel était bleu et le soleil resplendissant comme par une matinée d'avril. Marianna, depuis son départ de Blanfort, avait vécu tellement en dehors des anniversaires de la famille, qu'elle en était encore à chercher dans sa mémoire quelle pouvait être cette fête qu'on allait célébrer au village ; Mariette lui rappela que c'était celle de madame Valtone. Marianna se souvint qu'en effet sa fête et celle de sa sœur étaient autrefois les deux grandes solennités du pays. Cachée dans l'encoignure d'une fenêtre, de peur d'être reconnue, elle vit la troupe champêtre s'éloigner, cornemuse en tête, et prendre le chemin du village. Il ne restait plus qu'elle à la métairie, avec la vieille mère infirme

que Mariette s'était engagée à soigner, en l'absence
de ses enfants. Elle résolut d'attendre le soir, pour
aller rôder autour du château et pour aviser au
moyen d'attirer sa sœur dans le petit bois.

Tandis que madame de Belnave était obligée de
se cacher dans ces lieux où elle avait si longtemps
régné, la joie éclatait à Blanfort. Dès le matin, des
tables avaient été dressées sous des tentes, le long
de la Creuse ; on dansait aux deux extrémités de la
prairie. Ce jour-là, les forges étaient muettes et les
champs déserts. Appuyée sur le bras de M. de Belnave, suivie de son mari et de sa fille, Noëmi se
mêlait à la foule, recevant les compliments de tous
et les bouquets des villageoises, embrassant les unes,
prenant la main aux autres, adressant à chacune
quelque parole affectueuse. Elle semblait d'ailleurs
ne point partager l'allégresse commune ; souvent
elle tournait vers M. de Belnave un regard suppliant,
comme pour lui demander pardon. Elle avait longtemps insisté pour qu'on supprimât cet anniver-
saire ; mais M. de Belnave s'y était formellement
opposé. Sa douleur n'avait jamais été cette douleur
égoïste qui veut que tout pleure avec elle. Depuis
son retour de Paris, on ne l'avait jamais vu sourire ; mais jamais autour de lui on n'avait eu à
souffrir de son humeur ou de sa tristesse. — Rien
n'est changé à Blanfort, avait-il dit une fois pour
toutes ; il n'y a de moins ici que mon bonheur.

Vers le soir, madame Valtone, détachée de son
beau-frère et de son mari, s'approcha d'une *bourrée*
et se prit à causer avec quelques jeunes filles qui

s'étaient groupées autour d'elle. Elle entretint longtemps Denise, la blonde, de son prochain mariage avec Léonard ; puis, s'adressant à une jeune paysanne, dont le minois frais et vermeil s'épanouissait comme une rose de Provins au milieu de ses compagnes, elle lui demanda des nouvelles de sa vieille mère. C'était précisément la jeune métayère qui avait donné l'hospitalité à madame de Belnave. Elle s'appelait Solange, de ce doux nom qui protége les champs du Berri.

— Est-ce que la pauvre infirme est restée seule ? dit Noëmi avec sollicitude.

Solange répondit qu'une dame étrangère était installée, depuis la veille, à la métairie, et que sa bonne avait promis de veiller sur la malade.

— Une dame étrangère à la métairie ? s'écria madame Valtone avec étonnement.

— Oui, madame, ajouta Solange ; bien belle, un air triste et souffrant. Arrivée hier dans le jour, elle est demeurée jusqu'au soir sous la cheminée ; vers la nuit, elle est sortie et a pris le chemin de Blanfort. A trois heures du matin, elle n'était pas de retour.

Noëmi prit à part la jeune paysanne.

— Son nom ? le nom de cette étrangère ? vous ignorez son nom ? demanda-t-elle.

— Oui, madame. Tout ce que je puis dire, c'est que sa bonne s'appelle Mariette.

Noëmi devint pâle, et faillit tomber sur la pelouse. Puisant des forces dans son émotion même, elle s'échappa et courut vers la métairie. Elle traversa le petit bois pour abréger la route. Sur le banc

du rond-point, M. de Belnave était assis, rêveur.
Elle glissa près de lui sans être aperçue ; ses pieds
effleuraient à peine la pointe du gazon. Quand elle
se trouva sur l'autre rive, elle fut obligée de s'asseoir et d'appuyer fortement ses deux mains sur sa
poitrine, pour l'empêcher d'éclater. Après avoir as-
piré quelques bouffées d'air, elle se releva et poursuivit sa course. Elle entra dans la métairie. La
première personne qu'elle rencontra fut Mariette.

— Ma sœur ! où est ma sœur ?

Marianna venait de quitter la métairie pour gagner le village.

— C'est donc ma sœur ! s'écria Noëmi en se pré-
cipitant dans les bras de Mariette. Elle s'en arracha
presque aussitôt pour retourner à Blanfort. Elle
prit un autre sentier, dans l'espoir de rencontrer
Marianna. Mais son regard la chercha vainement le
long des traînes. Elle avait peur de mourir avant de
l'avoir embrassée ; elle ne se souvenait plus de sa
fille. Parfois elle s'arrêtait pour écouter ; d'autres
fois elle volait d'un pas plus rapide, abusée par quelque blanche robe de bouleau qui perçait au loin les
ombres du soir. Arrivée dans la prairie qu'animaient
encore les bruits de la fête, elle se dirigea vers le bois,
supposant que sa sœur y avait cherché un refuge.
Comme elle allait y pénétrer, elle se trouva face à
face avec M. de Belnave qui en sortait. Son visage
était pâle et sévère, tout son corps agité par un
mouvement convulsif.

— Qu'est-ce donc ? demanda-t-elle d'une voix
mourante.

— Votre sœur est là, dit-il.

Et, s'éloignant du bruit et de la foule, il s'enfonça dans les terres.

Madame Valtone marcha droit au rond-point. Marianna était étendue sans connaissance sur le gazon. Noëmi se jeta sur elle en criant : — Ma sœur ! ma sœur ! ma sœur bien-aimée ! Elle lui prit la tête entre ses mains et la pressa contre son cœur, en l'inondant de pleurs et de baisers. Marianna ne répondait pas ; ses yeux étaient fermés, sa figure livide, son corps froid et inanimé. — Marianna ! Marianna ! ma sœur bien-aimée ! criait Noëmi. Les yeux de Marianna s'entr'ouvrirent, mais pour se fermer aussitôt. — Morte ! je suis morte ! murmura-t-elle ; il m'a tuée d'un regard. — Tu vis ! tu vivras ! s'écria Noëmi se levant avec transport. Elle courut au château, et revint, suivie de Marinette. Elles prirent dans leurs bras l'infortunée qui ne donnait plus aucun signe de vie, et la portèrent dans sa chambre, où nul n'avait pénétré depuis son départ de Blanfort. En moins d'un instant, tout fut préparé ; un grand feu brilla dans l'âtre, l'air fut renouvelé ; le lit blanc s'ouvrit, comme un linceul, pour recevoir Marianna morte ou mourante. Noëmi envoya chercher Mariette. Dès qu'elle fut seule près de sa sœur, s'agenouillant au pied du lit, elle pria avec ferveur. — Mon Dieu ! dit-elle le front dans la poussière, si j'ai bien mérité de votre bonté par toute une vie de résignation, je vous abandonne, Seigneur, la récompense que vous me réservez ; je

32

la laisse entre vos mains pour racheter les fautes de cette chère créature.

Madame de Belnave ne tarda pas à être prise d'une fièvre ardente. Ses joues s'étaient colorées ; ses yeux brillaient d'un sombre éclat, ses mains étaient sèches et brûlantes. Quand Mariette fut installée au chevet de sa maîtresse, Noëmi descendit dans la prairie, de peur qu'on n'y remarquât son absence. Personne ne se doutait de ce qui se passait au château. Attablé sous une tente, sa fille sur ses genoux, M. Valtone s'entretenait avec les ouvriers de la forge. Il se faisait tard ; les flacons étaient vides, les danses avaient cessé ; déjà la foule s'éloignait en groupes chantants. M. Valtone se retira dans sa chambre, sans se préoccuper de l'absence de M. de Belnave ; il comprenait qu'en un pareil jour son ami cherchât le silence et la solitude. Après avoir endormi sa fille, Noëmi s'échappa de l'appartement ; et, assise sur l'un des degrés du perron, elle attendit le retour de son beau-frère. Les heures s'écoulèrent ; la lune s'enfonça à l'horizon comme un disque de fer rouge : M. de Belnave n'avait point paru. Enfin Noëmi l'aperçut qui s'avançait vers le château. Elle alla droit à lui.

— Mon frère, je vous attendais, lui dit-elle.

— Noëmi, répondit M. de Belnave, vous savez qu'il a été convenu entre nous que vous ne me parleriez jamais d'elle.

— Ce n'est pas pour madame de Belnave que je viens vous supplier, dit Noëmi avec assurance ; c'est pour Marianna de Vieilleville, c'est pour ma sœur.

Mon frère, écoutez-moi. Depuis notre retour de Paris, la femme qui vous parle à cette heure n'a eu qu'une étude, celle de remplacer auprès de vous, autant qu'elle pouvait le faire, l'épouse que vous aviez perdue. Soins, prévenances, tendresse, sollicitude, tout a été pour vous, mon frère, au point qu'en voyant ce qui se passait à Blanfort on eût dit que c'était M. Valtone, et non vous, qui traînait ses jours dans le veuvage. Loin de s'offenser de l'affection que je vous témoignais, M. Valtone l'encourageait lui-même; et, s'il est vrai de dire que jamais plus noble cœur ne fut si cruellement frappé, il est juste d'ajouter que jamais douleur moins méritée n'inspira de sympathies plus vives ni plus profondes.

— Vous avez été pour moi un ange de bonté; vous êtes, Noëmi, une adorable créature.

— Ah! s'écria-t-elle, pardonnez-moi de vous parler ainsi; je ne suis qu'une humble femme. Mais s'il est vrai que je sois parée à vos yeux de quelques mérites, souffrez que je vienne auprès de vous en réclamer le prix. Je vous l'ai dit, mon frère, je viens vous prier pour ma sœur.

— Quand elle eut brisé ma vie, répondit M. de Belnave, je lui restituai ses biens, ne me réservant que le droit de les administrer pour elle. Jamais un cri de ma douleur n'est allé la troubler au milieu de ses félicités; mais, pensant que le jour viendrait où, brisée à son tour, elle aurait besoin d'un asile pour cacher son désespoir et peut-être aussi ses remords, j'ai veillé à ce que Vieilleville fût toujours

prêt à la recevoir. Ce que j'ai fait, vous le savez;
pensez-vous que je me sois bien cruellement vengé?

— Comme un noble cœur que vous êtes, s'écria-
t-elle.

— Qu'exigez-vous donc à cette heure? demanda
M. de Belnave.

— Je n'exige rien, je supplie. Je ne vous supplie
pas de lui rendre le titre saint qu'elle a répudié,
elle-même n'oserait le reprendre; ni d'oublier le
passé, le passé est irréparable; mais seulement
d'être bon pour elle, d'avoir pour la sœur de votre
Noëmi quelques regards d'indulgence, quelques
bienveillantes paroles. Mon frère, elle a bien souffert! Si vous vous êtes montré dur et cruel, c'est que
vous ne l'avez pas regardée. C'est une âme brisée,
elle aussi; et, quelque mérité que soit leur châtiment, nous devons tendre la main à ceux qui nous
ont offensés, pour qu'un jour Dieu nous tende la
sienne.

M. de Belnave pressa Noëmi sur son cœur et lui
dit :

— Que votre sœur soit la bienvenue sous le toit
de Blanfort!

— Merci, mon frère, merci! dit-elle.

Elle acheva la nuit au chevet de Marianna. Vers
le matin, le délire cessa, la fièvre s'abattit; madame
de Belnave tomba dans un profond assoupissement.
Sa respiration était paisible, son pouls calme et
mesuré. Elle dormit longtemps ainsi, et ne s'éveilla
que vers le milieu du jour. Quand elle ouvrit ses
yeux encore appesantis, elle aperçut près d'elle

Noëmi qui la regardait. Une petite fille, assise sur le pied du lit, jouait silencieusement avec les fleurs, moins blanches et moins roses qu'elle, que sa mère avait reçues la veille. Derrière Noëmi, M. de Belnave se tenait bienveillant et grave. M. Valtone s'était retiré dans l'embrasure d'une fenêtre. Marianna crut que c'était un rêve, et ses paupières se fermèrent. Pressée par ses souvenirs, elle les rouvrit presque aussitôt, et promena sa main sur son visage pour s'assurer que ce n'était pas un jeu du sommeil. A la vue de M. de Belnave, elle se rappela ce qui s'était passé dans le bois; et, poussant un cri, elle voulut cacher sa tête sous les couvertures. Mais déjà Noëmi la serrait sur son sein et lui prodiguait les noms les plus tendres; sa nièce lui avait noué ses petits bras autour du col, et M. de Belnave s'était avancé vers elle. Il lui dit :

— Il n'y a ici ni coupable ni juge : vous êtes chez votre sœur.

M. Valtone, s'étant approché, dit avec émotion :

— Vous êtes aussi chez votre frère.

Elle ne répondait que par des pleurs et des sanglots.

M. de Belnave s'éloigna au bout de quelques instants; M. Valtone le suivit. Les deux sœurs restèrent seules avec leur fille. Que de baisers et que de larmes! que de joie et que de douleur !

Marianna se leva à l'heure du repas. Instruits de son retour, les serviteurs de la maison étaient rangés sur son passage. M. de Belnave la conduisit lui-même à la place qu'elle occupait autrefois à la table

de la famille. Attentif et respectueux, sans affectation de générosité, jamais il ne l'avait entourée de
plus de soins et de prévenances. Le repas achevé,
on sortit pour aller aux forges. Marianna marchait,
appuyée sur le bras de sa sœur, M. de Belnave auprès d'elle ; M. Valtone suivait avec l'enfant. Tous
quatre étaient silencieux, mais sans humeur et sans
contrainte ; il y avait au fond de leur silence quelque
chose de doux et de grave à la fois. De rares paroles étaient échangées çà et là, mais rien qui eût
rapport à la situation présente. On s'entretenait de
choses et d'autres, comme si Marianna n'eût jamais
quitté Blanfort. Au retour, on demeura longtemps
sur le perron à respirer l'air du soir. Quand il fut
l'heure de se retirer, M. de Belnave prit la main de
sa femme.

— Monsieur, dit Marianna, je partirai demain ;
mais avant de partir...

— Pourquoi nous quitter sitôt ? répondit M. de
Belnave d'un ton de doux reproche. Il n'est personne ici qui se plaigne de votre présence. Noëmi,
ajouta-t-il en se tournant vers madame Valtone,
vous ne laisserez pas partir ainsi votre sœur ; s'il en
est besoin, nous joindrons nos instances aux vôtres.

Il se retira après avoir salué Marianna avec une
affectueuse politesse. Il avait l'habitude, avant de
s'éloigner, de baiser chaque soir le front de Noëmi ;
ce soir-là, il se contenta de lui serrer la main.
Noëmi le remercia dans son cœur de ce baiser qu'il
n'avait pas donné. Les deux sœurs ne se séparèrent
que bien avant dans la nuit.

Le lendemain, la nouvelle de l'arrivée de madame
de Belnave s'étant répandue, tout Blanfort accourut pour la voir. Léonard avait moissonné toutes
les fleurs de la saison pour les lui offrir. La mère
Loriot, la mère Loutil, la mère Gillet, toutes les
mères enfin dont avait parlé Léonard, et quelques
autres encore, vinrent l'embrasser et la féliciter.
Lorsqu'elle sortit avec sa sœur pour aller visiter le
hameau, tous les visages lui firent fête. Toutefois,
c'est à peine si elle reconnut le pauvre village d'autrefois. A la place des chaumières, s'élevaient des
maisons d'une élégante propreté. L'ardoise et la
tuile avaient détrôné le chaume. On sentait que sous
ces toits habitaient l'aisance et le bien-être. En
voyant toutes les améliorations qui s'étaient opé-
rées durant son absence, Marianna ne pouvait
s'empêcher de réfléchir amèrement sur l'inutilité de sa vie et sur l'égoïsme de la passion.
M. de Belnave n'était pas allé, lui, pleurer sur les
grèves solitaires, soupirer sous les mélancoliques
ombrages. Aidé de M. Valtone, il avait changé l'aspect de ces campagnes ; tous deux avaient donné du
travail aux bras inoccupés ; il n'était pas un de leurs
jours qui n'eût servi au bonheur de leurs semblables ; ils avaient combattu autour d'eux l'oisiveté
et la misère ; le succès avait couronné leurs efforts.
Noëmi, de son côté, avait contribué à cette œuvre,
et sur son passage elle recueillait à Blanfort les bénédictions que Marianna avait à son retour recueillies
à Vieilleville : bénédictions méritées, celles-là !

Les jours s'écoulaient sans qu'il fût question du

départ de Marianna. Vainement elle voulait s'arracher, au charme qui la retenait ; elle attendait toujours au lendemain pour reprendre la route de son
exil. Tout ce qui l'entourait encourageait si bien sa
faiblesse ! Noëmi était si tendre, M. Valtone si fra-
ternel ! M. de Belnave n'était qu'affectueux et poli,
mais il avait un tact si exquis pour ne pas la blesser
par trop de froideur, pour ne pas l'humilier par
trop de respect ! Il y avait à la fois tant de dignité
dans sa bienveillance, tant de bienveillance dans sa
dignité !

Marianna se reposait dans la paix de la vie domestique ; elle en étudiait les détails avec un intérêt
mêlé d'étonnement, comme si c'eût été un spectacle
nouveau pour elle. Elle respirait avec de secrètes
délices l'air sain et fortifiant de l'ordre et du travail. M. de Belnave et M. Valtone étaient à toute
heure occupés ; l'administration du ménage reposait tout entière sur Noëmi, qui conciliait d'une
façon adorable les soins de sa grâce et ceux de son
autorité. Quoiqu'elle fût chargée de reprendre, de
corriger, de refuser, d'épargner, choses qui font
haïr presque toutes les femmes, elle s'était rendue
aimable à tous ; la bonne tenue de la maison était
sa gloire, elle s'en trouvait plus ornée que de sa
beauté. On se réunissait aux heures des repas ; le
soir, autour du globe de la lampe, devant les feux
joyeux de l'automne, M. de Belnave lisait les jour-
naux du jour, tandis que les femmes s'occupaient
de travaux d'aiguille ; ou bien M. de Valtone racontait à sa fille quelque merveilleuse histoire qui en-

dormait l'enfant dans les bras de sa mère. Puis, on causait, on faisait quelque bonne lecture, interrompue çà et là par des réflexions plus ou moins judicieuses ; les discussions s'entamaient, les heures fuyaient, et on se séparait après s'être serré la main. Les choses ne se passaient pas autrement avant que Marianna eût quitté Blanfort : et pourtant il lui semblait pénétrer pour la première fois dans les secrets de cette intimité.

Un peu de repos descendait dans son âme. Le souvenir d'Henry la poursuivait encore, mais moins acharné, moins terrible. Elle avait écrit à Vieilleville que, s'il arrivait des lettres à son adresse, on les lui envoyât aussitôt à Blanfort. En effet, au bout de quelques jours, un paysan, venu tout exprès de Vieilleville, lui remit une lettre qui la rassura sur la destinée d'Henry. C'étaient quelques lignes seulement, où George disait que ce jeune homme semblait supporter son malheur avec courage ; qu'il était calme et se relèverait. Après l'avoir lue, Marianna brûla cette lettre. Elle avait bien confié à sa sœur le mal qu'elle avait souffert ; elle n'avait pas osé lui dire le mal qu'elle avait fait.

Ce fut par une douce soirée, sur le banc du petit bois, au murmure des feuilles sèches qui tombaient en tournoyant autour d'elles, que madame de Belnave raconta à Noëmi l'histoire de sa liaison avec George : pénible récit qu'interrompirent bien des larmes. Lorsqu'il fut achevé, madame Valtone la prit entre ses bras et la tint longtemps embrassée. Marianna s'en arracha avec honte, car elle n'avait

pas tout avoué; elle se sentait aussi coupable que
malheureuse; sur le sein de Noëmi, elle se disait
qu'Henry n'avait pas de sœur qui le consolât et
pleurât avec lui.

Après un long silence, elle pria madame Valtone
de raconter à son tour l'histoire de ses jours depuis
que le sort les avait séparées.

— L'histoire de mes jours! dit Noëmi en souriant;
chère enfant, mes jours n'ont pas d'histoire. Je n'ai
rien à raconter : toutes mes heures se ressemblent;
le récit de ma vie tiendrait tout entier dans une page
de la tienne. J'ai suivi la route commune, le chemin
ouvert devant moi; j'ai marché, chargée par le devoir, à l'ombre de mon sentier. Il n'est guère d'intérieur en province où ne se trouve quelque femme
qui pourrait au besoin te dire mon existence : c'est
celle de tout le monde. J'ai travaillé, j'ai souffert, j'ai
attendu : Dieu n'a pas trompé mon attente. Si ton bonheur ne manquait pas au mien, je serais heureuse à
cette heure. Voilà tout, chère sœur; que pourrais-je te
dire encore ? J'ai vécu toujours occupée; l'occupa-
tion m'a sauvée de mes rêves. Et puis Dieu m'a ai-
dée, il a éclairé mon esprit, il a retrempé mes forces
à son amour. Les occasions de dévouement que tu
es allée chercher au loin, je les ai trouvées autour
de moi. Je savais que mes efforts auraient leurs ré-
compenses : elles ne m'ont pas manqué, moins vives,
moins riches, moins saisissantes que les joies que tu
poursuivais, mais plus sûres et moins tourmentées.
Si tu me vois heureuse et calme, ne crois pas qu'il ne
m'en ait rien coûté. Pour moi, comme pour toi, le

mariage a longtemps été une lourde tâche ; comme toi, j'ai eu mes rébellions, mes découragements, mes tristesses, mes aspirations, mes poétiques rêveries. J'ai bien souvent fermé avec colère mes volets aux rayons argentés de la lune ; bien souvent j'ai pleuré, en écoutant le rossignol chanter, la nuit, sous mes fenêtres. Mais, quoique la lune fût belle et que le rossignol chantât, je ne reprenais pas moins, le lendemain, mon fardeau de la veille. Chaque jour me le faisait plus léger ; j'arrivai bientôt à ne plus le sentir ; je finis par l'aimer. Peut-être me trompé-je ; mais je crois, moi, que le mariage est le seul asile de la femme ; je crois qu'il vient un âge où toute autre destinée nous flétrit. L'amour ne sied qu'à la jeunesse ; par quoi le remplacer, quand forcément les années le chassent ? Je ne suis qu'une pauvre ignorante, bien incapable de résoudre toutes ces questions ; mais il me semble que le mariage répond à toutes les exigences humaines, qu'il comporte toutes les affections. Estime, considération, tendresse, reconnaissance, religion du passé, espoir de l'avenir, tout est là : c'est le charme qui n'a pas d'âge, le lien qui se fait bronze, l'habitude enfin ! Toi, chère enfant, tu as pris une autre route ; tu semblais faite pour l'amour et tu voulais tout lui devoir. C'est nous, hélas ! qui t'avons perdue. Tu étais la poésie de notre petite colonie, tu faisais notre joie, notre orgueil ; nous n'avions d'autre soin que de surprendre tes désirs, d'autre étude que de les satisfaire ; nous t'égarions et nous croyions t'aimer. Les desseins de Dieu sont impénétrables ; c'est toi peut-être qui intercéderas près de lui pour ta sœur.

Marianna secoua tristement la tête ; elle n'avait plus droit au pardon promis à ceux qui ont beaucoup aimé.

Cependant le temps fuyait, et Marianna ne partait pas. Ce n'était pas qu'elle prétendît reprendre sa place, ni que M. de Belnave consentît à la lui rendre ; mais chaque jour quelque projet nouveau retenait, pour le lendemain madame de Belnave à Blanfort. Il y avait entre elle et lui une convention tacite, que leur rapprochement n'était que momentané ; la conviction qu'il ne pouvait en être autrement suffisait à leur dignité, et tous deux laissaient passer les jours sans les compter. M. de Belnave n'avait rien changé à ses manières ; son attitude en présence de Marianna était toujours la même ; parfois pourtant il lui échappait quelque expression familière, quelque inflexion de voix attendrie qui la faisait tressaillir et le frappait lui-même de stupeur.

Un soir qu'ils revenaient tous quatre de visiter une métairie, Marianna, fatiguée par la marche, s'arrêta pâle et chancelante ; le bras de Noëmi ne la soutenait plus. M. de Belnave s'approcha d'elle d'un mouvement irréfléchi.

— Pourquoi ne prends-tu pas mon bras? lui dit-il.

A ces mots, Marianna devint tremblante, et M. de Belnave s'arrêta confus ; mais il s'était trop avancé pour pouvoir reculer. Il ne retira pas le bras qu'il avait offert ; elle le prit en rougissant. C'était la première fois, depuis son retour à Blanfort. Tous deux rentrèrent au château, sans échanger une parole.

Une autre fois, au repas du soir, après àvoir servi Noëmi, M. de Belnave s'adressa à sa femme et lui dit :

— Marianna, veux-tu que je te serve ?

Ces mots produisirent sur les quatre convives l'effet d'une commotion électrique. Marianna se leva de table pour àller·cacher son émotion. Ces petits incidents étaient rares, et la contrainte qui en résultait ne se prolongeait pas au delà de quelques heures.

Ainsi les jours se succédaient. Déjà l'hiver avait attristé le paysage ; les coteaux étaient nus, le givre pendait aux branches ; les bises de décembre souf-flaient dans la vallée. Les longues veillées avaient remplacé les promenades du soir. Rassurée sur la destinée d'Henry, Marianna s'abandonnait au cou-rant de la sienne. Elle s'acclimatait, sans s'en aper-cevoir, dans l'atmosphère de Blanfort. De son côté, M. de Belnave subissait, à son insu, quelque chose de l'influence autrefois adorée. Comme autrefois, la présence de Marianna égayait encore la table et le foyer. Un jour qu'elle parlait de son prochain dé-part à Noëmi qui s'efforçait de la retenir, M. de Belnave s'interrompit de sa lecture pour faire re-marquer que les chemins étaient impraticables en cette saison, et qu'il ne serait pas prudent de s'y aventurer avant le retour du printemps. Noëmi les observait l'un et l'autre avec une attention avide, et, sans rien préciser dans sa pensée, augurait bien de l'avenir. Quant à M. Valtone, il se rappelait le beau résultat qu'avait obtenu jadis son intervention dans les affaires des deux époux : bien décidé cette fois à ne point s'en mêler, il laissait les choses aller leur pas, sans se permettre la plus humble réflexion.

Marianna s'oubliait et se laissait vivre. Elle avait reçu de Paris une seconde lettre qui l'avait confirmée dans sa sécurité sur le sort d'Henry. Le mal était grand, sans doute, mais non pas sans remède. George persistait à croire que madame de Belnave, en partant, avait prudemment et noblement agi. Il ajoutait qu'Henry continuait d'être calme, qu'il s'entretenait du passé avec résignation, et qu'il parlait de voyager prochainement. Toutefois, bien qu'il fût en pleine jouissance de la fortune de son père, il avait conservé sa petite chambre d'étudiant et s'était obstinément refusé à prendre un appartement qui fût plus en rapport avec sa position ; c'était le seul symptôme alarmant qu'eût signalé la lettre de Bussy. Marianna pouvait donc faire trêve, sinon à ses remords, du moins à son anxiété. Elle pensait, avec George, qu'elle avait sagement fait de partir, et qu'Henry l'en remercierait un jour. Et puis, faut-il le dire ? elle ne croyait pas plus à l'éternité de la douleur qu'à l'éternité de l'amour ; elle avait des moments d'insensibilité railleuse où elle savait fort bien qu'il était au monde des femmes jeunes et belles, et qu'Henry guérirait et se consolerait.

Pour elle, revenue des ambitions tumultueuses, flétrie, brisée, meurtrie, avide de repos, elle s'endormait, mollement bercée par la tendresse de sa sœur, dans la paix et le silence d'une vie paisible et réglée. Un coup de foudre la réveilla.

## CHAPITRE XXVIII.

Par une matinée de janvier, la famille était réunie dans la salle à manger dont la porte vitrée s'ouvrait de plain-pied sur le perron. La neige tombait paisiblement au dehors; la flamme étincelait au dedans. Le déjeuner se prolongeait paresseusement. On causait, on prenait le thé, on se complaisait dans ce sentiment de bien-être égoïste que la neige procure à ceux qui la voient tomber du coin de leur feu. Tout à coup des pas lourds retentirent sur les marches du perron, la porte s'ouvrit, et un homme, tout blanc comme la statue du commandeur, entra pesamment dans la salle. C'était un paysan de Vieilleville; il avait l'air sinistre et niais. Après s'être secoué comme un chien mouillé, le rustre enfonça sa main calleuse dans la poche de son gilet, et en tira une lettre qu'il remit à madame de Belnave. Le cachet était noir : Marianna pâlit en le brisant. Chacun, par discrétion, s'était levé de table. Lorsqu'au bout de quelques instants, on chercha Marianna du regard, elle n'était plus dans la salle; elle s'était échappée, sans que personne s'en fût aperçu. Le fait était si simple, que personne ne s'en préoccupa. On causa longtemps encore avec le courrier de Vieilleville; puis on se sépara pour aller chacun à ses affaires. Après avoir veillé aux soins du ménage, madame Valtone se rendit dans la chambre de sa sœur et ne l'y trouva pas. Elle s'en étonna médiocrement : Marianna avait l'habitude de passer la plus grande partie de ses

heures chez Noëmi. En quittant la chambre de sa
sœur, Noëmi se rendit dans la sienne ; Marie s'y
trouvait seule avec sa bonne, madame de Belnave
n'y était pas. La bonne interrogée répondit qu'elle
n'avait pas vu sortir madame de Belnave, et qu'elle
ignorait où elle pouvait être. Madame Valtone s'in-
quiéta ; elle visita tout le château, questionna les
domestiques : aucun ne put dire ce qu'était devenue
Marianna. On ne devait guère supposer qu'elle eût
quitté la maison par un temps si rigoureux ; d'ailleurs son chapeau, ses gants et son manteau étaient
dans son appartement. Cependant madame Valtone,
sérieusement alarmée, se décida à la chercher dehors. En sortant par la porte qui donnait sur le petit
bois, elle remarqua sur la neige la trace des pieds de
Marianna. Elle gagna le bois, elle en parcourut les
allées : les allées étaient désertes. L'empreinte des
pas était partout, Marianna nulle part. Noëmi appela, aucune voix ne répondit. Elle pressentit un affreux malheur.

Il était bien clair, cependant, que madame de Belnave ne pouvait être que là ; en observant la trace
de ses pieds, il était clair qu'elle était entrée dans
le bois, et qu'elle n'en était pas sortie. Noëmi se prit
à la chercher encore, et à chaque tour d'allée elle
criait le nom de Marianna. Enfin, en plongeant ses
yeux dans le fourré, elle vit sa sœur accroupie au
milieu des ronces, accoudée sur ses genoux, la figure
appuyée sur ses deux mains, immobile, le regard
fixe, les lèvres pâles, les dents serrées. La neige
tombait sur sa tête nue ; les épines avaient ensan-

glanté son visage. Noëmi se précipita vers elle, l'entoura de ses bras, la pressa de caresses et de questions. Marianna ne bougeait pas. — Qu'as-tu? qu'est-il arrivé? disait Noëmi se frappant la poitrine avec désespoir. Marianna était de marbre. Elle tenait déployée entre ses doigts la lettre qu'elle avait reçue de Vieilleville. Ne pouvant obtenir de sa sœur une parole ni même un regard, madame Valtone fit un effort sur elle-même; elle prit cette lettre et la lut. Ce n'étaient que quelques lignes tracées à la hâte.

« Près d'en finir avec l'existence, je veux vous dire un dernier adieu. Ne m'accusez pas de mourir; n'en ayez, je vous prie, ni regret ni remords. Raisonnablement, que puis-je attendre de la vie? Rendre plus tard le mal que j'ai souffert? me venger sur un jeune cœur comme George s'est vengé sur le vôtre, comme vous vous êtes vengée sur le mien? assister à ma ruine, me survivre à moi-même? Je pense qu'il vaut mieux mourir. Et je meurs, dans l'espoir que les amours brisés sur la terre se renouent dans un monde meilleur. Je vais vous attendre là-haut. Adieu donc, vous que j'ai tant aimée! Ma main est prête, et cette fois vous ne viendrez pas la désarmer. « HENRY. »

Noëmi comprit tout. Elle souleva sa sœur entre ses bras et la ramena dans sa chambre. Revenue de la torpeur où elle était plongée, Marianna fut calme le reste du jour. Elle ne versa pas une larme, elle ne poussa pas un cri, elle ne prononça pas un mot. Seulement elle pria Noëmi de dire au château qu'elle était souffrante, qu'elle ne descendrait pas, et qu'elle désirait être seule. La nuit suivante, elle ne se coucha pas; madame Valtone, qui redoutait quelque funeste dessein, veilla jusqu'au matin avec elle. Elle essaya plusieurs fois de l'attirer sur son cœur; mais chaque fois Marianna la repoussa d'un air sombre.

Le lendemain, l'heure du déjeuner avait réuni, comme la veille, M. de Belnave, M. Valtone et Noëmi; Marianna seule était absente. M. de Belnave s'informa d'elle avec sollicitude, et demanda à Noëmi si sa sœur ne les recevrait pas dans le jour.

—Vous la verrez bientôt, répondit-elle tristement avec des larmes dans la voix.

Comme M. de Belnave la regardait d'un air étonné, une voiture s'arrêta devant le perron. La porte de la salle s'ouvrit, Marianna parut en habits de voyage.

— Ce n'est pas moi qui vous renvoie, au moins! s'écria M. de Belnave ému, en allant brusquement vers elle.

— Qu'est-ce donc? pourquoi ce départ? Tout le monde ici vous aime, dit vivement M. Valtone.

—Ah! chère infortunée! s'écria Noëmi en pleurant.

—Monsieur, dit Marianna s'adressant à M. de Belnave, j'ai trop longtemps abusé de votre généreuse hospitalité. Je pars, vivement pénétrée de ce que vous avez fait pour moi; je vous le dis du plus profond de mon âme, vous auriez voulu vous venger, que vous n'eussiez pas mieux réussi. Et maintenant que c'est l'heure de la séparation dernière, si vous vouliez m'appeler un instant sur votre cœur, vous seriez tout à fait vengé.

— Ah! venez! dit M. de Belnave en lui ouvrant ses bras.

Elle s'en arracha bientôt.

— Mon frère, vous avez été excellent pour moi, dit-elle en tendant la main à M. Valtona.

— Mais, mort de ma vie! pourquoi partez-vous? s'écria-t-il, attendri et furieux à la fois.

— Et toi! ma sœur, et toi! dit Marianna.

Elles se jetèrent dans les bras l'une de l'autre et se tinrent longtemps embrassées.

—Où vas-tu? demanda Noëmi d'une voix étouffée.

— Je ne sais pas ; le monde est grand, dit-elle.

Le bruit de son départ s'étant répandu dans le château, les serviteurs vinrent l'embrasser. Elle insista pour que Mariette restât à Blanfort, mais vainement. Quand ce fut l'heure de monter en voiture, on n'entendit plus que ces paroles, mêlées de sanglots : Ma sœur! Marianna! madame! notre chère maîtresse! Comme elle allait descendre les marches du perron, elle se sentit tirée par sa robe : c'était sa petite nièce, qui, pleurant de voir tout le monde pleurer, ne voulait pas la laisser partir. Marianna la baisa à plusieurs reprises, et, s'arrachant enfin des bras qui la retenaient, elle se jeta dans la voiture; sa main envoya le dernier adieu.

Le ciel était noir; les champs étaient déserts; des troupes de corbeaux s'abattaient lourdement dans les landes. La Creuse, grossie par les pluies et les neiges, avait inondé ses rivages. Tout n'était que tristesse et désolation.

Quand la voiture eut atteint le haut de la colline, Marianna la fit arrêter, et se pencha pour voir une dernière fois le village. Le soleil, qui venait de crever un nuage, versait sur Blanfort un rayon d'or pâle. Elle demeura quelques instants à regarder la fumée du toit domestique, qui s'élevait toute bleue à travers les chênes blancs ; puis, reprenant la route de l'éternelle solitude :

— Le bonheur était là, dit-elle.

FIN.

Paris. — Imprimerie VIÉVILLE et CAPIOMONT, 6, rue des Poitevins.

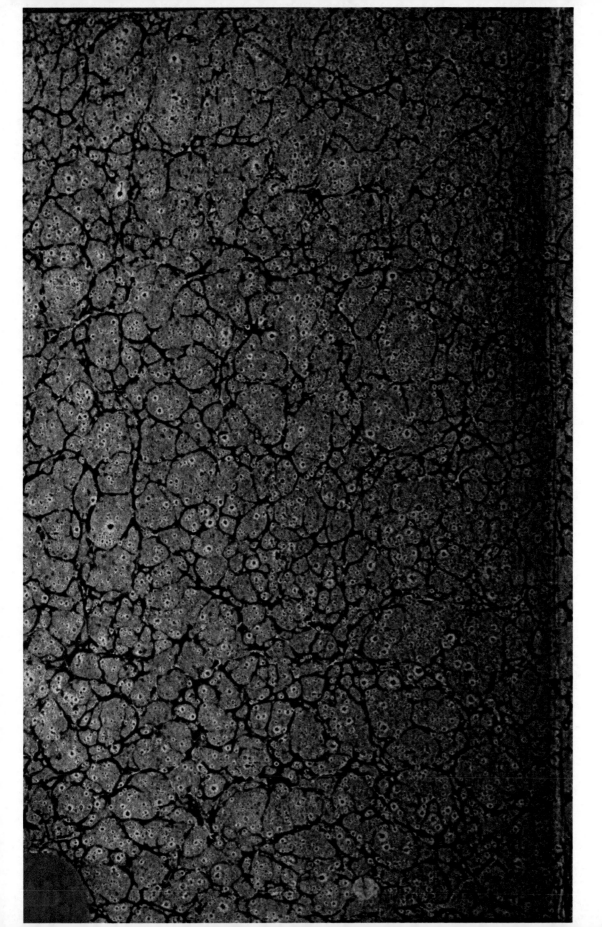

Lightning Source UK Ltd.
Milton Keynes UK
UKOW02f1344090314

227800UK00011B/622/P